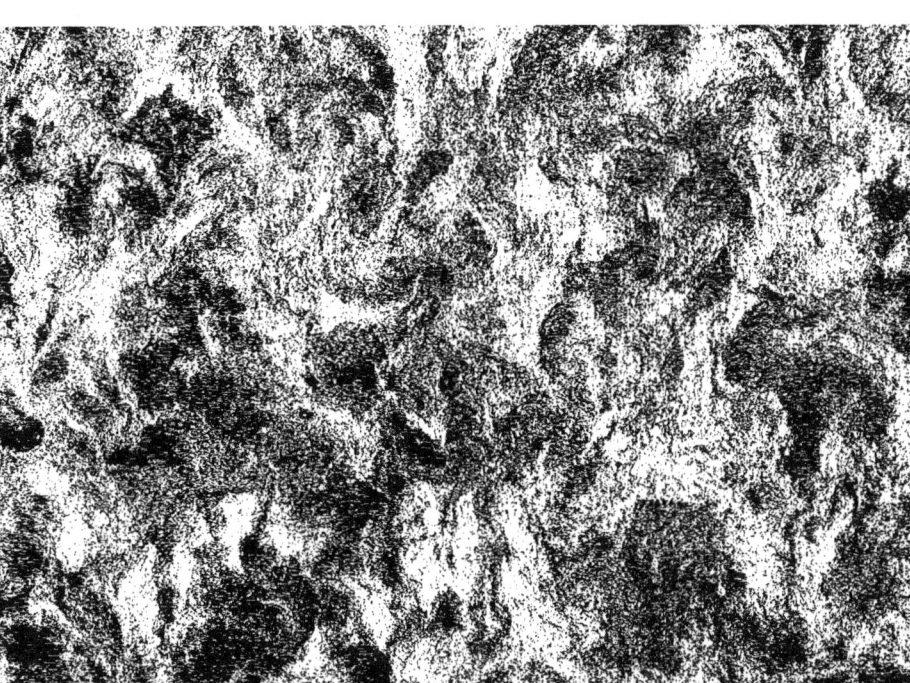

OLIVIER S. REL.1970

V

ESSAI
sur
L'ART INDUSTRIEL

Toutes les gravures sur acier ou sur bois, tous les caractères et ornements de cet ouvrage, ont été exécutés dans les ateliers de la *Fonderie générale des caractères français et étrangers* (ancienne fonderie Firmin Didot), rue de Madame, 30, à Paris.

Paris. — Imprimé chez Bonaventure et Ducessois
Quai des Augustins, 55.

ESSAI
SUR
L'ART INDUSTRIEL

COMPRENANT

L'ÉTUDE DES PRODUITS LES PLUS CÉLÈBRES DE L'INDUSTRIE

A TOUTES LES ÉPOQUES

ET DES ŒUVRES LES PLUS REMARQUÉES

A l'Exposition universelle de Londres en 1851,

ET A L'EXPOSITION DE PARIS EN 1855

PAR

CH. LABOULAYE,

Éditeur du *Dictionnaire des Arts et Manufactures*,
MEMBRE DE LA COMMISSION DES BEAUX-ARTS APPLIQUÉS A L'INDUSTRIE,
et du Comité des Arts mécaniques de la Société d'Encouragement.

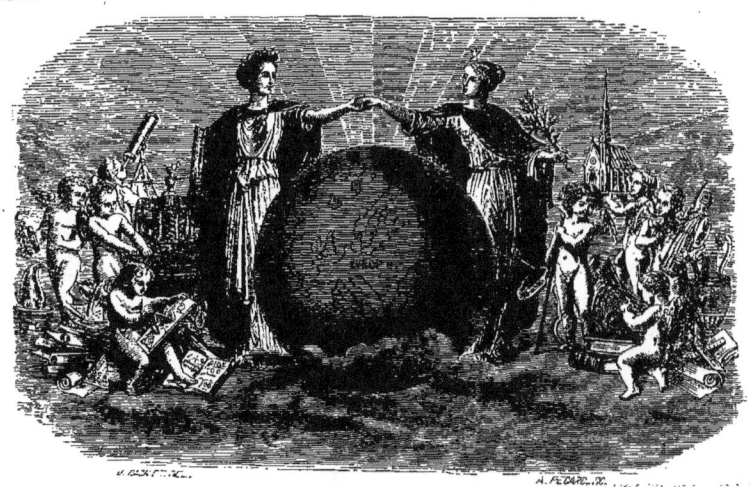

PARIS
BUREAU DU DICTIONNAIRE DES ARTS ET MANUFACTURES
15, QUAI MALAQUAIS, LIBRAIRIE LACROIX-COMON

1856

(Reproduction et traduction interdites)

PRÉFACE.

Il est sûrement arrivé à tous les fabricants, à toutes les personnes qui ont eu à s'occuper d'industrie, ce qui m'est arrivé pour une fabrication particulière.

Exerçant depuis plusieurs années la profession de fondeur en caractères d'imprimerie, que j'ai embrassée sous l'impulsion qui poussait vers l'industrie la génération à laquelle j'appartiens, je me suis bientôt aperçu que, malgré mon passage par l'École polytechnique, j'étais tout à fait novice pour la solution d'une foule de questions, auxquelles mes études antérieures, bien que dirigées en vue de la pratique de l'industrie, ne m'avaient nullement préparé.

Certes, pour l'industrie que j'exerce, il importe de composer un alliage convenable, de construire les moules dans les conditions de précision nécessaires, etc., et des connaissances scientifiques sont très-utiles pour y parvenir; mais il importe tout autant que les caractères soient de forme convenable, que leur gravure, comme celle des vignettes et accessoires divers, ait de l'élégance, soit d'un bon goût incontestable, questions qui échappent au domaine de la science et appartiennent évidemment à celui de l'art.

C'est qu'en effet l'art entre pour une grande part dans la production industrielle, et c'est souvent la plus importante; il n'est pas de fabricant qui, à un point de vue spécial, ne l'ait senti. Il me suffit, pour le prouver, d'indiquer quelques cas pour lesquels aucune contestation n'est possible, de citer l'orfévrerie, les bronzes, les meubles, les poteries, les étoffes. Pour tous ces produits, la bonté de la fabrication ne suffit pas; il faut y joindre l'élégance des formes, le charme des décorations. C'est la condition essentielle de succès pour les nations qui veulent exporter les produits de leur industrie ; c'est la cause la plus certaine du développement de la plupart des grandes fabrications de la France.

S'il n'est pas d'industriel qui n'ait eu à se poser les mêmes questions que moi relativement à l'élégance, au bon goût de ses produits, il n'en est pas non plus qui n'ait aussi éprouvé de déception, en reconnaissant l'impossibilité de trouver un ouvrage qui lui enseignât les notions fondamentales de l'art industriel que pratiquent avec tant de supériorité quelques artistes éminents. Certes il existe quelques intéressantes collections de dessins ; mais, outre que leur prix élevé les rend abordables à peu de personnes, l'absence de texte, le but exclusif de faire briller le mérite d'un graveur, en un mot, leur conception à un point de vue trop éloigné des applications à l'industrie, les rendent presque complétement inutiles dans la plupart des cas.

C'est un ouvrage si nécessaire à toute l'industrie que j'offre aujourd'hui au public laborieux.

Il n'est pas besoin de montrer toutes les difficultés que présentait son exécution pour en faire excuser les imperfections. On sentira facilement quelle universalité de connaissances il eût fallu posséder, pour parler, avec une autorité suffisante, de l'architecture, de la céramique, de l'orfévrerie, des étoffes, des meubles, de la plastique et des colorations appliquées à l'ornementation industrielle, etc.; d'autant plus qu'aucun travail semblable n'a encore été tenté, les artistes s'étant uniquement fiés jusqu'ici, dans le plus grand nombre de cas, à la tradition pour transmettre les règles qu'ils savent observer dans leurs travaux.

Je dois dire toutefois, pour ne pas être taxé d'ingratitude, qu'il existe un petit nombre d'ouvrages relatifs seulement à quelques parties de l'art industriel et qu'ils m'ont été de la plus grande utilité. Je citerai les ÉTUDES CÉRAMIQUES de M. Ziégler ; les ETUDES SUR L'ARCHITECTURE EN FRANCE, publiées dans le Magasin Pittoresque par MM. Vaudoyer et Albert Lenoir ; l'intéressant rapport sur l'ORFÉVRERIE de l'Exposition de Londres, par M. le duc de Luynes ; et enfin l'ALBUM intitulé ESSAI SUR LA CONNAISSANCE DES STYLES, par M. Guilmard. J'ai fait à ces divers ouvrages, pour cette esquisse de l'ensemble de l'art industriel, quelques emprunts dont on reconnaîtra facilement la valeur.

Malgré le sentiment de l'extrême utilité d'un ouvrage de la nature de celui que je publie, je n'aurais pas eu le courage de me livrer à une tentative si différente de mes travaux habituels, si je n'avais espéré compléter ainsi une œuvre à laquelle je suis fier d'avoir attaché mon nom, le DICTIONNAIRE DES ARTS ET MANUFACTURES.

On doit en effet considérer le présent ouvrage comme procédant directement de cette publication, qui a été si favorablement accueillie par le public laborieux. En la terminant, je me suis aperçu que, préoccupés trop exclusivement des procédés techniques, nous avions, mes collaborateurs et moi, comme tous nos prédécesseurs qui ont écrit sur l'industrie, négligé les questions qui se rapportent à l'élégance des formes, à l'harmonie des proportions et des couleurs. C'est le résultat de mes efforts pour combler cette lacune et compléter ce grand ouvrage, que je soumets aujourd'hui au public. Désormais il pourra être utilisé pour la solution de toutes les questions que soulève la pratique industrielle, aussi bien pour celles qui exigent le concours de l'art que pour celles qui réclament les ressources de la science.

L'idée de l'intervention de l'art dans l'industrie, bien qu'assez nouvelle, est, depuis quelques années, devenue populaire, grâce aux grandes expositions universelles de Londres et de Paris, qui, en mettant en présence les produits des diverses nations, ont montré combien quelques-unes brillaient par le bon goût et l'élégance. Aussi, sans s'aveugler par un sot amour-propre, l'Angleterre, avec son éminent bon sens, ayant vu clairement à l'Exposition de Londres tout ce qu'elle avait à faire dans cette voie, a fondé aussitôt les musées de Sydenham, de Marlborough-House, ainsi qu'un très-grand nombre d'écoles de dessin. Elle a parfaitement compris que c'était là une condition vitale de succès pour sa puissante industrie, si admirable au point de vue technique, mais qui était dépassée par des nations rivales au point de vue artistique. Elle a senti que l'avenir d'une partie de son immense commerce d'exportation était en jeu, et elle s'est mise à l'œuvre pour obtenir encore cette condition de succès. L'Exposition de 1855 a montré qu'elle avait rapidement accompli d'importants progrès.

Le caractère le plus saillant de l'Exposition universelle de Paris a été de faire briller l'état avancé de l'art industriel. Il a même pris une si grande place qu'une réaction s'est fait sentir à la fin contre le rôle trop prépondérant, trop exclusif qu'on lui faisait jouer.

Sans nier ce qu'il y a de fondé dans les reproches adressés aux Expositions de mettre en lumière des pièces exceptionnelles, des tours de force qui ne sont pas de l'industrie, je dirai seulement qu'il était impossible d'imaginer des spectacles plus favorables pour constater l'état avancé de l'art industriel à notre époque, pour enregistrer les arrêts de l'Europe en fait de goût. Sans les ressources qu'elles m'ont fournies, je n'eusse jamais pu mener à bien cet essai. C'est surtout dans les visites à l'Exposition de Paris que se sont manifestées clairement à mes yeux les quelques règles que j'ai osé établir ; c'est à ce grand spectacle que j'ai pu prendre les dessins d'œuvres consacrées par la voix publique comme des chefs-d'œuvre.

En consultant les comptes-rendus qu'a fait naître cette Exposition, j'ai trouvé dans tous une confirmation éclatante de la méthode historique que j'ai suivie dans cet ouvrage ; la seule, comme je l'établis dès le début, qui puisse fournir une base solide pour une étude profitable de l'art. En effet aucun ne traite d'une industrie sans parler de l'éclat qu'elle a pu jeter aux grandes époques de l'humanité, sans y puiser des points de comparaison nécessaires. Or ces indications sans les monuments à l'appui sont de minime intérêt et peu profitables ; avec leurs représentations, elles forment la base de toutes les connaissances relatives à l'art. C'est cette étude fondamentale de la tradition, sans laquelle on ne peut rien formuler de sérieux et qui est toujours à refaire, que je tente de rendre définitive et vraiment instructive, en l'appuyant des gravures des monuments et des produits industriels les plus remarquables à chaque époque.

Quant à ces époques mêmes, je n'ai pas besoin de justifier ici le choix que j'ai fait de celles qui ont toujours été considérées comme les plus mémorables dans la vie de l'humanité. Les divisions que j'établis sont celles que l'on obtient toutes les fois que l'on cherche à reconnaître les moments de plus grande splendeur de la civilisation ; ce sont celles que l'on admet, par exemple, pour la littérature : c'est la Grèce de Démosthène, de Platon, de Sophocle ; c'est la Rome de Virgile, d'Horace ; c'est le Moyen âge de l'Imitation, de Froissart ; la Renaissance du Dante, de Pétrarque ; le siècle de Racine, de Corneille ; celui de Voltaire, de Rousseau. Enfin, c'est l'époque actuelle avec sa passion pour l'art dans toutes ses manifestations.

Il est inutile d'insister plus longuement sur le but que j'ai voulu atteindre par cette esquisse de l'ensemble des arts industriels. Son utilité ne saurait, il me semble, être douteuse pour personne. Je dirai seulement encore, avant de laisser le lecteur juger l'œuvre, que si pour chacun, placé à un point de vue spécial, elle offre un développement insuffisant, j'espère cependant n'avoir omis aucun élément capital, grâce à l'ordre que j'ai suivi et qui consiste à rattacher aux beaux-arts les diverses catégories de l'art industriel.

Puisse ce livre être pour nos producteurs, qui ont peu le temps de consulter les collections publiques, un utile point de départ, et leur fournir dans les limites de ce qui est possible pour guider le goût, c'est-à-dire ce qu'il y a de plus capricieux, l'émanation la plus directe de la fantaisie de l'individu, une base aussi solide que celle que leur présente, au point de vue des procédés techniques, le Dictionnaire des Arts et Manufactures.

Ch. LABOULAYE.

DE L'ART INDUSTRIEL.

DÉFINITION.—IMPORTANCE.—CLASSIFICATION.

La vue de tout produit créé par le travail industriel éveille nécessairement en nous deux idées, l'idée d'utilité et celle de beauté.

L'utilité se rapporte aux besoins qu'un produit peut satisfaire, aux propriétés naturelles des matières premières employées, aux qualités que le travail lui a fait acquérir. Cette dernière considération nous conduit à l'étude des procédés de la fabrication qui, indépendamment de ses applications, offre tant d'intérêt dès qu'on vient à reconnaître que les transformations opérées par l'industrie résultent de l'emploi bien entendu des lois naturelles. L'intelligence de celles-ci fait naître tous les grands progrès, fournit les merveilleux moyens d'action sur la nature qui sont la gloire de notre siècle; en un mot, le travail industriel est l'utilisation des connaissances scientifiques.

La beauté n'éveille pas en nous la même curiosité quant aux procédés techniques ; nous admirons dans un produit l'élégance de la forme, la beauté des décorations, sans trop penser aux difficultés que sa création a pu rencontrer. Or, ces questions d'élégance de forme, d'harmonie, de proportions des couleurs ne sont autres que celles qui appartiennent au domaine des beaux-arts, qui ont pour objet de créer des œuvres par lesquelles on ne se propose, en général, d'atteindre aucun but d'utilité. C'est donc dans l'art pur que l'industrie doit aller chercher ses modèles, ses principes de beauté, absolument comme c'est dans la science pure que se trouve le point de départ des procédés techniques de l'action de l'homme sur la nature.

Tels sont les deux pôles de toute production industrielle « la science et l'art » ; en tout produit se réalise leur liaison intime; il faut emprunter à l'un et à l'autre ce qui est nécessaire pour qu'un produit remplisse les conditions d'utilité et de beauté auxquelles il doit satisfaire.

L'art entre donc pour une grande part dans la production industrielle, et c'est souvent la plus importante. En général, c'est en cherchant à satisfaire aux besoins et aux désirs de l'homme, que l'industrie se propose de créer des objets non-seulement utiles, mais encore pour lesquels la forme, l'harmonie des proportions et des couleurs sont éminemment précieuses, et qu'elle rencontre l'art. Tandis que la question de convenance domine surtout pour nombre de productions placées à certaine distance de la consommation directe, comme dans l'agriculture, l'extraction des métaux, la construction des machines, etc., celle-ci est subordonnée à l'art et disparaît presque, bien qu'elle ne doive jamais être oubliée, sous le besoin d'élégance, quand il s'agit de la multitude d'objets qui servent à la satisfaction de nos besoins journaliers, avec lesquels nous vivons en quelque sorte, comme les habitations, les vases, les vêtements, les meubles, etc.

Pour ces produits, créés par une industrie prospère, dans un état de civilisation avancée, la bonté de la fabrication ne suffit pas, il faut y joindre l'élégance, le charme. C'est une condition essentielle de succès pour les nations qui cherchent à exporter certains produits de leur industrie, qui prétendent leur donner une supériorité sur ceux des autres nations, et il leur faut pour cela utiliser tous les éléments que l'étude des arts peut fournir.

Mais les notions sur l'art que nous pouvons posséder s'appliquent-elles directement à l'industrie pour guider le producteur?

Pour bien répondre à cette question, il faut se reporter à l'autre base de l'industrie, aux sciences pures. Les mathématiques, la mécanique rationnelle, etc., déductions logiques d'éléments purement intellectuels, seuls ou mélangés avec quelques données fondamentales fournies par l'expérience, ne peuvent s'appliquer directement à la pratique; elles servent à créer, à cet effet, des sciences intermédiaires, des sciences appliquées. Nous citerons comme exemple parmi celles-ci la mécanique physique, qui procède de la mécanique rationnelle, mais dans laquelle on fait entrer les propriétés physiques des corps, non plus telles que nous les concevons abstraitement, mais telles qu'on les déduit des résultats d'expériences nombreuses.

La théorie des arts industriels qui peut être directement utilisée doit se concevoir de la même manière que celle des sciences appliquées. Elle procède de celle des beauxarts, pour laquelle seule ont été faits de grands travaux qui résument le savoir des artistes célèbres, qui étudie le beau en lui-même, qui en cherche la traduction par des œuvres qui le rendent perceptible, sans se proposer aucun but étranger; mais elle en est une modification spéciale à chaque cas particulier, en raison des moyens de matérialisation dont l'industrie dispose, et de la convenance à laquelle le produit industriel doit satisfaire.

Il résulte de ceci que les arts industriels s'éloigneront d'autant plus des beaux-arts proprement dits, que la nature des œuvres que produisent ces derniers sera d'être moins susceptible d'avoir un emploi utile, de servir à la satisfaction de nos besoins. C'est pour cela que la musique ne peut en faire partie; que la peinture n'y occupe qu'une place peu en rapport avec celle si considérable qu'elle tient dans les beauxarts, parce que la condition d'utilité en la dominant fait disparaître tout idéal, toute aspiration d'un ordre supérieur. Jamais en déposant quelques couleurs sur une étoffe on ne pourra se proposer de faire un véritable tableau. Pour la sculpture au contraire, le produit industriel viendra souvent se confondre avec celui de l'art pur; ainsi, par exemple, la pièce d'orfévrerie sur laquelle on fera naître des formes qui devront plaire à l'œil, pourra bientôt devenir une véritable œuvre d'art ; il n'y a de différence essentielle (en laissant de côté les conditions commerciales de bas prix de revient) que dans la nécessité d'employer certains éléments commandés par l'utilité, ou des proportions trop réduites, ce qui trace souvent une ligne de démarcation entre le produit industriel et celui purement artistique. Enfin, l'architecture traitant essentiellement d'une utilité, d'une construction, est, par sa nature intime, un art industriel.

C'est donc l'accord du beau et de l'utile, de l'art et de la convenance au point de vue de l'usage, qui forme la base de tout l'édifice de l'art industriel. Ce qui précède rend compte des limites que nous devrons souvent nous imposer pour ne pas sortir de notre sujet.

Nous venons d'indiquer la haute portée intellectuelle des questions que nous avons à étudier dans ce travail; mais ne fût-elle pas comprise, que, dans l'ordre des faits, traduction toujours fidèle des phénomènes de l'esprit humain, la vaste étendue du champ de l'art industriel, des applications des beaux-arts à l'industrie, qui comprend presque tous les produits qui nous entourent, suffirait pour faire apprécier à quel degré il est nécessaire de s'y arrêter. Cet élément de succès pour les nations comme pour les individus est le plus souvent négligé dans les meilleurs ouvrages sur la production où le côté technique, celui de l'application des sciences à l'industrie, est en général surtout mis en lumière; et cependant si, se plaçant, par exemple, au point de vue de la France, on peut dire que la diffusion des sciences dans leurs applications à l'industrie est une base fondamentale de notre prospérité, on doit affirmer, comme également essentielle, tout au moins, l'étude des beaux-arts; car les plus grands succès des produits de notre industrie sont évidemment dus à la diffusion du goût, au talent de nos artistes, si bien secondés par le goût exercé de nos fabricants et de nos ouvriers.

L'Exposition universelle de Londres a démontré ce que celle de Paris confirme, à savoir ce cachet tout particulier de goût attaché à nos produits, qui donne souvent aux moins importants une véritable valeur artistique. Qui ne sait que Paris crée la mode, c'est-à-dire invente et juge souverainement en fait d'articles de goût? Si l'on remontait à l'origine de la création de bien des objets élégants de cette industrie française si estimée dans le monde entier, l'on verrait que leur valeur artistique est souvent due à l'imagination d'un pauvre ouvrier travaillant dans sa mansarde, qui a eu le goût assez pur pour modifier heureusement le modèle qui lui était donné.

L'étude des beaux-arts, qui est, dans ses manifestations les plus élevées, le grand moyen de vulgariser le bon goût, de faire naître des artistes éminents, capables de former des écoles, de donner une heureuse impulsion, est donc d'une extrême importance pour la France, afin ne pas la voir déchoir de sa position et s'amoindrir en présence des efforts intelligents de nations rivales, qui ne négligent rien pour améliorer le goût de leurs producteurs, par le développement de l'enseignement du dessin et l'exposition publique des chefs-d'œuvre des arts.

L'Angleterre, avec son éminent bon sens, a vu clairement à l'Exposition de Londres tout ce qu'elle avait à faire dans cette voie, et a fondé aussitôt les musées de Sydenham, de Marlborough-House, ainsi qu'un très-grand nombre d'écoles de dessin. Elle a parfaitement compris que c'était là une condition vitale de succès pour sa puissante industrie, si admirable au point de vue technique, mais qui était dépassée par des nations rivales au point de vue du goût. Elle a senti que l'avenir de son immense commerce d'exportation dépendait des progrès artistiques de ses producteurs.

C'est, en effet, cette précieuse qualité du goût qui distingue surtout les produits similaires des nations parvenues à un haut degré d'avancement industriel, et c'est sans contredit l'élément qui s'assimile le plus difficilement. Copier une machine inventée dans un pays voisin est chose facile dans l'état actuel de la mécanique ; donner du goût aux ouvriers qui manient les diverses pièces d'un bijou pour qu'ils les assemblent avec un sentiment net du résultat à obtenir, c'est à peine si l'étude et la culture permettront d'y arriver après plusieurs générations.

La multiplicité des produits de l'art dus à l'initiative individuelle de toute une population d'ouvriers artistes en rend l'imitation insuffisante ; elle constitue une supériorité presque inattaquable chez une nation qui, la possédant, ne s'abandonne pas elle-même. C'est ce qui explique la permanence de supériorité sur d'intelligents rivaux de quelques-unes de nos industries, telles que la fabrique de soieries de Lyon, celle des articles de Paris dans la capitale, etc.

La première chose que nous ayons à faire, avant d'entrer dans l'étude que nous nous proposons, c'est de délimiter nettement l'étendue du champ que nous avons à parcourir. On peut classer les travaux de l'art industriel au point de vue des emplois des objets auxquels il s'applique, c'est-à-dire des vêtements, des ustensiles d'économie domestique, de l'ameublement, de la décoration des maisons, etc. Mais comme c'est au point de vue de l'application des beaux-arts que nous devons ici considérer les travaux de l'industrie, notre but étant d'analyser les conditions de leur beauté et nullement de traiter de leur utilité ou des procédés techniques, ce qui nous conduit à chercher les règles à suivre dans les travaux d'art pur, dans les œuvres inspirées seulement par la recherche du beau, nous établirons les meilleures divisions en séparant ce qui se rapporte au dessin, à la forme, à la construction ; nous nous rapprocherons ainsi des divisions des beaux-arts, ce qui nous permettra de tracer le tableau ci-après, qui renferme l'indication des principales industries artistiques, et de leurs relations avec les beaux-arts.

Dans ce tableau nous allons du composé au simple, par la nécessité, que nous ferons apprécier plus loin, d'établir d'abord les types les plus complets de l'art aux diverses époques, à l'aide de l'architecture, c'est-à-dire des produits complexes qui le résument le plus complètement.

1. ARTS EMPLOYANT LES PROPORTIONS HARMONIEUSES DES FORMES GÉOMÉTRIQUES.

ARCHITECTURE. . . .
- I. Architecture proprement dite. *Grandes constructions.*
- II. Céramique.
- III. Meubles.

Petites constructions annexes de l'Architecture.

2. ARTS EMPLOYANT EN OUTRE L'IMITATION DES FORMES NATURELLES.

SCULPTURE. . . . IV. Statuaire.—Bronzes.—Orfévrerie.—Bijouterie.

PEINTURE. . . .
- V. *Par application de couleurs.* Dessin.—Polychromie.—Impressions sur papier et sur étoffes.
- VI. *Par juxta-position d'éléments colorés.*—Mosaïques.—Tissus divers.

Ce tableau ne renferme que les divisions principales; nous verrons bientôt comment, ayant son principe dans les beaux-arts, il embrasse par ses subdivisions toutes les applications multipliées des beaux-arts à l'industrie.

Essayons d'entrer dans quelques détails sur ces questions d'art, travail qui n'a pas encore été tenté, et qui, s'il est réalisé ici d'une manière trop insuffisante, fera sans doute naître le désir de faire mieux. Comme nous le verrons bientôt, il est difficile de s'avancer bien loin en conservant la forme dogmatique qu'il semble naturel d'employer, et c'est moins par des dissertations que par la reproduction à l'aide de la gravure de quelques pièces bien choisies, tant dans celles des siècles passés qui sont justement célèbres que parmi celles qui ont le plus vivement frappé le public aux dernières expositions, qu'il est possible d'indiquer la voie dans laquelle les efforts des jeunes débutants doivent se porter pour venir dignement succéder à leurs prédécesseurs. Mais quoi qu'il en soit, nous pouvons considérer comme bien établi dès à présent que c'est dans les travaux d'art pur propres à développer le sentiment du beau et faits sans tenir compte des applications possibles, travaux dont nous n'avons pas à traiter ici, que se trouve l'origine de tous les grands succès, l'impulsion capitale, comme ce sont les travaux de science pure qui fournissent les bases des grands progrès dans les procédés techniques.

Précisons d'abord quels sont, au point de vue des beaux-arts, les éléments principaux des productions de l'industrie; éléments dont l'énumération va nous permettre de donner la raison de la division de l'art industriel en deux séries, que nous avons admise plus haut.

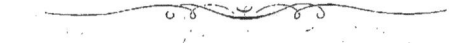

ÉLÉMENTS DE L'ART INDUSTRIEL.

1. — FORMES GÉOMÉTRIQUES.

Les éléments de l'art industriel au point de vue des formes qu'on doit distinguer lorsqu'on cherche à établir (pour faciliter l'étude) des divisions entre des éléments qui sont le plus souvent réunis, sont d'abord les formes que nous appellerons géométriques, c'est-à-dire celles dont la géométrie se propose l'étude. Nous distinguerons :

1° Les formes rectilignes de l'architecture, qui par suite de la nécessité de remplir les conditions de stabilité donne toujours aux monuments, dans le sens vertical, des formes rectilignes, et emploie nombre d'accessoires de la forme de cubes, de prismes, etc.;

2° Les formes cylindriques, coniques, etc., qui rencontrent plusieurs applications dans l'architecture, et constituent essentiellement les produits de la Céramique obtenus de tout temps à l'aide du tour du potier; enfin la combinaison des formes rectilignes et de celles obtenues par le tour dans le travail du bois pour la fabrication des Meubles;

3° La forme sphérique obtenue pour ainsi dire naturellement dans la fabrication des ustensiles en verre, et qui plus ou moins altérée constitue toutes les formes qu'ils conservent.

On voit ici comment les proportions harmonieuses de formes purement géométriques suffisent pour rendre compte du charme des constructions qui n'emploient pas, ou plutôt n'emploient que comme accessoires les imitations dont nous allons parler : c'est le cas de l'Architecture, de la Céramique, de la construction des Meubles.

En dehors de ces formes, dont l'œil saisit facilement la régularité, et qui plaisent lorsqu'elles sont employées convenablement, sont toutes les formes irrégulières que le goût peut engendrer, toutes les variations à l'infini de surfaces courbes. En général, sauf les voûtes, le plus souvent de forme sphérique ou cylindrique, quelquefois ogivales, on ne peut guère citer ici que l'emploi dans la décoration, en outre de petits éléments multipliés tels que les rosaces, les oves, etc., des entrelacements de surfaces peu saillantes, analogues aux combinaisons des lignes connues sous le nom d'arabesques, dont nous aurons à parler plus loin en traitant des lignes et contours. Ces surfaces ne peuvent guère exister sans que le plus souvent leur multiplication ou leur groupement rappelle presque forcément quelque objet pris dans la nature dont elles semblent bientôt la caricature si elles n'en sont pas l'imitation. Nous arrivons ainsi à la seconde partie à considérer.

II. — IMITATION DES FORMES NATURELLES.

L'imitation des formes les plus gracieuses que nous présente la nature, des proportions divines des plus belles créations, fournit à la décoration ses éléments les plus nombreux; méthode bien fertile, puisqu'elle puise dans la nature, variée à l'infini, une multitude d'éléments dont l'harmonie est d'ordre divin, et dont l'emploi charme les yeux à coup sûr. C'est dans la Sculpture proprement dite, l'art d'imitation par excellence, que les ressources qui dérivent de l'imitation des formes naturelles sont pleinement utilisées. Dans les applications industrielles qui s'y rattachent, les ressources qui résultent des moyens d'exécution ne permettent pas le plus souvent d'arriver à une imitation complète, rarement elles suffisent pour faire autre chose que de rappeler des motifs gracieux. Bien souvent même l'imitation n'est que partielle; l'ornement dérive d'une imitation, mais n'emprunte à la nature que l'harmonie générale : telles sont les palmes, les oves de l'architecture. On peut poser en principe que, dans le plus grand nombre de cas, l'art industriel doit limiter tout au plus à l'imitation de la nature, à son élégante reproduction, la sphère qui lui est propre, et abandonner aux beaux-arts proprement dits (qui se manifestent cependant assez souvent sous le manteau de l'industrie) l'emploi de l'imitation pour révéler un idéal, faire comprendre les sentiments et les pensées des personnages.

C'est dans l'étude des plantes, des fleurs, des animaux, des jeunes enfants, du corps humain, que se rencontrent les éléments que le goût créateur de l'artiste combine à l'infini; ce sont ces éléments, dont l'imitation plaît toujours à nos yeux, qui satisfont le sens moral et éveillent en nous les idées de grâce. Les divers styles dont nous aurons bientôt à parler tendent à faire varier leur groupement, le mode de les interpréter, et à faire apprécier, à certaines époques, les uns plutôt que les autres, mais dans la plupart des cas ils doivent être considérés comme étant toujours la base fondamentale de presque toutes les formes gracieuses, de la plupart des harmonies que multiplient certaines parties de l'art industriel.

Ainsi nous distinguerons, parmi les objets qui fournissent les principaux sujets d'imitation :

1° Les plantes, feuilles, boutons, fleurs, entrelacements divers, guirlandes, bouquets, etc.;

2° Les animaux de tout genre, oiseaux, chiens, chevaux, reptiles, etc.;

3° La figure humaine, enfants, femmes, hommes.

III.—DESSIN ET COLORATION.

L'ornementation des surfaces, tant par des dessins produits par des tracés de lignes qu'à l'aide de la coloration, atteint sa plus haute expression dans la peinture, qui reproduit tous les corps, et à l'aide de l'imitation vient peindre aux yeux les sentiments et la vie elle-même.

Les ressources qu'elle fournit à l'art industriel forment une importante partie de celui-ci; mais c'est surtout dans ce cas que s'applique complétement l'observation faite plus haut. L'industrie et les arts viennent se confondre en quelques occasions quand il s'agit de formes, mais jamais l'emploi fait par le travail industriel des lignes et des couleurs n'atteindra l'art qui traduit le mieux les sentiments à l'aide de l'imitation. Aussi n'avons-nous pas à traiter ici de l'art de la peinture; nous rappellerons toutefois que c'est cet art, que ce sont les travaux de nos artistes les plus éminents qui fournissent les principes de dessin et de coloration qui doivent guider nos fabricants, et que, d'un autre côté, les modèles que l'industrie se propose d'imiter, dus aux artistes industriels, méritent souvent d'occuper une place honorable parmi les produits d'art.

Les moyens d'ornementation industrielle qui rentrent dans notre cadre s'offrent à nous sous deux aspects différents, analogues à ceux que nous avons rencontrés déjà en traitant de la forme :

1° La première division se rapporte au point de vue du dessin, à l'emploi de lignes géométriques ou autres, dont l'enlacement ne rappelle aucun objet déterminé, bien que provenant souvent d'objets naturels dont on n'a gardé que les harmonies linéaires, qui ont par leurs formes une grâce propre. Au point de vue de la coloration, cette division comprend la polychromie, c'est-à-dire l'emploi d'un nombre limité de couleurs appliquées en teintes plates et offrant à la vue des tons de couleurs dont l'aspect, la proportion la réjouit. Nous ferons rentrer dans cette division la coloration des frises des temples par les anciens, au moyen âge la décoration des voûtes des cathédrales;

2° La seconde division se rapporte à des imitations de la nature, à l'emploi de lignes imitant, rappelant des objets gracieux, et relativement aux couleurs à l'emploi de teintes diverses dégradées, afin de reproduire l'aspect des objets colorés, sans que les conditions techniques permettent le plus souvent de les montrer tels qu'ils sont dans la nature et que la peinture les reproduit, c'est-à-dire éclairés par une lumière qui fait sentir leurs reliefs, portant des ombres qui indiquent leurs positions relatives. Dans la décoration industrielle on n'emploie en général que des couleurs fondues au moyen de juxta-positions ou de superpositions de teintes plates offrant des effets qui ne rappellent qu'imparfaitement ceux que produit l'art de la peinture, en se proposant d'ailleurs, comme nous avons eu le soin de le faire observer, un but bien moins élevé. On parvient, par les procédés de décoration, à imiter, à rappeler des objets gracieux, jamais à éveiller des sentiments comme dans la peinture proprement dite. Ce n'est que dans le cas du dessin monochrome (à une seule couleur) que l'impression reproduit à l'infini, grâce aux procédés de la gravure, et que la création artistique se transforme en un produit industriel quelquefois aussi précieux que l'œuvre du peintre.

DU BEAU.

Malgré notre désir de rester essentiellement pratiques dans ce travail, de ne pas entrer dans le domaine de l'art pur, nous devons cependant dire en commençant quelques mots de son but, du beau, dont nous allons suivre les manifestations dans l'industrie. Qu'est-ce que le beau? C'est là une de ces questions auxquelles il n'est pas possible de faire une réponse satisfaisante; le beau étant une idée première, essentielle de l'intelligence humaine, n'est pas susceptible de définition mathématique. Pour faire apprécier le beau, que chacun sent si l'on ne peut le définir, pour développer un sentiment dont le germe existe en nous, il n'est guère possible, comme toutes les fois qu'il s'agit d'idées fondamentales, que de répéter sous des formes équivalentes au fond l'énoncé de sentiments propres à notre nature. Ce qui est possible toutefois, c'est de faire sentir en analysant ses éléments, ce que nous appelons le beau; de déterminer les conditions principales auxquelles satisfont les productions acclamées par tous comme types évidents de la perfection.

La première observation que l'on doive faire relativement au beau sensible, c'est qu'il consiste dans une harmonie qui ne réside nullement dans la matière dont se composent les éléments à l'aide desquels il se matérialise en quelque sorte. Voilà bien des siècles que Socrate établissait avec sa méthode si pleine de bon sens cette vérité. Il démontrait aux différents artistes, à l'armurier Pistias comme au peintre Parrhasius, comme au philosophe Aristippe, que la beauté d'une femme accomplie, la beauté d'une coupe, la beauté d'un casque, étaient une même chose, et que les formes de ces différents objets étaient assujetties aux mêmes lois générales.

Le beau, suivant Platon, est « la splendeur du vrai; » belle formule, qui s'applique admirablement au beau intellectuel et moral plutôt qu'à celui révélé par des formes matérielles, ou au moins ne s'y applique que si l'on se place à un point de vue très-élevé, si l'on sent que le beau dans l'art est la perfection idéale, divine, des formes. Raphaël disait : « Le peintre est dans l'obligation de faire les choses, non comme les fait la nature, mais comme elle devrait les faire. » C'est en cela qu'il faisait consister le beau, et il a appuyé ce grand précepte d'admirables exemples. C'est la même notion de la traduction de l'idéal à l'aide de réalités matérielles qui a été parfaitement sentie dans les beaux travaux sur l'Esthétique des philosophes allemands, et répond à leurs définitions de l'art : l'accord de l'idéal et du réel, du fini et de l'infini.

La matière devient belle pour nous, dit excellemment Channing, quand elle semble perdre son apparence matérielle, son inertie, ses limites et sa grossièreté; quand, par la légèreté éthérée de ses formes et de ses mouvements, elle semble se « spiritualiser. » D'où il tire d'admirables conséquences morales sur l'importance de la culture de l'individu pour le rendre capable de voir et sentir le beau, qui sont d'une profonde vérité.

Pour rester dans des considérations plus voisines des applications, demandons-nous quelles sont ces lois dont parlait Socrate, et quelles sont les conditions principales auxquelles satisfont les types du beau.

Dans chaque ordre de production on peut énoncer des règles spéciales, mais il est une règle principale qui domine toutes les autres et qui s'applique aux produits de l'esprit aussi bien qu'à ceux des arts, condition qui a été définie « l'unité dans la variété, l'unité de l'ensemble et la convenance des parties. » Nous empruntons à saint Augustin un passage, célèbre à bien juste titre, où il formule admirablement ce grand principe.

« Si je demande à un architecte, dit ce saint docteur, pourquoi, ayant construit une arcade à l'une des ailes de son édifice, il en fait autant à l'autre, il me répondra sans doute que c'est afin que les membres de son architecture symétrisent bien ensemble. Mais pourquoi cette symétrie vous paraît-elle nécessaire? Par la raison que cela plaît. Mais qui êtes-vous, pour vous ériger en arbitre de ce qui doit plaire ou ne doit pas plaire aux hommes? et d'où savez-vous que la symétrie nous plaît? J'en suis sûr, parce que les choses ainsi disposées ont de la décence, de la justesse, de la grâce; en un mot, parce que cela est beau. Fort bien. Mais, dites-moi, cela est-il beau parce qu'il plaît, ou cela plaît-il parce qu'il est beau? Sans difficulté, cela plaît parce qu'il est beau. Je le crois comme vous. Mais je vous demande encore : pourquoi cela est-il beau? et si ma question vous embarrasse, parce qu'en effet les maîtres de votre art ne vont guère jusque-là, vous conviendrez du moins sans peine que la similitude, l'égalité, la convenance des parties de votre bâtiment réduit tout à une espèce d'unité qui contente la raison? C'est ce que je voulais dire. Oui; mais prenez-y garde. Il n'y a point de vraie unité dans les corps, puisqu'ils sont tous composés d'un nombre innombrable de parties, dont chacune est encore composée d'une infinité d'autres. Où est-ce donc que vous la voyez, cette unité qui vous dirige dans la construction de votre dessin, cette unité que vous regardez dans votre art comme une loi inviolable, cette unité que votre édifice doit imiter pour être beau, mais que rien sur la terre ne peut imiter parfaitement, puisque rien sur la terre ne peut être parfaitement un? Or, de là, que s'ensuit-il? Ne faut-il pas reconnaître qu'il y a donc au-dessus de nos esprits une certaine unité originale, souveraine, éternelle, parfaite, qui est la règle essentielle du beau que vous cherchez dans la pratique de votre art? »

Cette loi d'unité est fondamentale; mais si elle domine toutes les autres, elle est loin d'être la seule, ou plutôt, comme nous le verrons bientôt, ces lois ne sauraient être toutes et complétement formulées. Mais au moins peut-on encore en indiquer quelques-unes des plus importantes, en faire entrevoir l'existence.

Nous avons dit que le beau est une harmonie, un rhythme (c'est la définition d'Aristote, l'ordre et l'harmonie des parties), prenant ainsi notre définition ou plutôt cherchant à nous faire comprendre par un exemple pris dans la musique, celui des beaux-arts où les observations sont le plus faciles à faire.

Quels sont les éléments de la musique? des notes formées par des vibrations dont les nombres sont entre eux dans un rapport mathématique simple et tellement déterminé, que tout son intermédiaire, toute fausse note produit sur une oreille exercée une impression désagréable. Ce résultat certain fait bien comprendre, ce qui paraît bien moins évident « à priori, » comment les rapports de hauteur et de largeur d'une colonne, les espacements des colonnes, etc., peuvent se trouver rigoureusement déterminés, et comment l'œil qui transmet l'harmonie, comme l'oreille dans le cas précédent, doit se trouver choqué si l'on s'écarte de la loi mathématique que l'on trouve appliquée par les artistes les plus éminents de l'antiquité.

Suivons notre comparaison :

On sait que dans la musique l'oreille est favorablement impressionnée par certaines successions de notes, dites accords, tandis que d'autres forment des dissonances désagréables à l'oreille. De même, certains groupements d'objets plairont à l'œil, tandis que d'autres lui seront désagréables. Dans quelques cas de l'architecture et de la céramique notamment, la loi de répétition et de symétrie répond surtout à cette condition. Comme une tierce est agréable à l'oreille, une division par trois de certains éléments, dans une construction par exemple, peut être préférable à toute autre et devenir une règle avantageuse à observer.

Enfin, dans la musique comme dans les autres arts, les éléments ne constituent pas le beau, bien qu'ils soient nécessaires pour le produire; le groupement dû au goût de l'artiste en est le principe essentiel. La musique fait encore bien comprendre par la variété de ses compositions, tantôt graves, tantôt légères, combien le beau prend de formes différentes, comment on peut produire un nombre infini de combinaisons distinctes avec un nombre limité d'éléments, et combien est erroné le système des gens, peu nombreux aujourd'hui, qui croient que la simple reproduction des belles œuvres est la seule voie ouverte au génie des modernes, que le beau a été incarné dans des types dont il est impossible de s'écarter; sans comprendre que l'imitation absolue est impossible à des générations qui n'ont plus foi dans les idées auxquelles l'art a fourni jadis une forme extérieure. Idée absurde et qui, bien qu'elle tende de jour en jour à perdre de son crédit, sera difficilement déracinée de certains esprits médiocres qui tendront toujours à copier, n'étant pas capables de produire par leurs propres forces.

Entrons dans les détails qui permettront d'apprécier les œuvres d'art, pour le plus grand profit de tous, et surtout de l'artiste lui-même, dont la plus grande récompense est de voir son travail compris; malheureusement, comme le fait observer Diderot, combien de compositions où il est contraint d'employer plus de rapports que le plus grand nombre n'en peut saisir!

C'est le bon emploi de ces rapports dont parle Diderot, de ces éléments multiples qui produit la beauté d'une œuvre. Ce sont eux qui permettent de traduire, d'une manière compréhensible pour tous, la pensée créatrice de l'artiste rendue à l'aide de formes qui lui donnent une expression matérielle.

C'est parce que la notion de beau se réduit à celle de rapports qu'elle est saisissable pour tous les esprits. En effet, l'exercice immédiat de nos facultés nous donne des idées d'ordre, d'arrangement, d'harmonie, qui se rencontrent dans ce qui est beau. Sans doute ces idées acquièrent une plus grande netteté quand on fixe sur elles son attention, quand on considère les cas les plus saillants de leurs applications, comme nous venons de tenter de le faire avec des comparaisons tirées d'un cas dans lequel les appréciations sont le plus faciles. Mais si ces idées n'acquièrent toute leur précision que dans les esprits cultivés, elles ne peuvent être absolument étrangères à aucun ; elles se confondent en effet avec les notions de nombre, de grandeur, et autres, qui s'éveillent les premières dans l'intelligence humaine.

CONDITIONS FONDAMENTALES DU BEAU.

Les conditions du beau dans les œuvres de l'industrie forment l'objet de tout ce travail ; nous allons bientôt dire comment c'est par l'étude des œuvres les plus célèbres, que nous pourrons faire sentir quelques-unes des règles que suit l'imagination de l'artiste. Auparavant, essayons de compléter, autant qu'on peut le faire les lois fondamentales que nous avons déjà tenté plus haut d'établir. Mais malheureusement il nous faudra bientôt reconnaître qu'il est difficile d'aller bien loin dans cette voie.

DE LA CONVENANCE.

La première condition à laquelle doit satisfaire un produit est celle de la convenance : un bâtiment inhabitable, un vase qui ne saurait contenir de liquide, révoltent le bon sens du spectateur et le laissent froid devant les décorations les plus multipliées. Nul besoin d'insister à cet égard, quand il s'agit de produits industriels dont le caractère d'utilité doit dominer, souvent d'une manière absolue, tous les autres caractères.

Négligée quelquefois par les architectes du commencement de ce siècle, préoccupés avant tout de l'imitation des monuments grecs, la convenance était devenue, par réaction, le caractère fondamental, essentiel, qu'un célèbre professeur (M. Durand) assignait à l'architecture. Les élèves de ses cours de l'école Polytechnique, officiers du génie ou d'artillerie, ont élevé des magasins, des halles d'une belle simplicité, qui, dans bien des villes, écrasent, par leur bel aspect, de mauvaises églises ou mairies de villages, affublées de colonnes mal à propos employées. Cependant si la convenance détermine les grandes lignes d'un ensemble, on doit avouer que, dans le cas général, il est des parties facultatives; ce sont celles-là qui peuvent être déterminées en vue de la décoration, mais sans jamais empiéter sur la convenance.

UNITÉ. — SYMÉTRIE.

Nous pouvons considérer comme établie, par le beau passage de saint Augustin que nous avons rapporté, la nécessité de l'unité, c'est-à-dire du concours de toutes les parties pour produire un effet déterminé et ne pas en cacher l'ensemble derrière des fractions de l'œuvre qui détournent l'attention. La symétrie est la disposition capitale qui permet d'éviter cet inconvénient.

DES PROPORTIONS.

La condition fondamentale, qui comprend en quelque sorte toutes les autres, consiste à donner aux diverses parties, tant lignes que formes, des proportions constituant l'harmonie; proportions que découvre quelquefois le sentiment de l'artiste, que l'on recueille souvent par des observations faites sur la nature animée.

Nous suivons M. Ziégler « Études céramiques, » pour l'indication de cette loi fondamentale, à laquelle il donne le nom « d'Eurythmie. »

« Vitruve nous a transmis cette expression (qu'il définit comme synonyme de proportions), par laquelle les Grecs désignaient une des conditions du beau en architecture.

« L'Eurythmie ne s'applique qu'à la partie pittoresque de l'édifice, qu'aux reliefs de tout genre susceptibles d'accord, de répétition. Ainsi, d'un certain point de vue général et lointain, la colonnade représente un vaste ornement; c'est une série cadencée, rhythmique, qui s'accorde avec d'autres séries.

« Si j'examine l'ordre dorique grec, qui est le beau simple par excellence, je vois que le rhythme contribue puissamment à la beauté.

« Au-dessus des notes graves, sonores, gigantesques de la colonnade, je suis frappé des divisions rhythmiques de l'entablement, où les triglyphes se succèdent comme les mesures d'une mélodie. J'admire la belle ordonnance des métopes consécutives, la régularité de leurs mouvements périodiques, la proportion des intervalles, la justesse des temps, le parfait accord des parties concertantes, je dis concertantes, car l'Eurythmie a pour objet « de lier en un concert général les membres et les ornements variés de l'édifice.... »

« De tels effets ne sont pas dus au caprice de l'imagination, ils procèdent d'une science, d'une loi, qui est l'Eurythmie. Ils expliquent pourquoi la musique entrait dans l'éducation d'un architecte athénien, possesseur des secrètes formules de Pythagore. »

La détermination de ces proportions harmonieuses dans la colonne grecque, dans le groupement de cet élément, constitue l'ordre dont nous parlerons bientôt.

A cette loi, ou plutôt à cette indication, M. Ziégler en joint une autre qui ne manque pas d'intérêt, mais qu'on ne peut considérer comme d'une importance comparable à la précédente, dans laquelle elle rentre en partie. C'est la loi de répétition.

DE LA RÉPÉTITION.

« La répétition est considérée justement comme un principe d'ornementation. Un objet indifférent, comme un petit cube, étant répété et formant une série, produit un effet agréable dans une moulure ; tels sont les denticules. Une cannelure, une feuille, une perle étant répétées, deviennent pour l'architecte des ornements qui tirent toute leur valeur de la répétition. »

DE L'ALTERNANCE.

La répétition est alterne lorsque les parties répétées varient en volume et en étendue, aussi bien que par la forme et le dessin.

La loi de symétrie dont nous avons parlé peut être considérée comme rentrant dans la répétition presque toujours nécessairement symétrique des éléments, qui seule satisfait à l'unité. C'est ainsi que la répétition de deux ailes semblables aux deux extrémités d'un édifice, en attirant également l'œil de l'observateur, le force à embrasser l'ensemble de la construction.

Bien que s'appliquant plus spécialement à l'architecture par leurs indications, ces lois sont vraies pour toute espèce de décoration industrielle, pour les tracés, les lignes de tout genre, aussi bien que pour les formes, et sont les plus importantes parmi les nombreuses lois que l'artiste doit respecter. Le savant auteur que nous citons en a voulu indiquer également quelques principes fondamentaux relatifs à l'emploi des couleurs ; nous allons encore le suivre sur ce terrain.

LOIS DE LA COLORATION.

Nous continuerons donc d'emprunter à M. Ziégler quelques lois auxquelles doit satisfaire l'emploi des couleurs, qui tirent une grande valeur de la célébrité justement méritée à l'auteur par son éminent talent de peintre.

LOIS DE PROPORTION.

Nous avons dit que « les belles proportions, quant aux formes architecturales et céramiques, résultent d'un ensemble où toutes les parties, étant symétriques, doivent en quantités diverses dépendre d'une masse à laquelle elles se rattachent et qui les domine par son volume et son importance. » Il n'y a rien à modifier à ce principe dans son application à la coloration. Les proportions relatives entre les différentes étendues colorées seront d'autant plus nécessaires à observer, que le ton sera plus pur et plus voisin du maximum d'éclat de la couleur. Citant un exemple, il fait observer que la vigueur des tons, des couleurs y est en raison inverse de l'étendue qu'elles occupent.

Examinons, dit-il, « les productions si variées de l'industrie des étoffes et des papiers peints : nous voyons d'abord un fond dominant ; puis, sans considérer aucunement le mérite du dessin, ni la perfection de l'exécution, nous pouvons remarquer qu'il existe des proportions relatives entre les couleurs qui ornent les fonds ; qu'elles sont réparties en quantités subordonnées, que l'aspect de ces œuvres plaît d'autant plus que les règles précitées ont été mieux observées. »

LOI D'ASSIMILATION.

La loi d'assimilation est une loi qui permet, indépendamment du dessin et des proportions, de produire un effet harmonieux avec diverses couleurs.

« Un vase, je suppose, doit recevoir des ornements bleus : que le fond en soit d'un gris fin et bleuâtre, que les rouges soient mêlés de bleu comme dans la fleur du glaïeul, que les blancs eux-mêmes, quoique vifs, soient faiblement azurés ; la teinte dominante assimilatrice qui est le bleu, pénétrant le fond et les tons superposés, il en résultera la variété, l'unité, l'harmonie. »

LOI DE JUXTA-POSITION.

« L'harmonie peut encore résulter de l'ordre dans lequel les couleurs sont juxta-posées. Il existe donc un ordre naturel, une loi suivant laquelle un certain nombre de pièces colorées, de teintes plates même à leur maximum d'éclat, peuvent produire un accord harmonieux sans recours ni à la hiérarchie des proportions, ni à l'influence d'une couleur assimilatrice, par le seul ordre dans lequel les couleurs seront juxta-posées.

« Cet ordre se révèle dans l'arc-en-ciel, les spectres lumineux qui charment la vue par la disposition des couleurs mixtes, car dans ces deux exemples le jaune est mêlé au vert, le rouge à l'orangé, et le bleu au violet. »

Nous traiterons plus loin, en parlant des applications de la peinture, des effets de contraste et d'éclat des couleurs dont M. Chevreul a formulé les lois dans un travail justement célèbre.

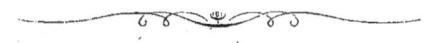

ÉTUDE HISTORIQUE DU BEAU.

DES STYLES.

D'après la marche que nous venons de suivre, si toutes les lois du beau pouvaient être formulées, nous n'aurions plus qu'à étudier ces lois mathématiques, ces formules, ces proportions reconnues bonnes dans chaque branche particulière de l'art ; en un mot, il serait possible de constituer une science positive de l'art dont les limites seraient faciles à déterminer d'une manière absolue. Mais il n'en est nullement ainsi, comme on peut le prévoir d'après le petit nombre de lois générales que nous sommes parvenus à indiquer, et qui ne peuvent d'ailleurs, comme on le sent facilement, avoir aucune influence sur le développement des facultés artistiques, de l'esprit inventif, ce qui doit être l'objet principal de l'étude que nous entreprenons ici.

Puisque les œuvres dans lesquelles nous réalisons ce que nous appelons le beau sont des créations de notre esprit, elles ont une relation directe avec la civilisation, les idées qui agitent l'esprit humain à chaque époque; on a donc dû apprécier en chaque siècle des harmonies diverses, mais toutes remarquables. En un mot, il y a une succession historique qui doit être étudiée, qui nous révèle une foule d'harmonies découvertes avant nous; moyen puissant de développer le goût par des comparaisons et des études convenables, qui permet d'arriver à la production d'harmonies nouvelles, quand on a compris et senti d'abord celles si nombreuses et si variées qui ont été découvertes dans la succession des travaux des hommes de génie de toutes les époques et de tous les pays.

La production du beau étant due surtout à l'initiative, au sentiment de l'art de chaque grand artiste, écho de son époque sans cesser d'être lui-même, n'est pas nécessairement progressive, et l'on ne peut, comme dans les sciences exactes, oublier les travaux des prédécesseurs pour ne conserver que les théorèmes découverts par eux. En un mot, il s'agit de connaissances de l'ordre des sciences morales, et l'étude historique, en attirant notre attention sur des œuvres que nous apprécions avec ce que nous appelons le sentiment du beau, doit donner des résultats aussi nets que ceux que, dans d'autres voies, la philosophie, l'histoire par exemple, nous étudions à l'aide du sentiment du vrai, du juste.

Insistons un peu sur ce point de vue d'une grande importance et qui donne la vraie raison d'être d'un travail de la nature de celui-ci.

On sait que l'école historique, si justement célèbre en Allemagne, qui a rendu illustres les noms de Savigny, de Niebuhr, etc., et révolutionné les études juridiques, a prouvé surabondamment que l'étude abstraite du droit, en employant une méthode de déduction semblable à celle de la géométrie, ne mène qu'à des résultats de peu de valeur; que chaque cerveau, prenant une vue incomplète du juste pour le juste absolu, arrive bientôt, par des déductions parfaitement logiques, à l'absurde le moins contestable.

Au contraire (et les travaux de l'école historique l'ont également démontré), l'étude historique des institutions, en permettant de comparer, d'étudier les effets des lois les plus diverses chez tous les peuples et dans tous les temps, en forçant de tenir compte de tous les éléments qu'il est impossible de comprendre entièrement dans une analyse, en étudiant des réalités au lieu de suivre des conceptions abstraites, permet d'entrevoir une image bien plus complète, bien plus nette, de ce juste absolu, divin, que l'intelligence humaine ne saurait jamais parfaitement définir.

C'est de la même manière que les monuments, les œuvres remarquables des diverses époques, forment la véritable école du beau, et que leur étude attentive peut seule permettre d'entrevoir, de développer le sentiment de ce beau divin, qui ne peut se formuler en quelques phrases, résulter de quelques déductions plus ou moins logiques. C'est l'étude intelligente des chefs-d'œuvre, l'analyse raisonnée de chacun qui devient le but de notre travail, et nous venons de prouver que c'est la seule méthode qui puisse le rendre utile.

Le résultat principal de l'étude historique du beau, c'est de nous faire concevoir nettement ce qu'on appelle les styles, c'est-à-dire les éléments, les proportions employées à chaque période de civilisation, les harmonies qui avaient un rapport intime avec les idées régnantes à chaque époque, et dont les variations, peu sensibles quand on ne regarde que les transformations successives qui s'opèrent lentement, deviennent très-saillantes dans des œuvres produites à des époques très-éloignées. C'est ce qui va devenir clair par les développements qui vont suivre et surtout par la vue des dessins des chefs-d'œuvre justement célèbres. C'est ainsi, pour nous borner à deux exemples bien tranchés, qu'on retrouvera facilement dans le Parthénon et la colonne corinthienne quelques relations avec la grâce, l'élégance de la philosophie et du paganisme grec ; et dans la cathédrale gothique, l'aspiration vers le ciel, le grandiose du catholicisme du moyen âge.

Pour suivre un semblable développement historique, pour rappeler en quelques mots (nous ne pouvons donner ici un bien long exposé) les grandes époques de l'histoire où la civilisation jetant un grand éclat a dû laisser des œuvres considérables, c'est toujours de la Grèce qu'il faut partir ; c'est là que nous trouvons les origines de nos arts, de nos sciences. C'est en Grèce que les applications industrielles des beaux-arts ont pris naissance en même temps que ceux-ci. L'imagination des Grecs avait ennobli jusqu'aux ustensiles les moins précieux. Athènes fut la première ville manufacturière, la maîtresse et la reine du goût dans les temps anciens. Il suffit de penser un instant au degré si élevé qu'atteignirent la poésie, l'éloquence, la philosophie aux beaux jours de la Grèce, pour apprécier, quand les chefs-d'œuvre ne seraient pas sous nos yeux, qu'il a dû se produire, à une époque de civilisation si brillante, un admirable développement de l'art. Les produits en durent varier à l'infini dans une société libre, où l'action des citoyens pouvait prendre tout son essor. Ce sont les travaux de tout un peuple d'artistes qui ont engendré les chefs-d'œuvre si variés de l'art grec. Aussi la petite ville d'Athènes joua-t-elle un rôle que son importance semblait lui refuser, et cela parce qu'étant dans les temps anciens la reine du goût, elle devint par cela même la première ville manufacturière de l'ancien monde.

Il faut observer, toutefois, que, puisque c'est en Égypte que les Grecs avaient puisé la plupart des éléments de leurs arts, l'étude de l'art égyptien doit précéder celle de l'art grec.

Les Égyptiens nous ont laissé des monuments dont les proportions colossales manifestent clairement une étonnante civilisation, et qui, grâce à leur solidité, nous ont révélé une foule de renseignements sur l'état des arts à cette époque si reculée. A l'opposé de l'art grec, où l'imitation de la nature tint une si grande place, le caractère dominant du style égyptien lui fut imprimé par une théocratie toute-puissante qui rendit immobile cet art grandiose, en assujettissant tout à des règles fixes, immuables.

Après la splendeur de la Grèce vint celle des Romains, qui ne cultivèrent les beaux-arts que lorsqu'ils eurent conquis la Grèce ; mais, nation guerrière, ils furent transformés par l'art grec, qui poursuivit son œuvre en initiant ses vainqueurs au goût des arts. Enrichie des dépouilles du monde entier, Rome penchait déjà vers sa ruine, qu'Athènes, Argos, Thèbes, Corinthe, pillées, saccagées, mais toujours peuplées d'artistes, acquéraient, par leurs manufactures, une nouvelle célébrité. Il est juste de dire que si les Romains ont emprunté aux Grecs les principes de l'art et souvent les artistes eux-mêmes, cependant leurs œuvres ont quelquefois un grandiose que n'avaient pas les productions grecques, et qui semble refléter quelque chose de l'immensité de l'empire romain.

Rome, souveraine du monde, vit concentrer entre les mains de sa puissante aristocratie les richesses du monde entier. Les manifestations les plus éclatantes de l'esprit et de l'art, l'éloquence, la poésie, vinrent s'y donner rendez-vous, comme les beaux-arts cultivés plus souvent par l'esclave grec que par le citoyen romain, et, après avoir jeté un éclat qui fera toujours de cette époque une des plus célèbres dans les fastes de l'humanité, déchurent sous les empereurs par les excès d'une civilisation raffinée, s'épuisant elle-même.

Le déplacement de la capitale de l'empire, la fondation de Byzance, est le signal de la décadence des arts; le goût s'altère en même temps que le luxe des décorations brillantes, propres à l'Orient, se propage. Constantin ceint le diadème, prend la robe éclatante des souverains de l'Asie ; c'est l'élément oriental, asiatique, qui triomphe de l'élément romain.

Sous cette influence combinée avec celle du christianisme, cause de la plus grande révolution morale que la terre ait jamais vue, se développe le style byzantin à l'Orient; et à l'Occident où se révèle l'élément germanique, le style roman, dans lequel se fait sentir le génie propre aux nations catholiques de l'Occident ; ce fut par les produits de ce style que les nations qui avaient envahi et détruit l'empire romain commencèrent à faire sentir, sous la tutèle de l'église, leur tendance à sortir de la barbarie.

Après avoir accompli de grandes œuvres, ces nations abandonnent complétement les traditions de l'antiquité ; les grandes cathédrales gothiques sortent de terre et les arts tendent à renaître pour décorer ces gigantesques constructions. On a classé ces productions dans un style qu'on a appelé ogival, du nom de l'ogive, élément spécial à son architecture. A cette époque, où la féodalité était subordonnée à la papauté, pendant la durée de cette puissante théocratie, il devait s'accomplir de grandes œuvres dans cette Europe animée d'une même foi religieuse symbolisée dans de gigantesques constructions, chez ces grandes nations occidentales qui s'éveillaient à une vie nationale ou au moins communale.

Lorsqu'au XVe siècle les nations chrétiennes, et surtout les républiques d'Italie, arrivant à un degré éminent de richesse, cherchèrent à faire refleurir les arts, elles retrouvèrent la tradition de l'antiquité. Lorsque les Croisés s'étaient précipités sur l'Orient et avaient détruit les restes de l'empire grec, ils avaient rapporté dans leur pays le goût des arts qui s'y étaient maintenus. C'était encore à la Grèce que les féroces barons normands, qui avaient fondé le royaume de Sicile, prirent l'industrie de la soie qui s'y était conservée, en enlevant les ouvriers et installant de force cette colonie en Sicile. Enfin, les Vénitiens, devenus ensuite maîtres d'une partie de l'Archipel, transplantèrent dans leur patrie ce qui existait encore de la fabrique des

Grecs. C'est avec ces éléments, arrachés à la Grèce, que l'Italie avait préparé cette grande époque de la renaissance qui remit tous les arts en honneur.

Les méthodes des artistes grecs se répandirent dans toute l'Italie ; ce fut le point de départ de ces écoles illustres qui se formèrent successivement. Vers le milieu du xv⁰ siècle, en 1453, un événement important, la prise de Constantinople par Mahomet II, donna une nouvelle impulsion aux arts renaissants, en forçant les derniers artistes byzantins à s'expatrier. Grâce à tous ces éléments, grâce à l'enrichissement de la société moderne, le progrès se fit sentir en Italie d'abord, où Venise, Florence surtout, la véritable Athènes des temps modernes, Gênes, etc., étaient arrivées à un degré inconnu jusque-là de richesse et de liberté si indispensable pour donner à l'artiste la foi en son œuvre, puis bientôt dans le reste de l'Europe. La noble protection, le goût éclairé des Médicis, des Sforce, des d'Est, des Maximilien, des Charles-Quint, véritables souverains de leur siècle, si dignes de comprendre les merveilles de l'art, firent bientôt surgir les Masaccio, les Buonarotti, les Raphaël, les Vinci, les Titien, les Benvenuto Cellini.

On sait comment, grâce aux encouragements de François I⁰ʳ, les arts passèrent de l'Italie en France avec Léonard de Vinci, le Primatice, Benvenuto Cellini, etc., et y retrouvant les éléments importants d'une école nationale, s'y élevèrent à une si grande hauteur ; combien fut brillante cette époque pour tous les arts.

Après le xv⁰ siècle, il nous faut arriver jusqu'à Louis XIV pour trouver un mouvement comparable, une ère de splendeur dans toute l'Europe, et surtout chez la nation française, qui se sentit appelée à accomplir des œuvres considérables. Les créations de ce règne, héritier de toutes les grandes conceptions de Richelieu, où les hommes éminents semblaient se multiplier, ont un cachet de grandeur qui les fait reconnaître et ont donné un type à l'art. On sait toutes les grandes choses qui furent alors créées en France, et comment la profusion des œuvres d'art, la recherche de l'élégance, le raffinement dans la décoration arriva enfin, au siècle de Louis XV, à créer un style, maniéré quelquefois, mais empreint de richesse et d'originalité, qui s'est appliqué heureusement à une foule de produits industriels.

Depuis cette époque, l'Empire, en France, livré à une imitation médiocrement entendue de l'art grec, adopté par une société qui, au sortir d'une longue révolution, ne savait plus où retrouver de traditions, n'a rien laissé de notable dans le champ de l'art ; la Restauration elle-même, pendant laquelle le gothique a été surtout glorifié par l'école dite romantique, n'engendra guère de productions originales que dans le champ de la fantaisie, dans des œuvres secondaires.

Nous arrivons ainsi à l'époque actuelle, à ces vingt-cinq dernières années. Des éléments nouveaux, les progrès de la liberté moderne, la division de la propriété, la multiplication du nombre des propriétaires, la diffusion des lumières, en un mot des besoins nouveaux et des idées nouvelles, doivent amener des types inconnus jusqu'ici et couronner dignement le riche développement industriel qui caractérise notre siècle, correspondre à la puissance inouïe et nouvelle de nos moyens d'action sur la matière, fournir satisfaction aux besoins d'élégance de millions de familles qui jadis bornaient leurs efforts à subvenir à leur existence. L'indication de ces types est un résultat précieux, que cette étude nous permettra d'obtenir dans nombre de cas.

Dans cette énumération rapide des époques pendant lesquelles l'art a jeté le plus vif éclat, nous n'avons suivi que les évolutions de la civilisation gréco-romaine dont nous procédons directement. Certes, c'est dans les œuvres produites par cette civilisation que se rencontrent les principaux types des harmonies qui plaisent le plus à notre goût; mais ce ne sont pas les seules. Les autres civilisations, dans leur plus grand éclat, ont créé aussi des modèles que l'art industriel s'est empressé d'adopter.

Ainsi nous citerons l'Inde, qui précède peut-être comme antiquité cette Égypte dont la tradition remonte au-delà des plus anciens temps bibliques, et qui a fourni tant de ressources à l'industrie de la Grèce; la civilisation de la race arabe et turque, qui, un moment, a menacé d'envahir l'Europe et s'est étendue sur une grande partie du monde, pour y constituer de puissants empires. Les éléments orientaux qu'elle s'est assimilés, avaient déjà pris une place importante dans l'art de l'empire byzantin; elle les a développés tandis que l'Europe s'est refusée à les continuer. Enfin nous aurons à parler de la Chine, pays si étendu, couvert d'une population compacte, possédant bien longtemps avant nous de puissants éléments de civilisation, l'imprimerie notamment, et qui a cultivé d'une manière bien remarquable certains arts industriels.

Nous aurons donc à étudier, pour chacune des divisions établies plus haut :

    L'art égyptien,
    L'art grec,
    L'art romain,
    L'art byzantin, roman,
    L'art gothique ogival,
    L'art de la renaissance,
    L'art sous Louis XIV,
    L'art sous Louis XV,
    L'art moderne ;

Et les manifestations des civilisations orientales et asiatiques, savoir :

    L'art indou,
    L'art arabe, mauresque,
    L'art chinois.

Chaque époque de civilisation s'incarne en certains types; c'est ce que nous fera bien sentir l'étude des produits les plus complets de chacune d'elles : nous voulons parler des grands monuments, des créations de l'architecture. Nous y trouverons la traduction des aspirations de chaque siècle, l'indication des éléments adoptés par l'art industriel à chaque époque dans ses diverses manifestations, les caractères particuliers qui constituent ce que nous appelons les styles. C'est ce que nous ferons apprécier dans le chapitre suivant, consacré à l'architecture, à la première des divisions établies plus haut dans l'art industriel; toutefois, dans quelques cas, l'intelligence des styles s'obtiendra plus facilement par la vue d'œuvres moins importantes, où le caractère de l'art à une époque est exagéré. Remarquons que, dans tous les temps, presque toujours les artistes croient faire de l'art pur, se livrer à l'imitation de la nature, et non obéir à des conventions qui nous paraissent le cachet particulier de chaque style; c'est en général l'avis des contemporains. Ce n'est que plus tard que le style se révèle : c'est lorsque les artistes se sont mis à suivre des idées différentes de celles qui guidaient leurs prédécesseurs, que le système auquel obéissaient ceux-ci, sans en avoir conscience, devient sensible.

En nous bornant à l'étude sommaire des styles, nous ne prétendons pas qu'elle seule suffise à l'étude historique du beau, et que d'autres recherches soient inutiles. Mais pour rendre cette étude complète, indépendamment du récit des événements et des idées régnantes en chaque siècle et en chaque contrée, il faudrait définir les principes des diverses écoles, c'est-à-dire des groupes d'artistes qui ont préféré certaines formes à d'autres, telles ou telles combinaisons, aussi bien que l'œuvre individuelle des artistes éminents qui, inspirés par leur époque, ont eu une grande influence personnelle sur les œuvres, le goût de leur siècle, et dont la succession constitue le développement de l'art. En effet, c'est l'artiste éminent qui découvre le beau et le fait admirer; il ne dit pas ce que tout le monde sait, mais ce que tout le monde est susceptible de comprendre à l'époque où il vit; ce que chacun croyait savoir déjà une fois qu'il l'a dit. Or cette œuvre complète, encyclopédique, nous paraît immense et à peu près irréalisable: son extrême étendue ferait d'ailleurs perdre de vue l'ensemble et les rapports des diverses parties; aussi l'esquisse seule nous paraît abordable, et c'est à elle que nous bornons nos efforts, supposant connu du lecteur ce que nous serons obligés d'emprunter à l'histoire de chaque époque et de chaque artiste éminent.

Nous terminerons le plus souvent par la revue un peu détaillée des œuvres de l'époque moderne les études sur les diverses classes de produits industriels dont nous avons à parler, par la raison que les Expositions universelles de Londres et de Paris, en mettant à notre disposition une quantité suffisante de matériaux, nous fourniront le moyen de donner une extrême utilité pratique à cet ouvrage, et nous permettront d'indiquer la voie véritable de l'avenir, celle dans laquelle les efforts doivent être dirigés. Nous décrirons auparavant les œuvres de civilisation étrangères à la nôtre, qu'il importe d'autant plus de connaître avant d'étudier les productions modernes, que celles-ci y puisent bien souvent des modèles. C'est en effet l'imitation de tous les styles qui forme le point de départ de la puissante production industrielle de notre époque, et il est nécessaire de reconnaître les imitations heureuses pour les louer, celles évidemment malheureuses pour les blâmer.

L'étude détaillée des produits de l'industrie des diverses nations nous permettra aussi de donner une juste place à un point de vue trop négligé dans ce travail pour les époques antérieures à la nôtre. Comme nous ne pouvons représenter chaque style, dans chaque genre de productions, que par une ou deux pièces, insuffisantes le plus souvent pour indiquer les modifications de ce style pendant le long espace de temps pendant lequel il s'est transformé, au moins partiellement, nous n'avons pu tenir toujours suffisamment compte du cachet de chaque nation dans son interprétation de chaque style. Or, si cela peut être excusé dans une esquisse sommaire, on ne saurait l'admettre quand on considère les produits si nombreux des grandes industries de puissantes nations, comme celles qui rivalisent avec nous, dont le développement industriel et artistique est si considérable. Sous ce rapport, l'Allemagne, où les arts ont pris un si beau développement, mérite surtout une grande place, et l'école allemande, le style allemand doit être étudié avec le plus grand soin. Nous n'avons pas besoin de parler de l'Angleterre, de si longtemps en avance sur nous, que la gloire de la France est d'atteindre et de dépasser quelquefois, et qui, dans nombre de produits, a su élever à la hauteur de l'art cette convenance élégante pour laquelle elle a inventé le mot de « comfortable »; enfin les produits de l'Italie, de l'Espagne, de l'Inde, etc., nous offriront dans certaines industries des indications très-précieuses, qui nous permettront d'établir bien nettement l'intéressant tableau de l'état actuel de l'art industriel chez les nations qui excellent dans l'exécution d'un produit quelconque, qui sont supérieures en un point aux autres nations.

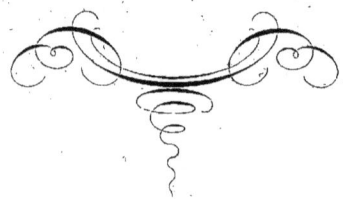

SECTION I.

ARCHITECTURE

UTILITÉ DE SON ÉTUDE.

Nous avons dit que l'étude de l'Architecture est particulièrement convenable pour faire apprécier, pour bien définir l'esprit des conceptions de chaque époque, le style qui se révèle clairement à la vue des productions du plus grandiose de tous les arts, de celui qui, en raison de l'importance de ses créations, du grand nombre d'éléments qu'elles nécessitent, réagit le plus sur tous les autres et les transforme sous l'influence de l'inspiration régnante. On le comprend facilement, si l'on réfléchit que le système d'Architecture d'une époque, qui donne la physionomie des édifices destinés à répondre aux aspirations des nations, se modifie avec les progrès de la science, les ressources qu'elle offre aux constructeurs, les coutumes régnantes, avec le goût enfin, le sentiment du beau de chaque génération. S'adressant en quelque sorte à toutes les facultés de l'homme, à tous les désirs de la société, le monument est une espèce d'encyclopédie, l'harmonieux résumé de toute une synthèse.

Pour montrer combien les divisions fondamentales par styles se sentent dans l'Architecture, il nous suffira de citer deux éléments essentiels, bien caractérisés, de styles différents, la colonne grecque et l'ogive du moyen âge. Certes, personne ne pourra voir ces deux éléments accolés, sans sentir le sentiment instinctif du beau blessé par une semblable réunion. Or, c'est l'intelligence nette des styles difficiles à définir et qu'on est réduit souvent à faire apprécier par le dessin plus que par des analyses, qui peut être le résultat le plus certain de l'étude des monuments de l'art; et ce n'est pas un minime résultat que de les faire apprécier dans une application importante, même pour les personnes qui, par la nature de leurs travaux, la trouveraient un peu éloignée des cas spéciaux de décoration industrielle qui les intéressent plus particulièrement. C'est donc en traitant de l'Architecture que nous essayerons de faire sentir, d'indiquer les principes généraux des divers styles de manière à n'avoir pas à y revenir longuement dans les diverses autres applications de l'art industriel.

Les lois de la pesanteur et de la stabilité rendent indispensable en Architecture l'emploi de lignes verticales ; l'ordonnance des divisions intérieures, comme le travail à l'aide de la règle, exige généralement des surfaces planes, réglées (sur lesquelles s'appliquent des lignes droites), et qui se coupent à angles droits. Des conditions toutes spéciales de la construction résulte le caractère spécial et le plus saillant de l'art architectural, qui, nous l'avons dit, n'est nullement un art d'imitation de formes naturelles, mais un art dont le caractère dominant est géométrique et qui tire son charme de l'harmonie de proportions des éléments qui lui sont propres. Sous ce rapport, elle ne donnerait peut-être pas une idée des styles aussi complète que nous l'avons annoncé si nous ne comprenions ici, sous la même division, la sculpture décorative, annexe si importante de l'Architecture, dans son imitation particulière et le plus souvent incomplète de modèles pris dans la nature vivante.

Si nous avions à traiter ici spécialement de l'Architecture, et non pas plus particulièrement de l'aspect des édifices, nous aurions à tenir compte, dans chaque cas, des éléments qui entrent dans les constructions, de la nature des matériaux qui se trouvaient à la portée des divers peuples et qui ont une relation directe avec les formes qu'il leur fut possible de donner à leurs temples : le granit en Égypte, les marbres en Grèce, etc. Il y aurait aussi à étudier les progrès de la science, des procédés de construction, tels que l'invention de l'arcade, des ciments chez les Romains, l'emploi du fer dans les temps modernes; progrès qui se traduisent par un rapport croissant du vide au plein dans les édifices. Mais tout ceci se rapporte à l'art des constructions et non à l'aspect artistique que nous devons seul considérer ici, n'ayant nulle prétention de faire un traité d'Architecture, ni de traiter des questions de convenance dans les divers cas qui doivent tout primer dans cet art industriel.

D'ailleurs, il ne faut pas confondre les aspirations de l'art avec les moyens matériels qui en ont rendu la traduction complète plus ou moins possible. Ces aspirations ont leur cause dans les idées, les désirs de chaque époque, de chaque civilisation, qui agitent l'humanité et inspirent les artistes et qui peuvent avoir eu le plus de véritable grandeur aux époques où l'exécution était le moins facile. Ce serait, en effet, une grave erreur d'appliquer aux œuvres d'art les idées modernes sur les progrès de l'humanité, c'est seulement dans la puissance de traduire, de matérialiser les idées par des moyens de travail, à l'aide des richesses accumulées, et surtout grâce aux progrès essentiellement continus des sciences mathématiques et physiques, que les nations modernes ont une supériorité incontestable sur celles qui les ont précédées.

Passons à l'étude des divers styles, nous y trouverons l'application des divers principes, nous reconnaîtrons l'utilité des divisions que nous avons établies ci-dessus pour l'étude des monuments les plus célèbres, remplissant les conditions de convenance, possédant des harmonies spéciales de proportions que nous avons indiquées comme conditions fondamentales du beau.

Nous ne pouvons nous flatter d'indiquer dans chaque cas les rapports d'où résultent les harmonies des diverses parties des édifices ; c'est dans les ouvrages spéciaux

Architecture qu'ils peuvent se trouver définis, et encore est-il bien rare que l'analyse en soit complète. C'est surtout par la vue des édifices, c'est en montrant les éléments eux-mêmes qu'on procède le plus souvent ; et c'est ce que nous ferons dans le plus grand nombre de cas possibles.

A plus forte raison, comme nous l'avons déjà dit, nous éviterons de développer, dans des digressions historiques, les considérations relatives à chaque monument ; nous ne donnerons pas dans ce travail l'histoire de la nation et de l'époque qui les a vu s'élever, de l'artiste qui leur a consacré son talent. Nous n'avons pas cru devoir nous livrer à cette étude curieuse et importante sans doute, mais qui, par ses grands développements, eût rendu difficiles les comparaisons qui doivent faire l'utilité de ce travail.

STYLE ÉGYPTIEN.

Les colossales constructions de l'Égypte ont précédé celles de la Grèce et ont eu sur l'architecture grecque une influence incontestable. Elles ont de plus une relation plus ou moins directe avec celles de l'antique Orient qui remontent aux premiers âges de l'humanité. Nous devons donc les examiner en premier lieu, d'autant plus que la solidité incroyable de ces constructions édifiées à l'aide de blocs de granit, souvent d'un volume énorme, leur a permis de résister à l'œuvre des siècles, suffisamment au moins pour nous permettre d'apprécier les conditions auxquelles se conformaient les architectes.

« L'art égyptien, dit M. Raoul-Rochette, essentiellement symbolique dans le fond comme dans la forme des images qu'il employa, ne fut jamais figuratif qu'autant qu'il eut besoin de représenter des corps pour exprimer des idées. » Dans l'architecture, comme dans la statuaire, des formules consacrées, des principes conventionnels, faisant partie de la religion même, empêchaient l'essor des architectes des époques les moins reculées, auxquels toute espèce d'innovation était interdite, et qui devaient se borner à l'imitation des chefs-d'œuvre les plus remarquables de leurs prédécesseurs. Chose bien inouïe, dans cette civilisation si ancienne, ce sont les œuvres de l'antiquité la plus reculée qui sont les plus colossales, qui exigeaient pour l'exécution le plus de savoir chez les architectes, des moyens plus puissants d'exécution chez les constructeurs.

Le caractère dominant de l'architecture égyptienne, le moyen qu'elle emploie pour satisfaire le sentiment de l'éternelle immobilité, du gigantesque (que l'on sent si bien dans les pyramides), qu'inspirent naturellement les grandes lignes du désert de l'Égypte, consiste dans le placement horizontal de grosses pièces de granit, d'immenses monolithes, sur des supports verticaux. De là résultèrent la plate-bande et bientôt la colonne, tantôt très-voisine de la colonne dorique grecque, tantôt même, dans plusieurs monuments de l'ancienne Égypte, décorée par des sculptures qui ne manquent pas d'élégance.

Nous donnons ici deux de ces colonnes qui sont fort remarquables par l'ornementation des chapiteaux et même par leurs proportions, bien qu'un peu lourdes

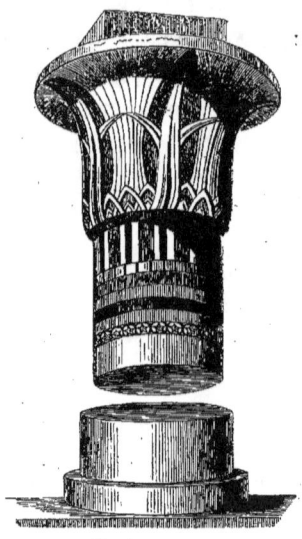

Chapiteau égyptien.

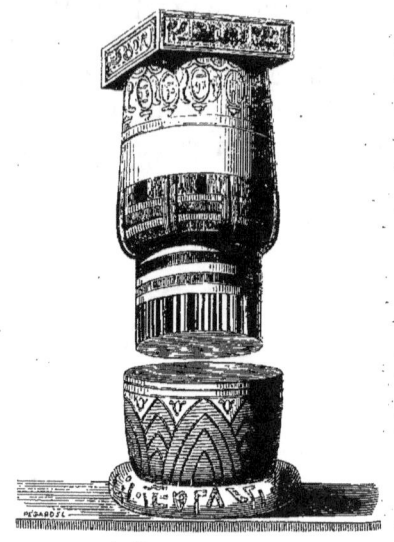

Chapiteau égyptien.

peut-être par comparaison avec les colonnes grecques. La colonne étant par essence l'unité du rhythme, c'est en partant de son diamètre comme unité servant à évaluer les autres parties d'un édifice, qu'habituellement on cherche à calculer les proportions, à reconnaître l'harmonie mathématiquement. On peut trouver dans les planches du grand ouvrage de l'expédition d'Égypte les dessins complets des principaux temples, à l'aide desquels pourraient s'obtenir les éléments de semblables rapports. Nous allons voir bientôt, en traitant du style grec, comment ces éléments sont liés entre eux dans les constructions grecques; ce qui explique l'importance attachée à la colonne dans les études d'architecture [1].

Pour donner idée de l'aspect extérieur des temples (les colonnes ne figurant en général que dans les intérieurs), nous donnons la vue du temple de Karnac [2], une

---

[1] En architecture, dit M. Donaldson, on doit entendre par ordre, non pas tant la colonne et l'entablement qu'elle porte qu'un principe reconnu de décoration, un arrangement systématique, une certaine proportion caractéristique qui embrasse non-seulement la colonne et l'entablement, mais aussi tous les autres accessoires d'un édifice et tous les moindres détails de chaque partie.

L'architecte anglais se place à un point de vue qui nous semble être le véritable; c'est par suite de la grande part donnée à l'art grec dans l'enseignement de l'architecture, que la colonne qui y tient une grande place est devenue le type de l'ordre, s'est même à tort confondue avec lui.

[2] Les monuments les plus remarquables qui subsistent encore en partie, dans l'ancienne Égypte, sont : les Pyramides ; — le Sphinx gigantesque ; — le Temple de Karnac ; — le Rhamsesséum, tombeau de la dynastie de Rhamsès ; — Ipsamboul, en Nubie, taillé dans le granit ; — Medinet-Habou ; — le Temple de Philæ, etc.

des merveilles de l'Égypte, qui, avec les divers exemples du produit de l'art industriel

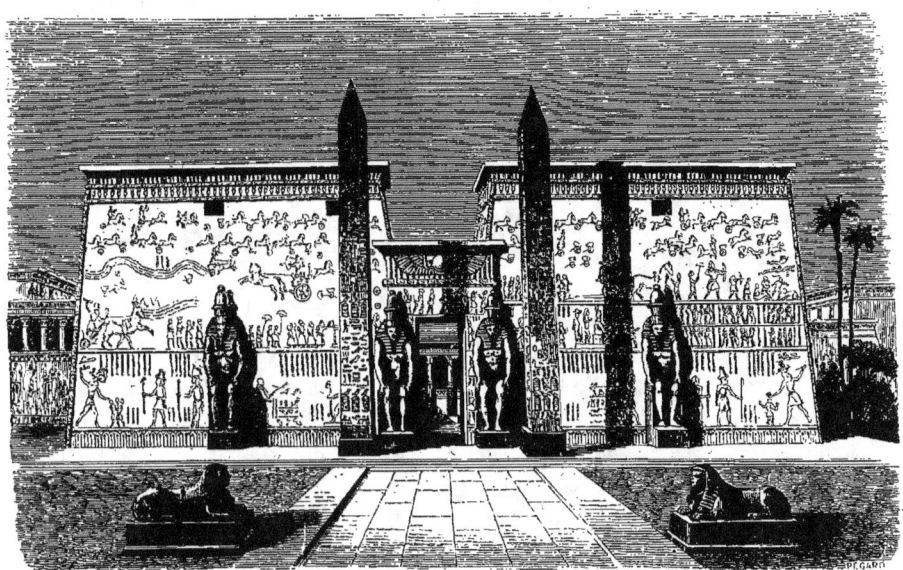

Temple de Karnac.

que nous rencontrerons plus loin, pourra donner une idée assez nette du style caractéristique de l'art dans cette antique et curieuse civilisation.

STYLE GREC.

Les Grecs furent les premiers architectes de l'antiquité. Bien que ne disposant que des ressources des Égyptiens, c'est-à-dire ne sachant construire qu'avec des pierres horizontales placées sur des supports verticaux (en employant toutefois de plus, dans les intérieurs, des pièces de bois qui par leur longueur leur ont permis d'obtenir des résultats tout différents), cependant, après avoir élevé dans leur pays des chefs-d'œuvre qui sont restés des types immortels du beau, qui ont conservé la même supériorité que les chefs-d'œuvre de leur sculpture et de leur poésie, ce furent eux qui inspirèrent l'architecture romaine et construisirent la majeure partie des monuments de Rome.

Ce qui fit la supériorité de l'art grec, ce fut un sentiment admirable des proportions les plus heureuses des divers éléments de l'architecture, la juste appréciation de l'harmonie des grandes lignes de constructions, qui formaient une base d'une grande élégance pour supporter les sculptures, les bas-reliefs qui venaient les décorer. Pureté des lignes, élégance d'éléments de dimensions assez restreintes, en rapport avec la grandeur des végétaux de la Grèce, les lentisques et les orangers, décoration d'un goût et d'une exécution admirable, tels sont les principaux caractères de cette belle architecture.

Nous donnons ici le chef-d'œuvre de l'art grec, le Parthénon[1], ce temple de

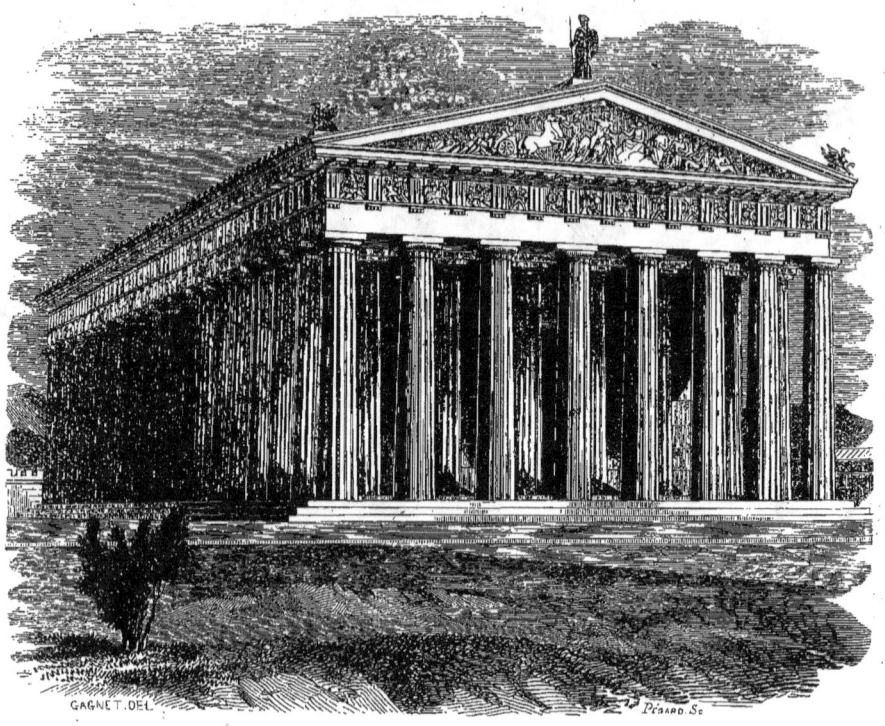

Parthénon.

Minerve, construit sous Périclès, dont les débris mutilés excitent encore l'enthousiasme des voyageurs. C'est le plus beau type qui puisse être offert de l'architecture qui nous rappelle la plus brillante civilisation, ce siècle de Périclès, de Socrate, de Phidias, d'Alcibiade, etc., qui, dans l'art, l'éloquence, la philosophie, a pu être égalé, mais jamais surpassé.

Les colonnes de ce temple appartiennent à l'ordre dorique, qui a un caractère spécial de noblesse et de sévérité. Ces colonnes sont dépourvues de base, leur fût est orné de cannelures larges et peu profondes, le chapiteau est composé d'une grande moulure en forme de coupe, reposant sur deux ou trois petits filets, et surmontée d'un tailloir en forme de table carrée. Les triglyphes, ornements cannelés simulant

---

[1] Les monuments les plus précieux des beaux temps de la Grèce dont il nous soit parvenu des débris suffisants, sont : le Parthénon, dont Ictinus et Callicrates furent les architectes ; — les Propylées ; — le Monument choragique ; — le Temple d'Égine.

Le Temple de Pæstum dans la grande Grèce, dont les ruines sont si belles, est tout à fait d'architecture grecque.

des extrémités de solives, que l'on voit dans la frise de l'entablement, appartiennent exclusivement à cet ordre. Nous donnons ici le détail de la colonne et de l'entablement de l'ordre dorique, sur une échelle assez grande, pour en faire bien apprécier les détails.

L'importance des proportions de la colonne, des dimensions de ses diverses parties calculées en fractions de son diamètre, calcul à l'aide duquel on a cherché à surprendre la science des architectes grecs, en déterminant par le même procédé toutes les parties

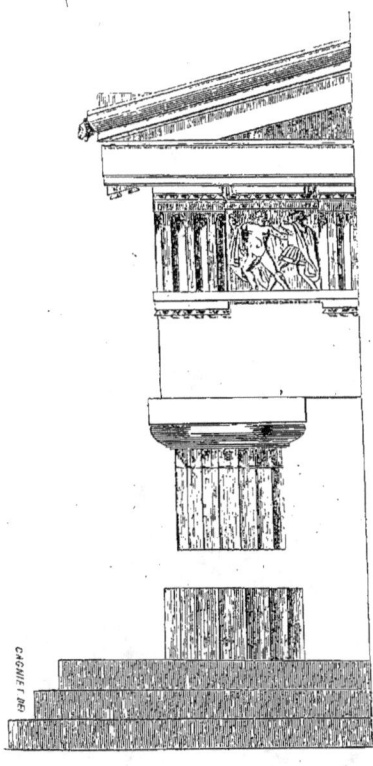

Colonne dorique.

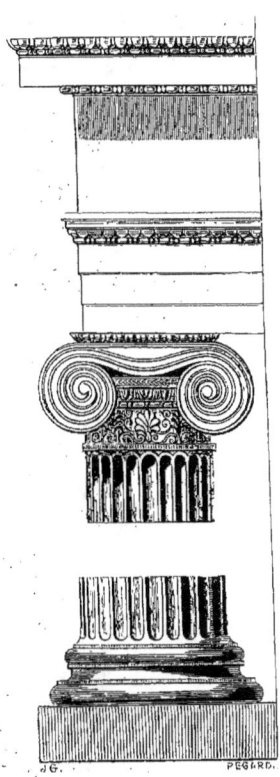

Colonne ionique.

avoisinantes, et par suite de proche en proche, presque toutes les proportions des édifices, a fait donner le nom d'ordre aux colonnes. Nous donnons ci-dessous un exemple de ce mode de détermination. Mais nous pensons qu'il vaut mieux s'en tenir à la définition de l'ordre que nous avons donnée plus haut ; c'est la seule applicable à tous les cas. Quoi qu'il en soit, il importe de parler ici des deux autres genres de colonnes des temples grecs, des deux autres ordres qui ont été si souvent imités.

L'un est l'ordre ionique, différant du dorique par ses proportions plus légères, par des détails plus fins, par l'emploi des bases, par la forme de son chapiteau, qui est beaucoup plus allongé et orné à ses angles de grandes volutes ; dans la frise de cet ordre commencent à paraître les sujets continus qu'on ne rencontre que comme une exception dans l'ordre précédent.

Enfin le corinthien, dû, dit-on, à Callimaque [1], forme le troisième ordre. La colonne s'allonge davantage, le chapiteau est plus élevé que dans l'ordre ionique et s'épanouit en forme de corbeille; la végétation la plus riche et la plus légère vient se mêler aux formes de ce dernier pour les décorer par des courbes gracieuses. Le tailloir du chapiteau cesse d'être carré pour prendre une forme curviligne, la frise est ordinairement ornée de feuillages enroulés et les ornements se multiplient.

Pour faire apprécier comment les Grecs savaient employer à propos cette colonne,

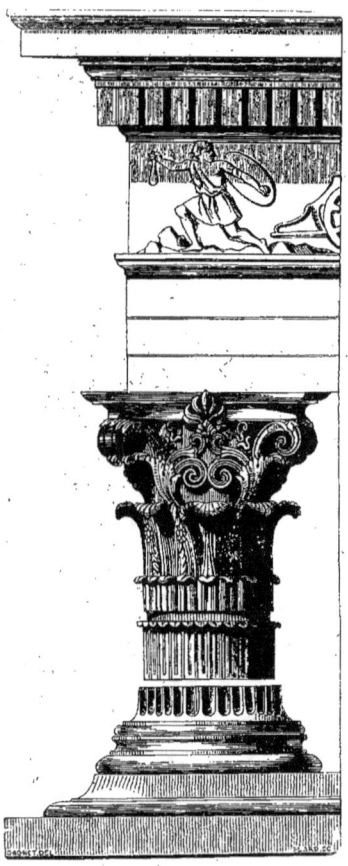

Colonne corinthienne.

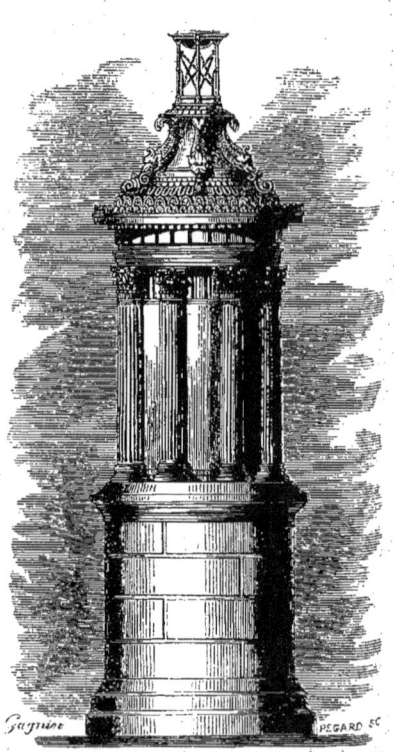

Monument de Lysicrate.

nous reproduisons ici le monument choragique (du chef de chœurs) de Lysicrate que l'on voit encore à Athènes, et dont l'élégance et la légèreté sont vraiment admirables. Sa

---

[1] Une jeune fille de Corinthe, dit Vitruve, étant morte au moment où elle allait se marier, sa nourrice recueillit dans une corbeille plusieurs petits objets auxquels elle avait été attachée pendant sa vie. Pour les mettre à l'abri des injures du temps et les conserver, cette femme couvrit la corbeille d'une tuile et la posa ainsi sur le tombeau. Dans ce lieu se trouvait, par hasard, la racine d'une plante d'acanthe; au printemps, elle poussa des feuilles et des tiges qui entourèrent la corbeille.

hauteur est de deux diamètres, prise sous la cymaise de la corniche; la hauteur de la base est de trois demi-diamètres.

Il nous resterait à donner les nombres qui fixent les rapports de la hauteur et du diamètre des colonnes des divers ordres. Bien que reproduits imperturbablement dans tous les traités d'architecture, les rapports donnés par Vignole entre le diamètre de la base et les diverses parties de la colonne sont contestés aujourd'hui, comme ayant été obtenus en arrondissant les chiffres. M. Ziégler pense avoir trouvé dans le diamètre moyen (moyenne entre le diamètre du haut et celui du bas de la colonne, toujours de forme plus ou moins conique) la véritable unité. Ainsi, sur une colonne dorique, il a trouvé, en divisant en douze parties ce diamètre moyen :

Diamètre supérieur, 10.—Diamètre moyen, 12.—Diamètre inférieur, 14.—Et pour les autres dimensions qui s'en déduisent : Hauteur du fronton, 28 douzièmes.—Entre-colonnes, 16 douzièmes.—Frise, 12 douzièmes.—Architrave, 8 douzièmes.—Larmier, 3 douzièmes.—Cymaise, 3 douzièmes.—Chapiteau, 6 douzièmes.

Nous ne parlerons pas ici des imitations si nombreuses du style grec qui ont été tentées dans les temps modernes et dans divers pays. Nous dirons seulement qu'en général, le plus grand défaut de ces imitations est d'avoir exagéré les proportions des monuments de telle sorte que les effets se sont trouvés tout différents, et que, par exemple, l'église de la Madeleine, à Paris, peut être à peu près semblable au Parthénon, mais tellement grossi qu'il est devenu méconnaissable.

Nous compléterons, à ce propos, nos observations sur la question de l'imitation des styles, qui n'est pas toujours à repousser comme on le pourrait conclure de ce que nous avons dit précédemment.

L'époque à laquelle chaque monument d'un style déterminé a été construit permet, en général, de déterminer facilement les idées qu'il était destiné à traduire, et, par suite, les circonstances où les études de ce style peuvent trouver une application convenable. Il en est ainsi dans les cas où l'œuvre à réaliser est inspirée par des idées qui ont eu toute leur glorification à des époques antérieures à la nôtre; c'est ainsi, pour prendre le premier exemple qui se présente à notre esprit, qu'en orfèvrerie il serait absurde de faire un reliquaire autrement qu'en style gothique, rappelant ceux qui, pendant tout le moyen-âge, pendant la plus grande splendeur du catholicisme, ont orné les cathédrales. Pour l'art grec, on pourrait de même trouver des exemples où il serait convenable pour un monument destiné à rappeler l'élégance, le goût des arts de la Grèce. Nous citerons comme excellente application la Glyptothèque de Munich, charmant monument grec destiné à contenir les chefs-d'œuvre de la statuaire, et où se trouve l'admirable bas-relief qui décorait le fronton du temple d'Égine.

La rencontre des coins de la tuile força leurs extrémités à se recourber, ce qui forma le commencement des volutes. Le sculpteur Callimaque, passant près de ce tombeau, vit le panier, et remarqua la grâce avec laquelle ces fleurs naissantes le couronnaient. Cette forme nouvelle lui plut; il l'imita dans les colonnes qu'il fit par la suite à Corinthe, et il établit, d'après ce modèle, les proportions et les règles de l'ordre corinthien.

STYLE ROMAIN.

Rome reçut des Etrusques, qui étaient eux-mêmes, tout porte à le croire, une colonie grecque, les premiers principes de l'art; toutefois l'ordre toscan, mais surtout la voûte, paraissent les éléments d'un art arrivé, sans secours étranger, à un assez haut degré de perfection. La voûte, en permettant d'espacer les points d'appui et d'employer les plus petits matériaux, a constaté le plus grand perfectionnement scientifique qui ait été apporté à l'art des constructions; c'est dans l'Architecture romaine qu'elle fût employée la première fois pour de grands édifices.

Dès le temps de Sylla, les Romains commencèrent à imiter les Grecs, à se parer des

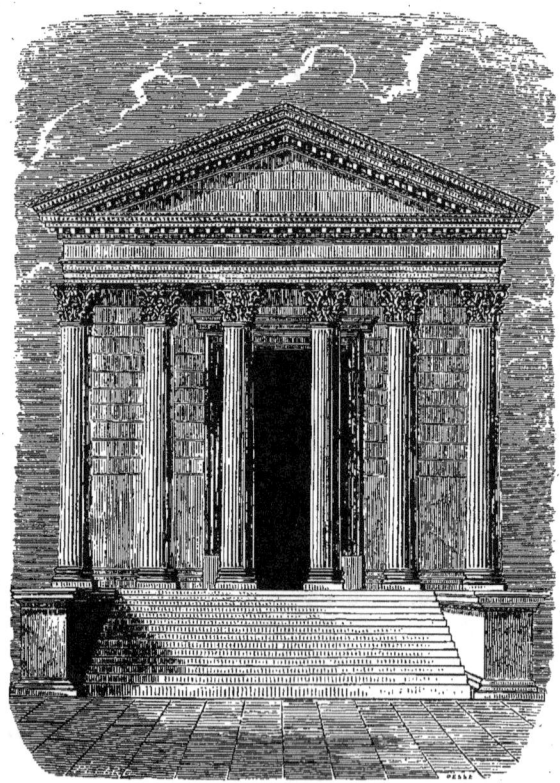

Maison Carrée de Nîmes.

dépouilles de la Grèce; ce fut aux architectes grecs que Rome eut recours pour élever des monuments qui eurent par-dessus tout le cachet de cette origine. Toutefois, il faut observer que les constructions tendirent à grandir ; les monuments perdirent un peu de la finesse et de l'élégance de ceux de la Grèce ; mais, comme dans la plupart des emprunts faits par le peuple conquérant, les édifices, en prenant de plus grandes proportions, eurent chez les Romains un caractère plus grandiose.

Comme monument se rapportant à l'art romain et vraiment éclairé d'un reflet de l'art grec, nous donnons ici le dessin de la Maison Carrée de Nîmes, un des édifices les plus élégants construits par les Romains dans les Gaules, et qui, par ses dimensions, rappelle tout à fait un temple de la Grèce. Les détails des ornements du chapiteau et de la frise sont bien peu différents du corinthien grec. Nous les représentons

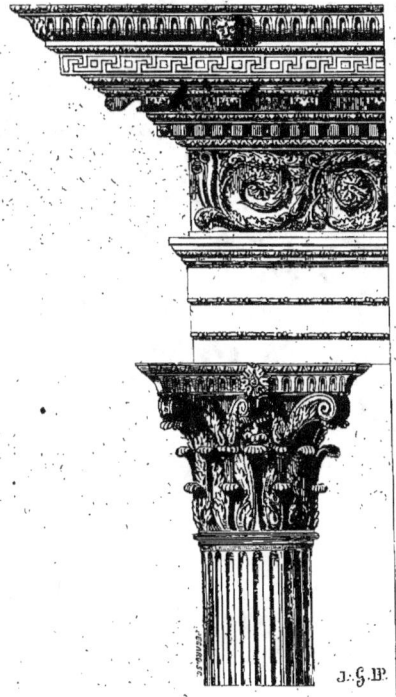

Colonne et chapiteau de la Maison Carrée.

dans la figure ci-jointe, qui montre ces différences et aussi la fermeté, la pureté de la sculpture décorative de ce charmant reste de l'antiquité.

Nous ne dirons rien de l'ordre composite attribué aux Romains, qui n'était qu'une modification du corinthien, ni du toscan, si lourd et si écrasé. Au point de vue de la décoration, l'art romain ne se sépare pas notablement de l'art grec.

Les moyens de construction des Romains ne furent pas limités à ceux que possédaient les Grecs : comme nous l'avons déjà dit, les Étrusques leur fournirent un nouvel élément, la voûte, qui leur permit d'exécuter des travaux admirables au point de vue de l'ingénieur, des ponts complétant ces admirables voies romaines qui étaient leur grand moyen de domination du monde entier, des aqueducs pour amener de l'eau dans les villes. Au point de vue de l'aspect des constructions, ce nouvel élément fournit des effets très-heureux et qui se retrouvent dans la plupart des édifices postérieurs où l'on a utilisé ce progrès de la science. On trouve à Rome plusieurs monuments qui empruntent à cet élément un caractère tout particulier. Nous citerons le Colysée, immense amphithéâtre pouvant contenir cent mille spectateurs; les piliers

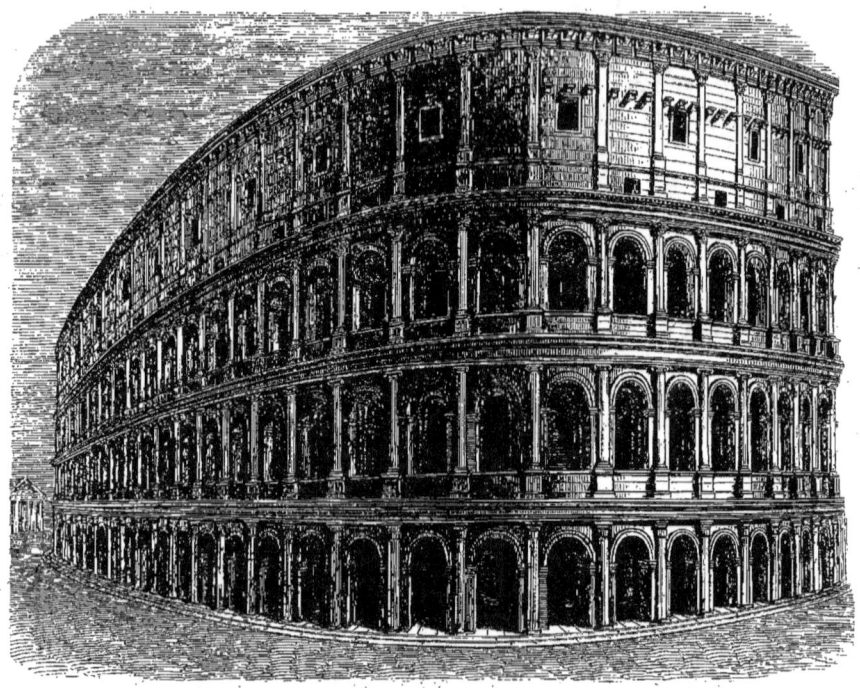

Colysée.

des arcades y sont accompagnées de colonnes des trois ordres grecs, employés en raison de la hauteur de chaque partie de l'édifice.

Les admirables débris qui subsistent encore de nos jours des grandes constructions des Romains[1] montrent les progrès qu'ils avaient fait dans la découverte de ciments d'une admirable solidité, et qui leur permettaient de réussir dans des travaux dont la grandeur excite une juste admiration. Le plus extraordinaire sans contredit, sous ce rapport, est le Panthéon d'Agrippa, recouvert d'une coupole qui, grâce à l'excellence de ces matériaux, ne forme qu'un seul bloc qui a résisté aux ravages du temps. Bien probablement cette coupole, dernier degré de la science de la construction des voûtes, a été le modèle original des dômes qui, comme nous allons le voir, ont joué un grand

[1] Les monuments remarquables qui nous restent des Romains sont nombreux. Outre les exemples ci-dessus, nous citerons : la Cloaca Maxima, ou grand égoût formé de trois étages de voûtes et construit par Tarquin l'Ancien; — le Panthéon d'Agrippa; — la Colonne Trajane; — le Colysée; — le Tombeau d'Adrien, aujourd'hui château Saint-Ange; — les arcs de Constantin, de Titus, de Sévère.
En France. — A Nîmes : Maison Carrée; — Arènes; — Pont du Gard. — Les arcs de Triomphe d'Orange, Arles, Nîmes, etc.

rôle dans les belles constructions inspirées par le catholicisme, lorsque les architectes voulurent ne pas s'éloigner de la tradition classique.

L'arc de triomphe de Constantin, un des mieux conservés, nous montrera encore

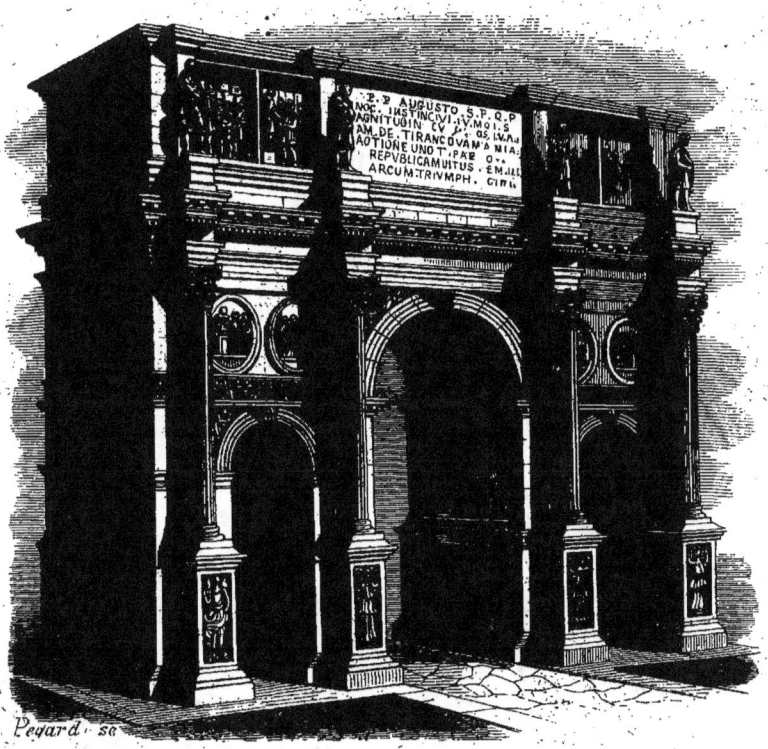

Arc de Triomphe de Constantin.

une des heureuses applications des constructions voûtées à des monuments d'une grande élégance.

STYLE BYZANTIN, ROMAN.

L'altération du style romain, lorsqu'il fallut construire les églises que réclamait le culte chrétien, conduisit à deux styles d'architecture assez voisins par l'effet de deux influences réagissant l'une sur l'autre, celle de l'empire d'Orient, celle des nations du Nord.

L'abandon presque absolu de l'architrave, l'emploi constant de l'arc reposant sur des colonnes souvent très-légères, du dôme placé au centre des édifices religieux, sont, avec la profusion de la dorure, de la mosaïque, des peintures sur fond d'or, les caractères distinctifs du style byzantin, d'où procède en grande partie le style arabe.

C'est au style byzantin que se rattachent les monuments qui donnent à Venise un cachet si extraordinaire de richesse et de grandeur.

L'élément asiatique qui s'est introduit dans les constructions de Byzance, dans Sainte-Sophie notamment, l'église type de ce style, édifiée sous Justinien, tendait déjà à se faire place aux premiers temps de l'empire romain. « Ce n'est pas d'aujourd'hui, disait Quintilien, qu'existe la distinction entre le style « asiatique » et le style « attique; » celui-ci serré, pur et sain, celui-là enflé et vide; l'un n'admettant rien de superflu, l'autre manquant surtout de goût et de mesure. »

A l'Occident, après le style latin adopté par l'Église latine, et qui ne consistait guère qu'en une application imparfaite de la tradition romaine, vers le xe siècle, sous l'influence de l'admiration des raffinements de l'empire d'Orient, les nations occidentales, qui ne possédaient rien de la tradition des proportions des ordres grecs, tendirent à manifester quelque peu leur individualité par l'Architecture. Ils y réussirent autant que le permit l'Église par la constitution du style roman, qui a toujours conservé l'arc en plein cintre et a produit plusieurs édifices remarquables, notamment par leur belle conservation, dus en grande partie à l'emploi de l'arc en plein-cintre, et grâce aussi à l'excès de solidité des murs et au diamètre généralement exagéré des colonnes.

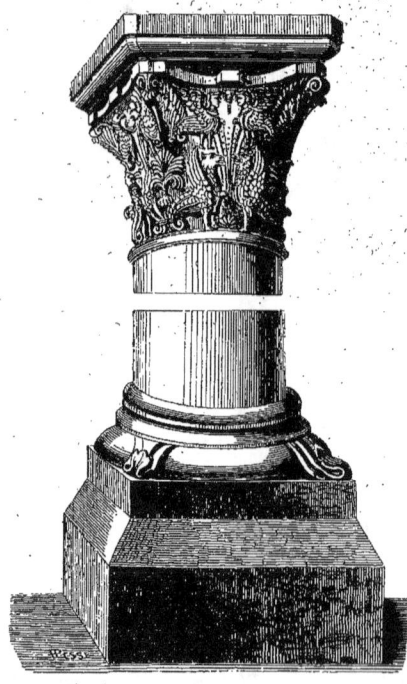

Colonne romane.

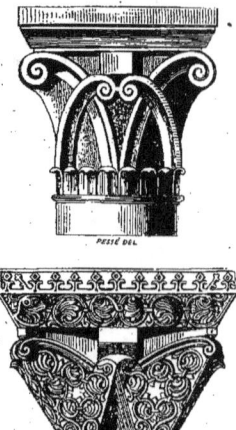

Chapiteaux romans.

Ces colonnes, en général massives, reçurent des ornements variés, en zigzag, en forme de câbles, de torsades, de pointes de diamant, furent couvertes d'étoiles, et prirent un caractère spécial par la variété des combinaisons géométriques, la répétition mul-

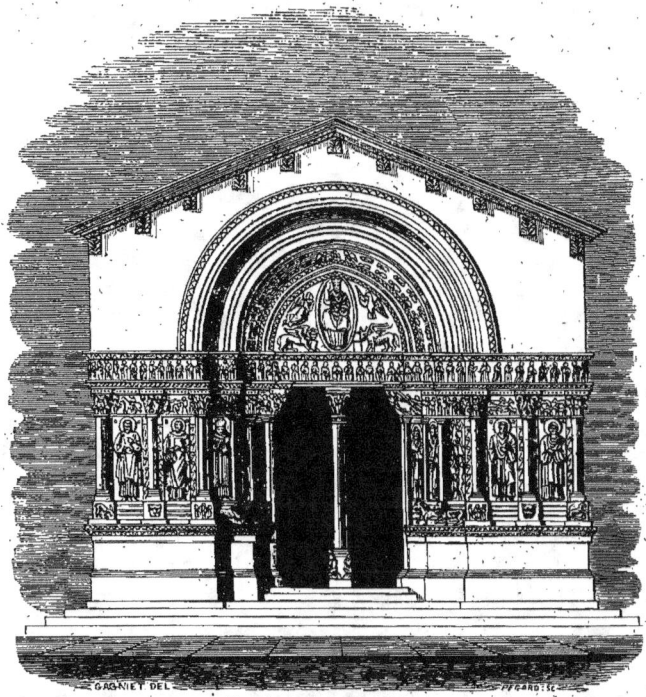

Façade de Saint-Trophime.

tiple des petits ornements. Des animaux, des feuillages vinrent quelquefois figurer dans

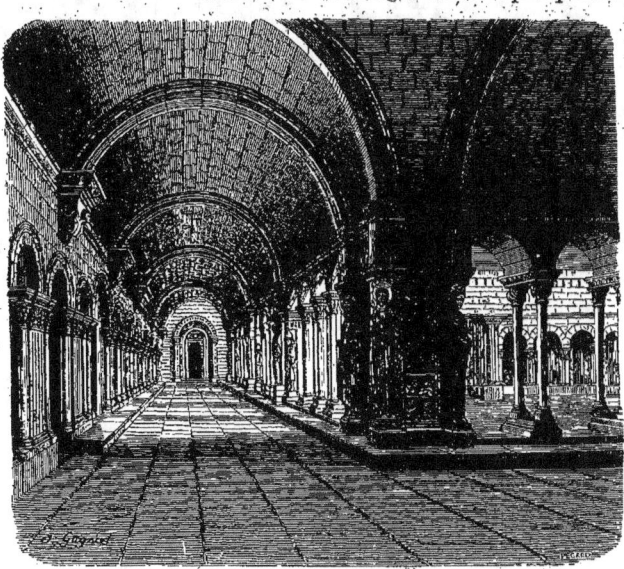

Intérieur du cloître Saint-Trophime.

les chapiteaux. Les figures de ceux que nous reproduisons à la page précédente donneront une idée de leur décoration.

Comme type du genre roman, dans son alliance avec la tradition, c'est-à-dire à bien peu près byzantin, nous avons représenté une construction du midi de la France, où les traditions de l'art gréco-romain ont toujours subsisté : le cloître de Saint-Trophime, d'Arles, dont la première figure représente la porte, et la seconde la cour intérieure.

Comme s'éloignant bien davantage de la tradition gréco-romaine, nous donnerons la façade de Notre-Dame de Poitiers, célèbre à bien juste titre. C'est assurément

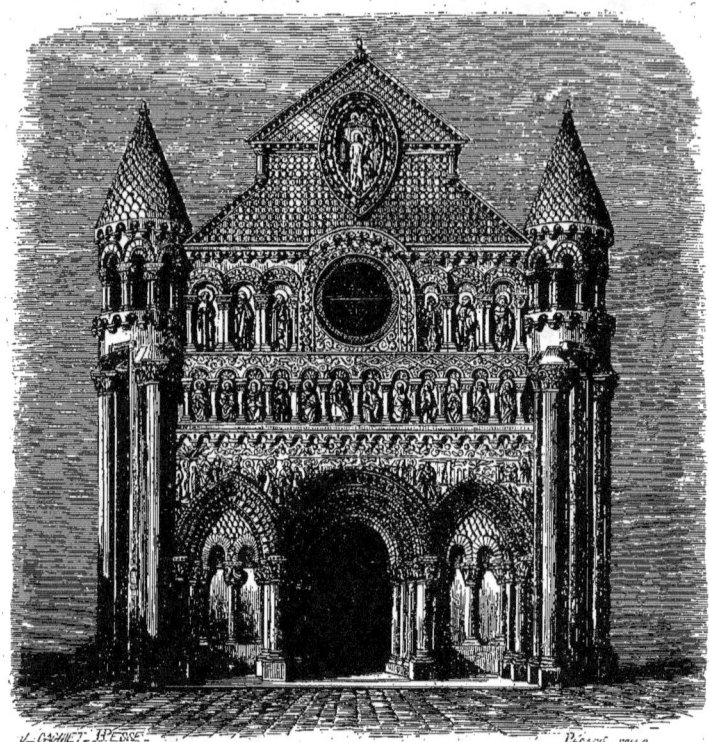

Notre-Dame de Poitiers.

le monument de notre pays qui convient le mieux à tous égards comme modèle, car il comprend tous les éléments de décoration des façades romanes du xii° siècle : une porte en plein cintre reposant sur de fortes colonnes, une rosace centrale avec des meneaux figurant les rais d'une roue; des arcatures formées par la rencontre de deux arcades non percées ; une façade décorée de petites arcades en plein cintre ornées de statues de saints.

Les travaux du style roman furent soumis aux autorités et aux traditions de l'Église, et, par suite, s'ils s'exécutèrent d'une manière d'abord très-remarquable pour l'époque, ils ne firent point de progrès ; les artistes ne purent donner aucun essor à leur génie. L'intervention de l'Église se fit jour, par l'action des couvents et de la franc-maçonnerie, qui, partant de la Lombardie et de Rome, devait naturellement construire des édifices qui se rattachaient à la tradition romaine, dont le style était le style romain altéré.

L'art chrétien, combiné avec les tendances des races germaniques, se fit cependant place dans ce style, surtout en cherchant à intéresser le sens moral bien plus qu'à flatter le sens physique. La grandeur, l'élévation qu'on donna aux églises pour diriger les idées vers le Ciel (tendance que l'état de la science des constructions ne permettait pas de contenter à l'époque des constructions romanes, et qui a engendré le gothique ogival dont nous parlons ci-après), la reproduction des légendes, des propagateurs de la foi, souvent de pieux solitaires exténués par le jeûne et les macérations, mais couronnés de saintes auréoles; tels sont les points de départ, les éléments traduits par les architectes à cette époque. Le symbolisme s'introduisit de toutes parts dans la décoration et y occupa une place considérable. Dans l'ornementation de ce style, il faut tenir grand compte de la peinture qui couvrait les voûtes, des mosaïques, des vitraux de couleur prescrits par Charlemagne pour les églises de son vaste empire.

D'après ce qui précède, on voit que, sous le nom de byzantin roman, nous comprenons plusieurs styles voisins qui ont inspiré les architectes pendant plusieurs siècles :

1° Le byzantin [1];
2° Le latin, très-voisin du style romain de la fin de l'Empire;
3° Le roman [2];
4° Le roman de transition, qui tend au style ogival.

STYLE GOTHIQUE OGIVAL.

Le style ogival fut définitivement constitué sous saint Louis; dès lors toute tradition de l'antique fut oubliée, et un nouveau style d'architecture fut créé, qui se caractérisa par l'abandon du plein cintre et l'adoption de l'ogive comme élément essentiel; ogive qui, comme les flèches nombreuses dont on orna les parties supérieures des édifices, paraît provenir de l'Orient, du Sarrasin.

L'aspiration vers le grandiose, le désir de donner aux monuments une élévation extraordinaire, aux voûtes une hauteur qui excitât l'étonnement, l'admiration universelle (quelques personnes veulent retrouver dans ces voûtes élevées un sentiment inspiré par les grandes forêts du Nord), le soin de munir les clochers élevés de ces flèches élancées qui se perdent dans la nue; de faire contraster leur élévation avec la légèreté des découpures qui les décorent; tel est l'esprit dominant du gothique. Nos belles cathédrales sont comme des symboles complets de la religion, le résumé des croyances, de la foi vive, des aspirations mystiques de l'époque. On sacrifia tout au

---

[1] Nous citerons comme types du byzantin : Sainte-Sophie, construite à Constantinople sous Justinien; Isidore et Anthemius, architectes. On y employa le dôme, pour la première fois, dans les grandes églises :—Saint-Marc à Venise et sa place.

[2] Parmi les principaux monuments romans, nous citerons : Notre-Dame-du-Puy;—Saint-Germain-des-Prés;—Saint-Zeno à Vérone;—Notre-Dame de Poitiers;—Saint-Loup à Bayeux;—Saint-Front à Périgueux;— Jumiéges, près Rouen;— Notre-Dame-du-Port à Clermont :—Saint-Menoux, près Moulins;—le Dôme d'Aix-la-Chapelle;—Saint-Géréon à Cologne, etc.

désir de produire l'étonnement, une impression religieuse en rapport avec les idées régnantes, même les conditions architecturales ; et on reproche avec raison, à ce point de vue, aux églises gothiques, les contreforts à jour nécessaires à leur solidité.

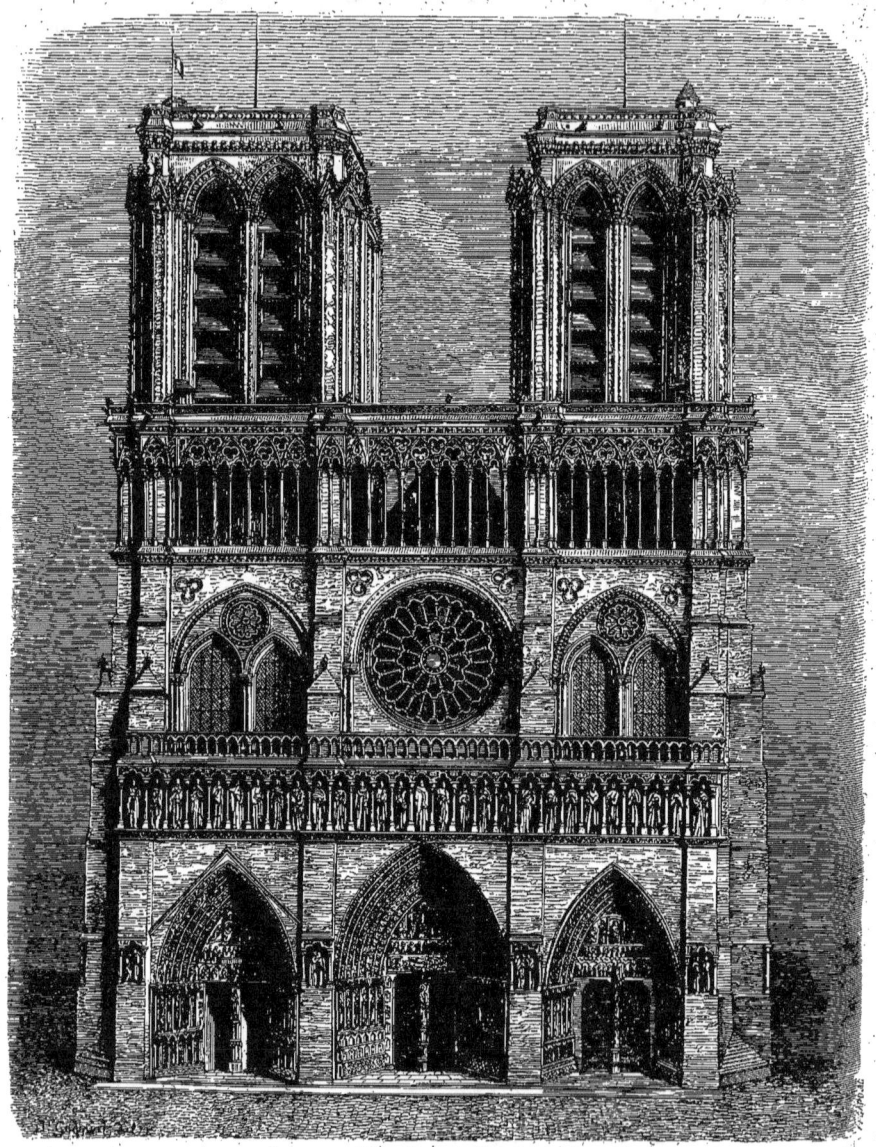

Notre-Dame de Paris.

Le style ogival prêtait beaucoup à la réalisation des plans les plus audacieux des architectes laïques se substituant partiellement aux moines, et à la traduction de l'influence des nations occidentales vivant d'une vie propre qui n'était plus la barbarie de l'époque précédente, et qui n'attendaient plus de Rome l'inspiration en fait de goût. Aussi bientôt ce style devint national : il est français, anglais, teutonique ; et surtout dans sa dernière période lorsqu'il s'achemine vers la renaissance, il cesse d'être exotique et sacerdotal, comme l'avait été celui de l'Égypte, de sortir des règles et du dogme, non du sol et des mœurs; d'être enfin assujetti aux canons de l'Église.

Les ornements naturels à nos pays, propres à symboliser l'exaltation religieuse, la théocratie du moyen âge, furent variés à l'infini par de véritables inventeurs qui ne copiaient pas, et dont l'œuvre est originale si elle n'est toujours d'un goût parfait. La peinture, la dorure étaient prodiguées à l'intérieur; les voûtes étaient couvertes d'azur parsemé d'étoiles d'or et d'argent. Les feuilles de la vigne vierge, du lierre, la rose, la

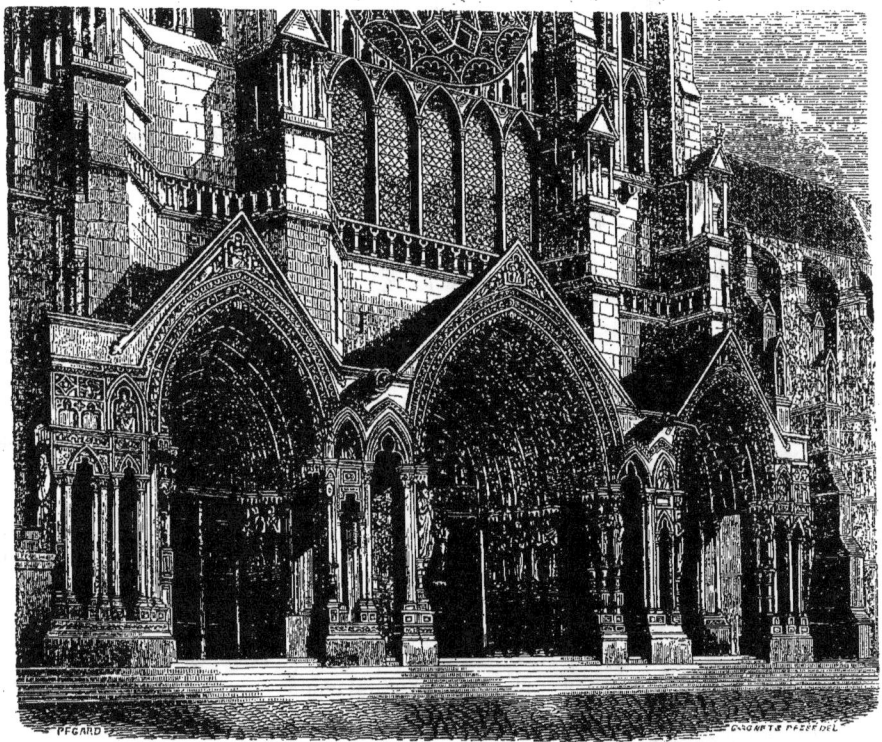

Cathédrale de Chartres.

pomme de pin se rencontrent souvent dans la sculpture décorative; comme aussi la croix, l'auréole, le serpent, le trèfle représentant la Trinité; le trèfle à quatre feuilles figurant les quatre Évangélistes, aussi rappelés par l'ange, le lion, le bœuf, l'aigle; la vigne enfin, qui rappelle le vin de l'Eucharistie.

Un caractère de l'Architecture ogivale qu'il importe de noter, c'est que les voûtes à nervures des églises reposaient, comme des voûtes d'arête, sur des piliers très-élevés qu'il fallut soutenir par des contre-forts extérieurs. Ce système de construction se prêta fort heureusement à l'emploi d'un admirable élément de décoration qui fut fourni à l'église gothique par la peinture sur verre : les fenêtres, auxquelles ce mode de construction permit de donner de très-grandes dimensions, et les roses de la façade furent garnies de vitraux de couleur qui tamisent la lumière et lui donnent un éclat admirable. Rien de semblable n'avait été obtenu dans les styles antérieurs, sauf dans le style roman, où ce genre de décoration ne pouvait avoir le même éclat par suite des dimensions bien moindres des fenêtres ; on n'avait pas pensé plus tôt à combiner les effets vraiment magiques de mosaïques transparentes, que l'industrie n'était pas au reste en mesure de fabriquer avant cette époque.

Le soin pris de dissimuler les grandes dimensions des colonnes en leur donnant la forme de piliers fasciculés, est le dernièr terme du désir du gothique d'élever les esprits vers le ciel par l'audace des lignes verticales non interrompues rejoignant des voûtes d'une grande élévation.

Nous donnons comme type du style ogival la façade de Notre-Dame de Paris, un des plus admirables monuments du moyen âge. Nous ne chercherons pas ici à en faire valoir toutes les harmonies ; nous renverrons aux pages de Victor Hugo. Là, au milieu des exagérations du romancier, se révèlent les sentiments qu'éveillaient dans les âmes de nos pères ces édifices merveilleux sous tous les rapports. Ils y trouvaient leurs aspirations traduites, avant que la découverte de l'imprimerie permit de le faire plus facilement, tant par la majesté de l'ensemble que par la richesse des détails, la multiplicité des bas-reliefs où venaient se retracer toutes les légendes qui constituaient leur foi, mélange de naïveté et d'aspirations mystiques.

Comme modèle des décorations souvent placées en avant des portes, nous donnons ici l'élégant portail latéral de la cathédrale de Chartres, ajouté au monument après sa construction, et qui est un exemple curieux de l'emploi de la sculpture décorative. Enfin, comme type de la dernière période du Gothique, à l'époque où la Renaissance se faisait déjà pressentir, nous représentons une travée de Saint-Ouen de Rouen qui réalise la tendance à allonger les lignes verticales.

L'arc ogival, élément caractéristique de cette architecture, a eu plusieurs formes ; l'une des plus employées fut l'ogive équilatérale, qui a ses centres placés à ses deux extrémités inférieures, de façon que les arcs forment un triangle équilatéral par leur intersection. Les Anglais, qui ont gardé le mieux la tradition du style gothique, tout à fait national chez eux, ont employé, depuis le

Travée de Saint-Ouen.

xv siècle, l'arc Tudor, ou gothique surbaissé, dans lequel les arcs deviennent presque presqu'horizontaux, et dont le point d'intersection est à peine apparent; il se rapproche

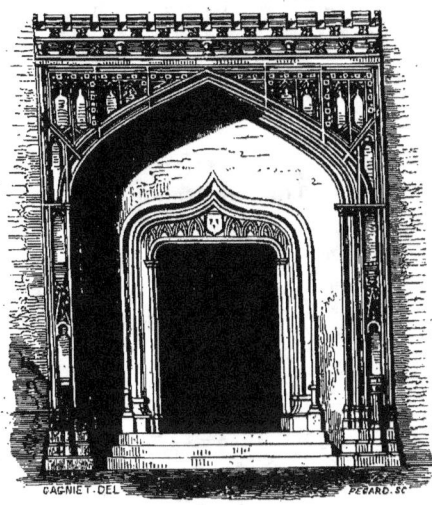

Arc Tudor.

beaucoup de l'arc continu de la renaissance. En Angleterre, au reste, la renaissance n'a pas cessé d'être gothique, et a constitué ce que les Anglais appellent le style Élisabeth.

C'est à l'Allemagne ancienne, (comprenant l'Alsace, la Lorraine, les Pays-Bas, etc.), que M. Th. Hope (Histoire de l'Architecture) attribue l'invention du style ogival. Ce qui est certain, c'est qu'elle l'adopta avec une ardeur toute particulière qu'explique assez bien l'absence des traditions romaines dans ce pays comparé à l'Italie, à la France, etc. L'Allemagne seule, dès le moment où le style ogival apparût dans l'architecture, l'employa également dans les autres productions des beaux-arts, dans la sculpture, la ciselure, la peinture, l'écriture même; elle prodigua dans tous ces arts de longues lignes perpendiculaires, des angles aigus, des ornements de toute sorte analogues à ceux des édifices gothiques; ce qui montre amplement que ce style n'était pas une mode importée de l'étranger, mais que dans tous les arts il procédait de la même source, c'est-à-dire du goût national des artistes allemands.

On voit, par ce qui précède, comment on peut établir plusieurs subdivisions dans le style ogival[1], et distinguer :

1° Le style ogival primaire ou à lancettes, voisin du roman, xiie et xiiie siècles ;

2° Le style ogival secondaire ou rayonnant, ainsi nommé de la forme rayonnante des

---

[1] Les plus célèbres constructions du style gothique ogival sont :

En France : La Sainte-Chapelle, par Pierre de Montereau, sous saint Louis;—Notre-Dame de Paris (xiie et xiiie siècles); — les cathédrales de Reims, Bourges, Évreux, Laon, Amiens, Noyon, Strasbourg (par Jehan de Steinbach), Soissons (xiiie et xive siècle); — Saint-Ouen, Saint-Maclou, les églises de Tours, Brest (xive et xve siècles).

En Allemagne : la cathédrale de Cologne.

En Angleterre : Westminster.

roses, des quatre-feuilles qui ornent les fenêtres; ce style règne aux xiii⁰ et xiv⁰ siècles.

Enfin 3° le gothique tertiaire ou flamboyant, aux xiv⁰ et xv⁰ siècles, employant des décorations en forme de flammes ou de langues, variant à l'infini des ornements qui, par leur perfection, annoncent la renaissance, et qui a produit des œuvres charmantes qui peuvent être classées également dans ces styles voisins, tels par exemple que Chambord et l'hôtel Bourgtheroulde (que nous donnons plus loin).

STYLE RENAISSANCE.

L'Italie, couverte des monuments de l'antiquité, n'avait jamais voulu adopter le style ogival. Elle donna le signal du retour aux traditions de l'antiquité, lorsque la

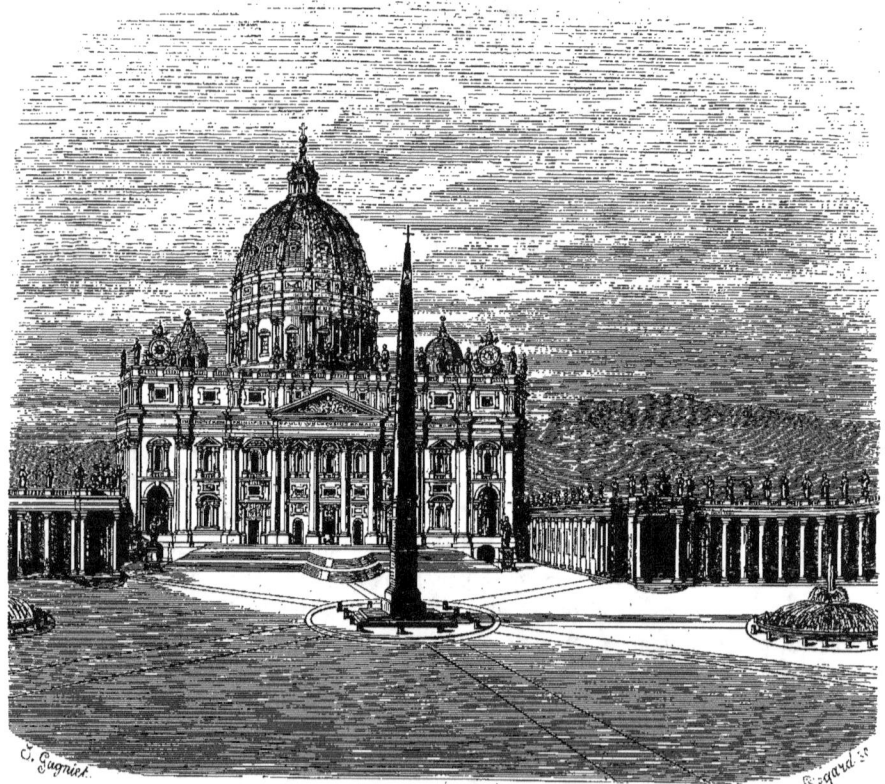

Saint-Pierre de Rome.

richesse des nations modernes rendit possible un état nouveau de la société, lorsque la découverte de l'imprimerie vint rendre irrésistible l'impulsion due aux idées nouvelles.

Bien que le retour au classique, à l'antiquité, fût le drapeau des artistes qui se sont immortalisés à cette grande époque de la Renaissance, le génie propre de ces artistes vint donner à leurs œuvres un caractère nouveau correspondant aux éléments des temps modernes, et surtout aux idées chrétiennes, si différentes des idées païennes. C'est dans la peinture que l'on peut surtout le reconnaître, et Raphaël doit être cité comme le type immortel de cette alliance de l'art chrétien avec la restauration de l'art grec. Pour ne pas sortir de notre sujet, de l'Architecture, nous dirons que le sentiment de la pureté des lignes et des proportions vint faire renaître en quelque sorte les lignes horizontales; les arcs surbaissés presque rectilignes, reposant sur des colonnes, remplacèrent les voûtes ogivales de forme aiguë.

Pour passer en revue les principaux types de construction de la Renaissance, nous devons d'abord citer des églises. La plus colossale de toutes est Saint-Pierre, formée de la coupole du Panthéon d'Agrippa « suspendue dans les airs, » grande conception du génie universel de Michel-Ange, qui sut imprimer à cette œuvre le sentiment de la domination universelle de la papauté en employant les éléments fournis surtout par la tradition romaine classique, mais agrandis dans des proportions jusque-là inconnues. Nous donnons ici la vue de l'extérieur de ce temple, digne d'être le premier temple du monde chrétien, par son immensité et la splendeur de ses décorations malheureu-

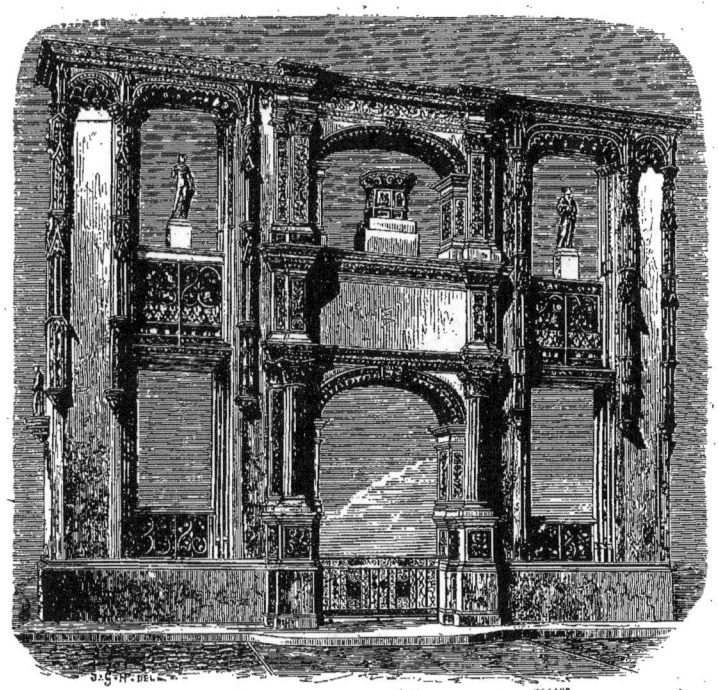

Façade du château de Gaillon.

sement exagérées, au XVIIe siècle, par le Bernin qui y fit des additions de mauvais goût.

Toutefois, sauf dans le cas qui précède et dans un petit nombre d'autres, ce n'est pas par l'immensité des édifices, c'est plutôt par la modération de la grandeur de l'élément architectural que la Renaissance se distingue, revenant ainsi plutôt à l'art grec qu'à l'art romain, avec un admirable sentiment du caractère élégant du premier.

Ce qui y a beaucoup contribué, c'est que l'architecture de la Renaissance ne fut plus seulement religieuse comme celle du moyen âge; elle fut bien plutôt laïque. Les châteaux, les maisons se multipliant, réclamèrent tous les ornements de l'architecture et de la statuaire, et fournirent un vaste champ aux œuvres qu'engendrait l'imagination d'une multitude d'artistes créateurs.

On ne saurait trop remarquer, dans les créations de l'architecture de la Renaissance, avec quelle confiance les artistes se livraient à leur imagination, pour combiner les détails de l'architecture sans se traîner dans des voies déjà tracées; avec quel sentiment net des proportions les plus harmonieuses, avec quelle fécondité, quelle grâce, à l'aide de quel large emploi de la sculpture décorative ils savaient remplir les con-

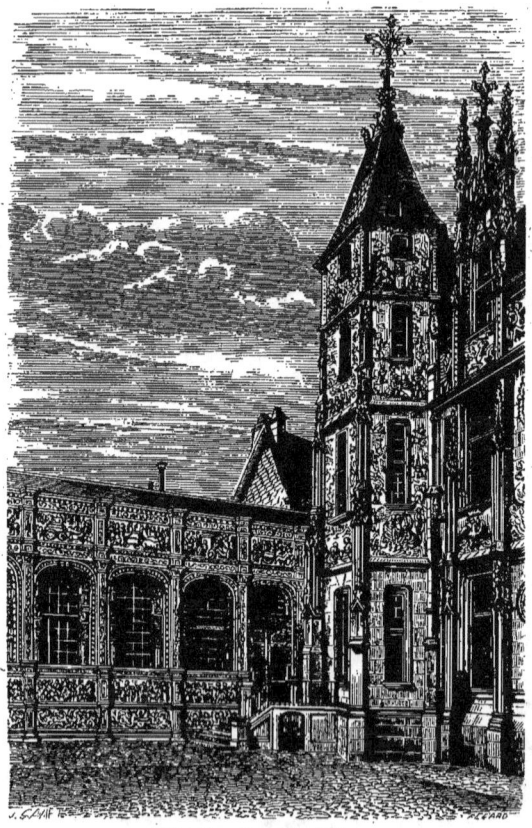

Hôtel Bourgtheroulde, à Rouen.

ditions d'élégance qui caractérisent les créations de cette époque, où les arts ont joué un si grand rôle. Nous allons en donner quelques exemples célèbres.

Le château de Gaillon, construit pour le cardinal d'Amboise, et dont nous reproduisous l'élégante façade, telle qu'on la voit aujourd'hui dans la cour du palais des Beaux-Arts, conserve encore quelques traces du gothique ; mais on y trouve une élégance, une pureté de lignes qui rappelle heureusement l'art grec. Les colonnes, de peu de hauteur comme dans la plupart des constructions de la Renaissance, se trouvent de dimensions convenables pour l'encadrement des fenêtres, des portes, et ne paraissent jamais des hors-d'œuvre.

A côté de cette élégante construction, due surtout au goût italien, nous citerons l'hôtel Bourgtheroulde de Rouen, qui nous fournit un exemple de charmante habitation privée, et montre combien les architectes de cette époque savaient, comme ils l'ont fait dans cette construction moitié gothique, moitié renaissance, modifier le gothique pour en conserver des parties élégantes, les aigrettes, les dentelles de pierre, etc., et les mélanger avec les arcs surbaissés et les bas-reliefs multipliés du nouveau style.

Enfin, nous terminerons par le chef-d'œuvre des constructions de la renaissance en France, le Louvre, élevé par Pierre Lescot architecte français. On ne saurait trop

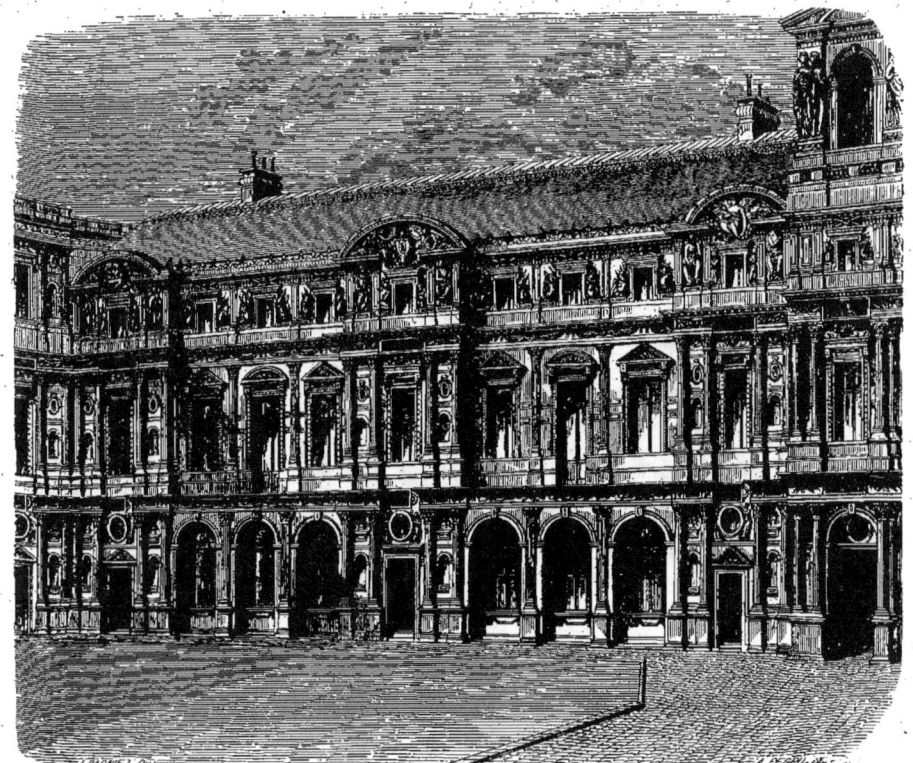

Cour du Louvre.

admirer les heureuses dispositions de cette construction, la symétrie des avant-corps, l'élégance des colonnes, la richesse, l'habile profusion des décorations sculptées. Dans ce monument, dit M. Vaudoyer, aucune influence étrangère ne se fait sentir ; c'est une production vraiment nationale qui l'emporte de beaucoup sur ce qui l'a précédée, et qui n'a pas été surpassée depuis [1].

STYLES LOUIS XIV ET LOUIS XV.

Sous le siècle de Louis XIV, on chercha en tout le grandiose. Pour l'architecture, tout en reprenant les traditions de l'antique, on accrut les dimensions des éléments sans rien garder des souvenirs de la Renaissance, dont les œuvres n'étaient plus jugées assez imposantes.

Si la plupart des édifices construits alors peuvent être considérés comme des imitations de l'art romain auquel ils se rattachent plus directement qu'à l'art grec, quelques-uns cependant, franchement inspirés par les idées de l'époque et dûs à des artistes distingués, ont un caractère qui leur est tout à fait propre, et sont restés à une belle place dans l'opinion publique. Nous citerons dans le nombre, et au premier rang, la colonnade du Louvre, œuvre de Perrault.

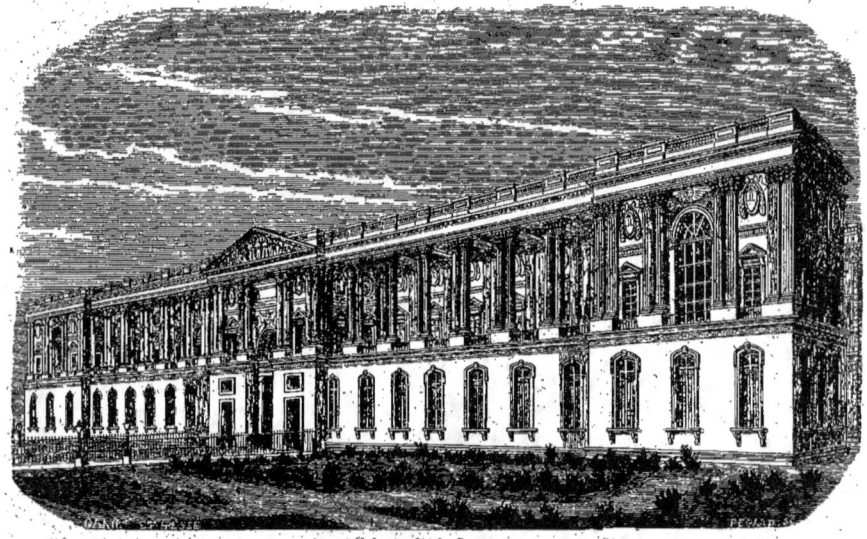

Colonnade du Louvre.

Ce monument, dans lequel on doit remarquer un premier emploi de colonnes acco-

---

[1] Parmi les chefs-d'œuvre de la renaissance, nous citerons :

En Italie : Saint-Pierre à Rome ; la Basilique de Vicence ; San Pietro in Montorio.— à Florence : Cathédrale ; palais Pitti ; palais Médicis.— à Pise : Campo-Santo.

En France : Fontainebleau ; maison de Moret ; palais du cardinal d'Amboise ; Louvre ; château d'Anet ; Tuileries.

Les plus grands architectes de cette époque furent : — Brunelleschi, Michel-Ange Buonarotti le Bramante, Raphaël, Palladio, Pierre Lescot, Philibert Delorme.

lées, qui excita l'admiration des contemporains et causa un enthousiasme dû surtout au mérite de la nouveauté de cette disposition.

L'amour du grandiose, appliqué mal à propos aux édifices privés, donna dans ce cas des résultats mauvais; des pilastres ou des colonnes gigantesques encadrant plusieurs étages dans leurs lignes monotones donnent l'idée d'un édifice trop grand pour notre usage, qu'il faut gâter en quelque sorte pour y loger de simples humains. Comme exemple de constructions à laquelle s'appliquent cette observation, et comme type des constructions du règne de Louis XIV, nous citerons, le château de Versailles, construit sur les plans de Mansard. Dans cet édifice, un rez-de-chaussée sévère avec arcades supporte des colonnes de la hauteur de deux étages que surmontent un architrave, un fronton, etc.

Nous ne parlons ici que des monuments du siècle de Louis XIV qui se distinguent d'une imitation de l'antiquité ou des constructions élevées en Italie. Nous donnerons

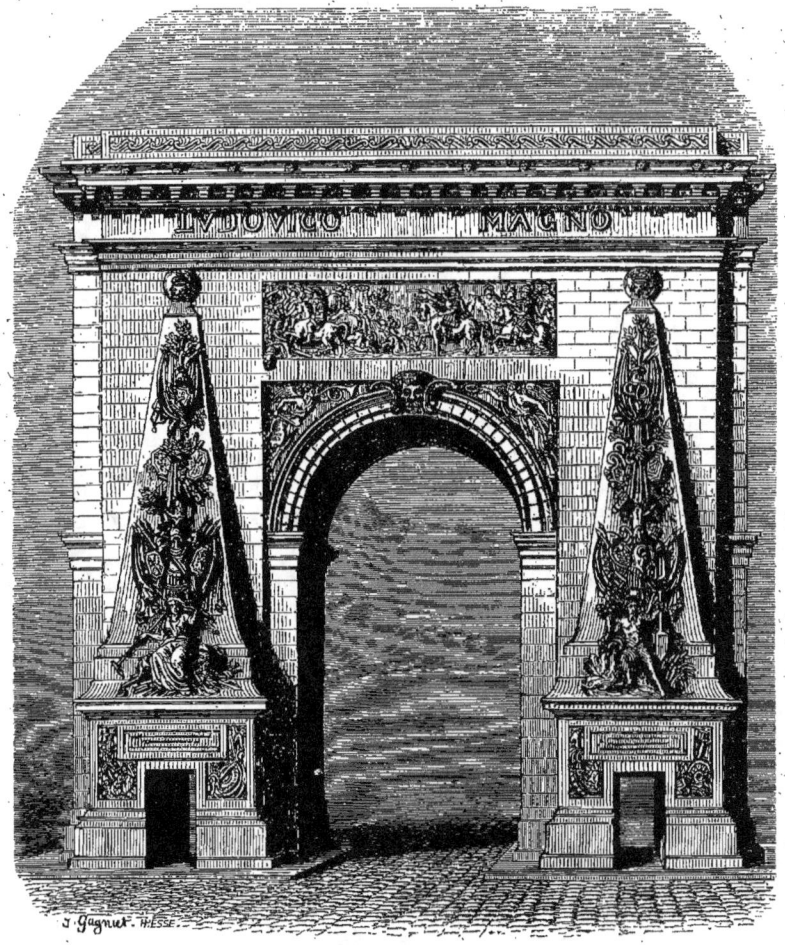

Porte Saint-Denis.

maintenant, comme interprétation du style romain dans le goût de l'époque, la porte

Saint-Denis (construite par Blondel), inspirée par l'arc de triomphe romain, mais singulièrement agrandi, et qui possède un caractère propre de grandeur.

Nous ne citerons ici que pour mémoire l'époque du règne de Louis XV qui n'a eu qu'une médiocre importance pour l'architecture proprement dite, malgré quelques belles œuvres, telles que les bâtiments de la place Louis XV, construits par Gabriel, qui sont une imitation excellente de Perrault.

Le goût italien des Bernin, des Borromini, qui commença à réussir sous la vieillesse de Louis XIV, vint exagérer la multiplication déjà admise de trophées et ornements analogues, et mettre à la mode une profusion d'ornementations qui seules méritent de fixer l'intérêt, car elles ont constitué le style Louis XV, qui occupe une grande place dans la décoration industrielle, comme nous le reconnaîtrons bientôt en étudiant ses applications nombreuses dans le mobilier, l'orfèvrerie, etc. Mais, au point de vue de l'Architecture, on ne peut guère citer d'exemples plus complets que les hôtels du faubourg Saint-Germain. Leur inspection montre bientôt que les architectes de l'époque étaient bien moins préoccupés de l'intérieur que de l'extérieur. Ces constructions consistent en général en grandes masses rectangulaires, offrant un vaste espace pour des pièces de grande dimension; l'ensemble n'est en général remarquable qu'au point de vue des bonnes dispositions intérieures, et, comme nous le disons plus haut, des ornements. Un seul genre de décoration extérieure propre à ce style doit être cité, nous voulons parler de la volute qui accompagne à l'étage le plus élevé les parties latérales des fenêtres, dont la partie supérieure est courbe.

STYLE MODERNE.

Les agitations de l'Europe pendant la République, le Consulat et l'Empire, laissèrent trop peu de calme aux esprits pour traduire les aspirations du siècle à l'aide des grandes créations de l'architecture. De plus, l'admiration exagérée de l'art antique conduisit les architectes à copier servilement, de toutes pièces, les monuments de l'antiquité, et leur fit élever des édifices souvent défectueux, parce que le charme disparaissait en modifiant l'échelle de la construction. Ce système donna cependant quelquefois de beaux résultats : la colonne de la place Vendôme est une heureuse imitation de la colonne Trajane, et l'arc de triomphe de l'Étoile est plus grandiose que l'arc de triomphe romain, dont il est une imitation. Toutefois, l'originalité manque, et sauf quelques exceptions peu nombreuses et insuffisantes pour constituer un style, l'on doit considérer cette époque comme n'occupant aucune place parmi celles qui ont vu les arts constituer un type nouveau.

Depuis, sous la Restauration et après 1830, l'étude des monuments gothiques, le progrès des sciences et de la richesse, les travaux d'artistes de talent, ont avancé l'œuvre, qui consiste à formuler l'art du xixe siècle. Il n'est certes pas constitué, mais quelques éléments se dégagent chaque jour. Cette question a été l'objet des travaux d'un trop grand nombre d'artistes de talent pour que nous osions formuler ici incidemment une réponse; nous dirons seulement que la tendance dominante dans la plupart des cas consiste à reprendre des traditions de la Renaissance et fait rechercher par le goût public un emploi de la sculpture décorative semblable à celui qui en fut fait à cette époque, c'est-à-dire que, par sa délicatesse, elle se confond tout-à-fait avec la statuaire. Enfin, dans quelques cas, on cherche des effets nouveaux et qui surprennent l'admiration, à l'aide des ressources offertes par les progrès de l'art de la construction.

Le plus éminent progrès de cet ordre réside dans l'emploi du fer dans les édifices, qui permet d'obtenir des portées horizontales autrefois impossibles; mais il paraissait d'une extrême difficulté d'en tirer un effet heureux. Un chef-d'œuvre est venu montrer la route; nous voulons parler de la gare du chemin de fer de Strasbourg, due à M. Duquesnay, architecte, qui a su manier également le fer et la pierre, profiter

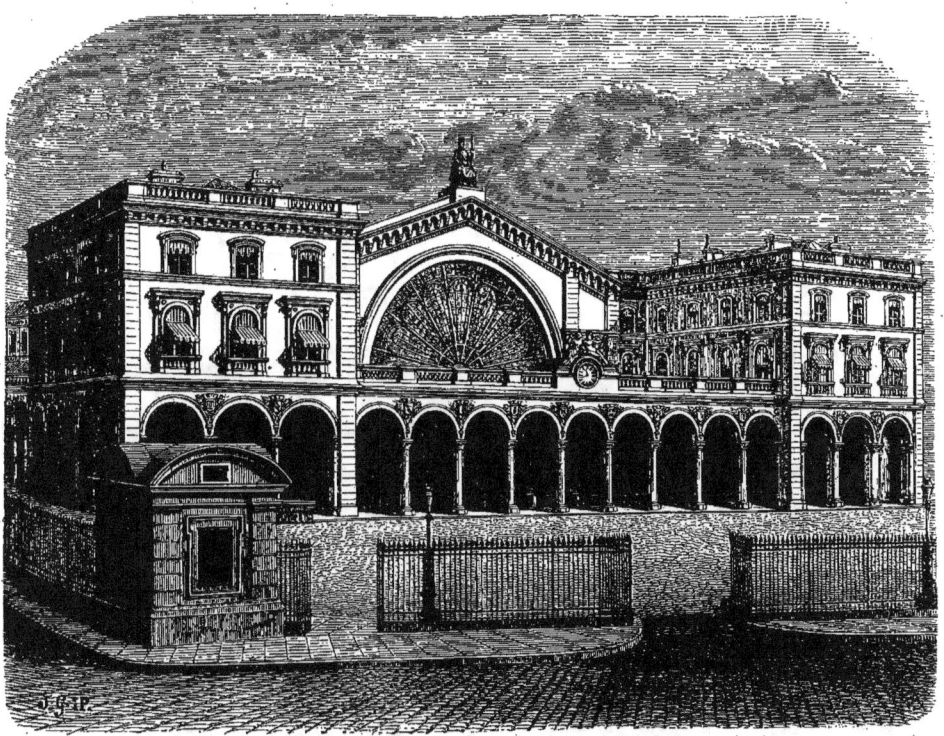

Gare du chemin de fer de Strasbourg.

de l'étendue de la toiture pour placer sur la façade une rosace digne du moyen âge, harmonieusement encadrée. C'est là une belle œuvre, non imitée, bien de son époque, respectant les conditions de convenance, d'unité, d'élégance; une de ces œuvres qui peuvent faire à une époque une place dans le mouvement des arts.

En Angleterre, l'imitation alternative du grec et du gothique, n'a pas produit, à notre époque, d'œuvre d'un caractère nouveau. Le Palais de Cristal, qui a servi à loger l'exposition universelle de 1851, est la construction la plus remarquable et la plus nouvelle qui ait été élevée dans ce pays; elle a donné le type le plus convenable incontestablement pour les constructions de serres, de bâtiments d'Expositions, etc.

C'est à juste titre qu'elle a illustré sir J. Paxton, qui l'a conçue, et a su obtenir des effets très-heureux, notamment dans le transept du Palais de Cristal, que tout le monde connaît. La plupart des autres grandes constructions de Londres sont des imitations; certes, le nouveau palais du parlement à Westminster est une belle œuvre qui rappelle bien le caractère traditionnel de la civilisation anglaise; mais ce n'est pas une œuvre nouvelle, c'est une imitation.

Dans ces dernières années, les Allemands, et surtout la brillante école de Munich, ont produit, avec bien des imitations d'édifices des temps antérieurs, qui font ressembler notamment cette dernière ville à un véritable musée de monuments, de belles œuvres d'un caractère particulier. Elles se distinguent par l'emploi de la coloration; en effet, non-seulement les peintures murales y sont fréquentes, mais encore la brique et la pierre blanche y sont souvent mêlés et donnent à ces monuments un caractère quelque peu oriental.

CIVILISATIONS ASIATIQUES ET ORIENTALES.

STYLE INDOU.

Les anciens temples de l'Inde, aussi bien que ceux de Ninive, récemment découverts,

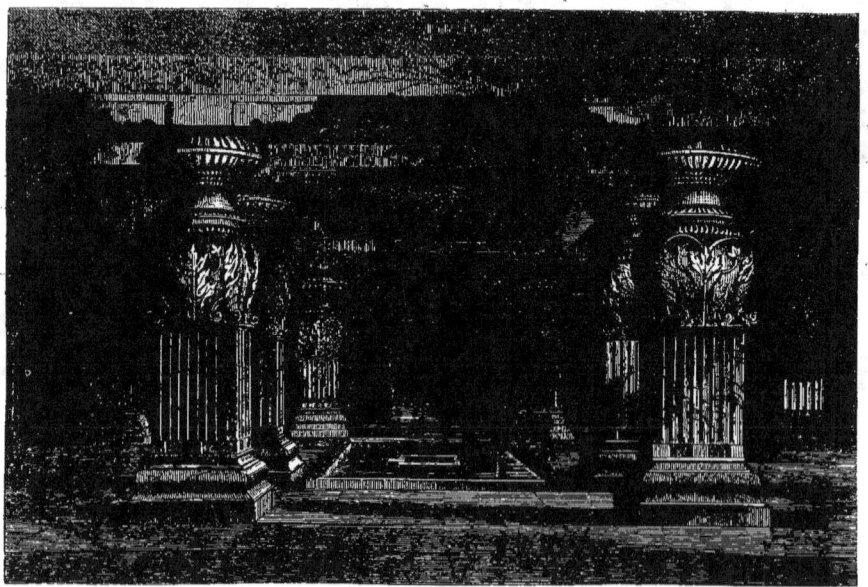

Temple d'Ellora.

rappellent les monuments religieux, les nécropoles de l'ancienne Egypte. L'étude de ces monuments, de ces styles, les plus anciens que nous puissions connaître, mériterait qu'on s'y arrêtât longuement, car c'est dans les types les plus anciens qu'il faut surtout étudier les éléments qui se répètent en se transformant à l'infini dans les divers styles qui ont succédé à ceux-ci ; raisonnement vrai pour tout élément de la décoration industrielle comme pour les monuments. Malheureusement les documents sont rares, les restes peu nombreux. Parmi les œuvres les plus remarquables, nous citerons un de ces temples taillés dans le roc et qui sont d'une étendue immense. Le temple d'Ellora, dont nous donnons ici le dessin, est de ce genre. On y remarque des colonnes basses, dont le fût est orné de sculptures, et dont le chapiteau est de forme renflée d'une façon toute particulière ; on la retrouve dans nombre de décorations de produits de l'Inde.

D'autres temples célèbres de l'Inde sont de construction plus moderne ; au style indien sont venus se mélanger le dôme et les coupoles, parce qu'ils sont dus aux conquérants mahométans. Ils rentrent dans la division suivante, tout en ayant en partie conservé un caractère spécial.

STYLE ARABE, MAURESQUE.

La civilisation arabe qui a jeté tant d'éclat en Egypte, à Bagdad, nous est révélée par des monuments qui reflètent admirablement la richesse d'imagination des Orientaux, aussi bien que leur goût pour les couleurs éclatantes.

Les formes de ces édifices procèdent directement de l'art byzantin, qui a eu sur l'art arabe une influence incontestable ; celui-ci a conservé les éléments que les nations occidentales ont abandonnés, et a exagéré les différences qui séparent le byzantin du romain. Ainsi, les arcs toujours reposant sur colonnes ont un type particulier ; ils sont rentrants à la base, et comprennent plus d'une demi-circonférence. Cette architecture emploie aussi souvent des pendentifs d'une extrême légèreté qui rappellent des stalactites, et le dôme s'enfle tellement qu'on le voit fréquemment prendre la forme d'un bulbe.

La Perse a exercé sur l'art arabe une grande influence, qui augmenta encore lorsque les deux pays eurent embrassé la foi de Mahomet. La Perse avait des traditions propres, dont les ruines de Persépolis nous ont révélé la source.

C'est naturellement en Orient, à Constantinople, au Caire, à Bagdad, que doivent se rencontrer les principaux exemples des constructions de style arabe. On en trouve aussi en Europe ; les relations intimes de Venise et de la Russie avec Constantinople ont fait imiter l'architecture des Orientaux dans ces deux pays.

C'est en Espagne surtout, dans le beau pays de Grenade et de Cordoue, que l'art mauresque, la branche la plus brillante de l'art arabe, a créé ses chefs-d'œuvre ; l'arc en fer à cheval constitue la forme favorite et caractéristique de ces constructions. L'Alhambra, dont nous donnons ici la cour intérieure ornée d'une fontaine, luxe si précieux dans les pays chauds, a toujours excité l'enthousiasme des voyageurs. Les décorations mauresques dont ce ravissant palais offre un si bel exemple sont restées

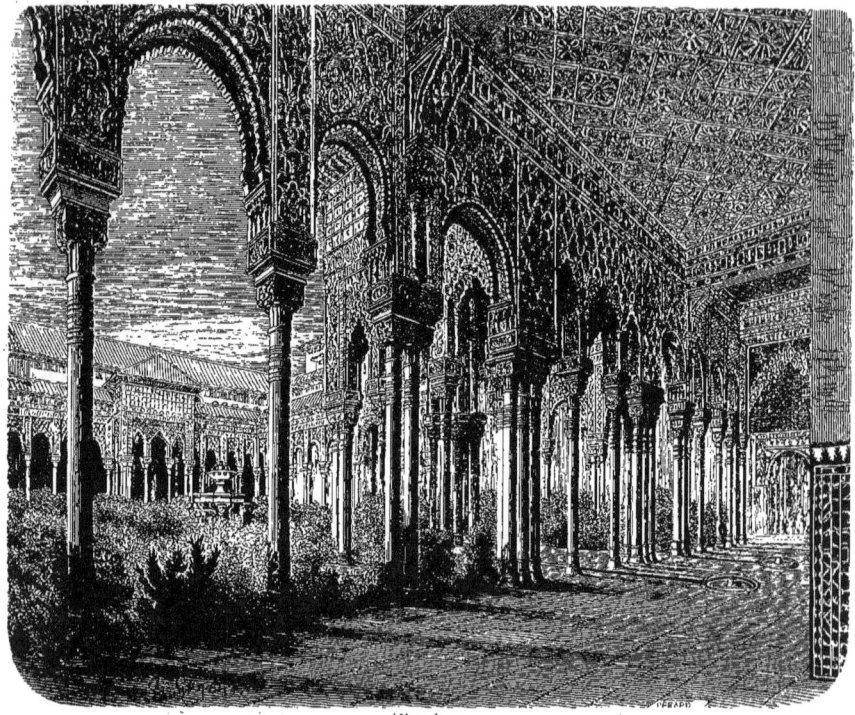
Alhambra.

le type d'un genre d'ornementation qui a trouvé une multitude d'applications indus-

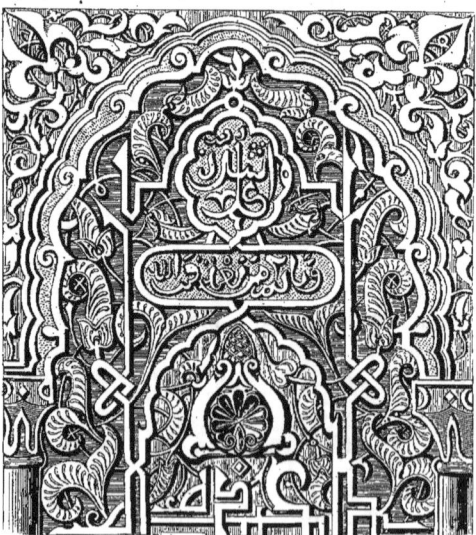
Porte de la mosquée de Cordoue.

trielles. La loi musulmane interdisant la représentation d'êtres animés, c'est vers la combinaison des lignes, des couleurs éclatantes, du bleu, du rouge, de l'or, que se porta le goût des artistes. Ces treillis formés de courbes s'entrelaçant à l'infini, définis par les exemples que nous citons ici et à la fin de cet Essai, et auxquels on a donné le nom d'arabesques, forment les principaux éléments de décoration de ces édifices, dont l'éclat se comprend mieux quand on sait que ces décorations étaient produites sur les murailles à l'aide de poteries colorées et vernissées.[1]

Nous donnons encore la porte de la mosquée de Cordoue, qui permettra d'apprécier ce genre de décoration, reproduit dans cette figure sur une plus grande échelle que dans le dessin qui représente la cour de l'Alhambra.

On voit par ce qui précède que le style dont nous traitons comprend trois subdivisions principales :

Le style sarrazin ou arabe pur ; — le style mauresque ; — le style persan.

STYLE CHINOIS.

Les Chinois, si industrieux dans les petites choses, ne paraissent pas s'être élevés jusqu'à la conception et à l'organisation des grands travaux de construction. Aussi

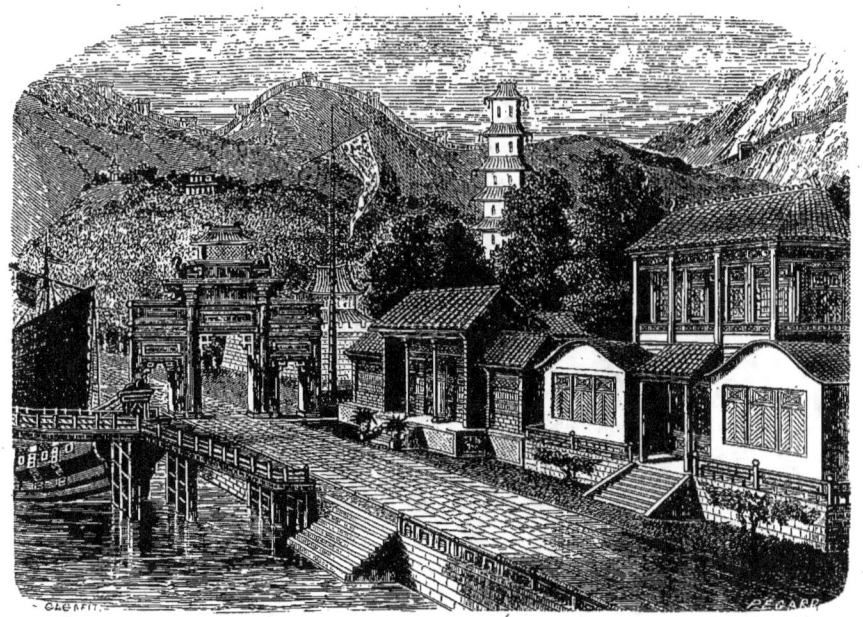

Ville chinoise.

ne connait-on de ce pays aucun édifice comparable à nos grands monuments. Au

---

[1] Principaux monuments des Maures d'Espagne : la Tour de la Giralda, l'Alcazar, à Séville ; — l'Alhambra, à Grenade ; — la Mosquée de Cordoue.

reste, les règles immuables qui règlent la construction de tout édifice en raison de l'importance du personnage qui doit l'habiter, rendent tout progrès bien difficile.

Comme caractères principaux de cette architecture, on doit signaler l'apparence de tentes qu'offrent les maisons, l'emploi de piliers de bois très-élevés pour former des galeries, les toits retroussés à leurs extrémités ornées de pendentifs, qui donnent aux constructions un aspect tout particulier. Nous avons cherché à reproduire dans la figure ci-contre l'effet des divers éléments de cette architecture.

L'emploi de la porcelaine, produite si abondamment en Chine, est assez fréquent dans les édifices. Nous représentons ici un monument bien connu, dit la Tour de

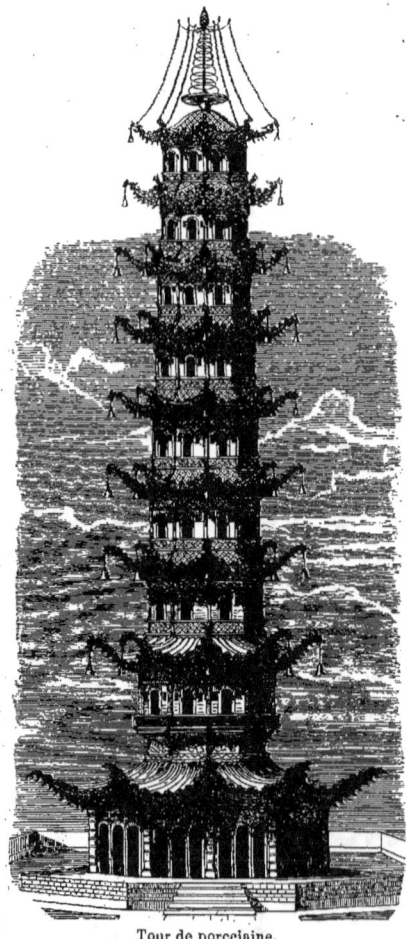

Tour de porcelaine.

Porcelaine, parce qu'elle est entièrement incrustée en cette substance. Commencée en 1403, elle fut achevée en 1432.

SECTION II.

CÉRAMIQUE

L'art céramique, dont le nom provient de κεραμος, nom grec d'une poterie, ou, suivant quelques auteurs, d'un quartier d'Athènes où travaillaient les potiers devenus de véritables artistes, est peut-être celui où les styles se sont révélés le plus nettement. Toutes les nations, dès leur origine, ont eu des vases de terre; et la moindre tendance à l'élégance a dû se révéler dans ces ustensiles vulgaires. Les Égyptiens, les Grecs, les Arabes, ont excellé également dans l'Architecture et la Céramique, deux arts primitifs dont la liaison est intime et dont les produits tirent leur charme non de l'imitation d'objets naturels, mais de l'harmonie de leurs proportions géométriques [1].

Il importe de remarquer, avant tout, que les moyens de fabrication des poteries ayant une valeur artistique, n'ont pas toujours permis aux diverses époques de traduire

---

[1] Un de nos plus spirituels feuilletonistes, M. Théophile Gautier, qui est excellent juge en matière d'art, fit sur une Exposition quelques feuilletons où l'appréciation des caractères propres à chaque création industrielle était parfaite, tout en étant présentée sous une forme légère, où était bien sentie la relation intime entre les mœurs, les idées d'une nation et les produits de son industrie, idée que cet ouvrage a surtout pour but de faire bien comprendre. Nous lui empruntons quelques lignes relatives aux poteries.

« Les potiches chinoises, dit-il, n'ont-elles pas l'air d'honnêtes mandarins bénignement pansus..., le Céleste Empire n'est-il pas tout entier dans une théière? L'Égypte, avec ses Anubis à tête de chien, ses éperviers sacrés, ses scarabées mystiques, ses pylônes, se résume tout entière dans une urne. Ce pot au goulot court, aux épaules embarrassées, aux bras pris dans les flancs, ne vous rappelle-t-il pas un sphinx de Karnac engagé dans son piédestal, une momie emmaillotée dans ses bandelettes? Ces patères étrusques aux contours harmonieux et sveltes, aux peintures sur fond rouge ou fond noir, ne font-elles pas penser, par la beauté et la jeunesse de leurs formes, aux dieux de l'Olympe, aux athlètes frottés d'huile et luttant dans le cirque? L'Espagne ne trahit-elle pas l'invasion moresque par ses tinajas, ses cantaros, ses jarras et ses alcarazzas en terre poreuse où se trouve inscrit le trèfle arabe? N'y a-t-il pas tout le désordre spirituel, tout le papillotage amusant et facile du XVIIIe siècle, dans les lignes tourmentées et pourtant coulantes de ces porcelaines contemporaines de Voltaire et de Mme de Pompadour? »

leurs aspirations par des œuvres dignes de prendre place dans l'histoire de l'art; qu'on n'a pas toujours disposé comme aujourd'hui de ces belles glaçures, de ces riches colorations, de ces brillantes dorures que nous admirons si justement. Les progrès techniques ont eu, dans la Céramique, une grande influence sur les progrès artistiques, comme on le reconnaît facilement par la beauté des productions modernes.

Fabriqués à l'aide du tour, les produits de la Céramique sont toujours (sauf les cas peu nombreux de fabrications spéciales ou d'empiétements de la Céramique sur la Statuaire) des solides de révolution, des cylindres, des cônes à génératrice rectiligne ou curviligne. Quant aux proportions agréables à l'œil, M. Ziégler, dans ses « Etudes sur les arts céramiques, » pose plusieurs principes, que nous rapporterons d'après lui, et qui sont le résultat de son expérience guidée par un goût sûr.

Il décrit les formes de la Céramique qui, par la nature de leur fabrication, sont des surfaces de révolution, des dérivations de la forme cylindrique; celle-ci, dans sa

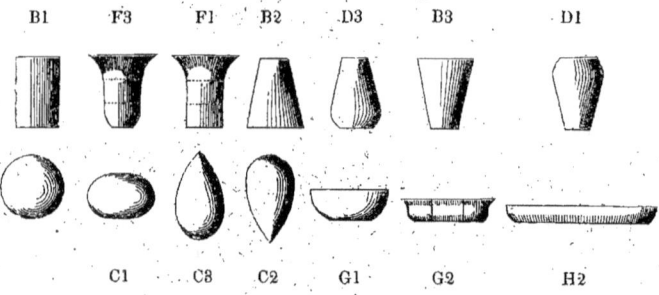

pureté, donne les formes B1, B2, B3; par ses combinaisons avec des parties circulaires, on obtient les formes F1, F3, D1, D3. Les formes ayant deux ordres de génératrices circulaires sont, avec la sphère, qui n'appartient pas à la Céramique, mais à une industrie bien voisine, à la Verrerie, les formes de tore C1, d'œuf C3, C2, les formes cratéroïdes G1, G2, discoïdes H2.

Quant aux proportions de ces diverses formes, il établit : que pour un vase cylindrique, conique, etc., la hauteur doit être au moins trois fois le rayon, et six fois au plus pour ceux dont la hauteur excède la largeur. Si, au contraire, la largeur excède la hauteur, comme dans les cratéroïdes et les discoïdes, cette largeur doit être de deux fois au moins et de cinq fois au plus la hauteur; enfin, un vase en forme de cône renversé ne doit pas avoir en hauteur plus de deux fois son diamètre moyen.

La forme ovoïde, résultant d'un cône à génératrice curviligne, est une des formes purement céramiques qui peuvent être les plus gracieuses. Il a donné l'idée de l'ove, ornement d'architecture souvent employé dans les entablements.

La forme sphéroïde aplatie, la forme cratéroïde et les formes ovoïdes sont, après les formes cylindriques, celles que l'on rencontre le plus souvent. Nous allons le voir en étudiant les produits des divers arts chez les nations qui ont toutes, dès leur origine, créé, en abondance, des vases de terre, vases d'une utilité presque absolue. Nous suivrons les indications de l'ouvrage du savant M. Brongniart pour déterminer les caractères des produits de ces diverses époques.

STYLE ÉGYPTIEN.

Les poteries des anciens Égyptiens étaient formées d'une pâte grisâtre ou jaunâtre; elles étaient recouvertes d'une glaçure bleue ou verte et décorées d'ornements noirs, généralement en zigzags. La forme générale de ces vases est celle dite canopienne [1], provenant du conoïde renversé; des têtes venaient souvent former la partie supérieure du vase, comme dans celui représenté sur la figure ci-contre.

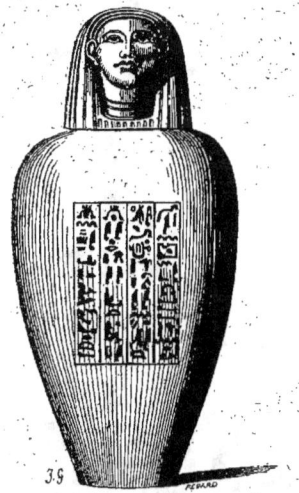

Vase égyptien.

Les vases des égyptiens sont généralement d'aspect sévère, et en rapport avec la sculpture de granit de cette nation. Ce n'était pas chez ce peuple que l'élégance des formes céramiques, des décorations variées à l'infini devait prendre naissance. Il faut remarquer toutefois certaines pièces, comme exécution et comme caractère spécial résultant de formes qui appartiennent exclusivement au style des contemporains de Sésostris.

STYLE GREC.

La poterie des Grecs est rougeâtre ou d'un brun jaunâtre, les formes en sont

[1] Nom provenant de Canope, ville d'Égypte, où des vases de cette forme étaient employés à filtrer l'eau du Nil.

simples, les contours purs et les ornements formés de palmettes et de méandres : les figures en général sont roides, mais d'un dessin ayant de la noblesse.

Les affinités de la Céramique et de l'Architecture, au point de vue de l'esthétique, font bien comprendre que les Grecs ont dû y exceller. M. Ziégler admet comme incontestable que c'est la Céramique qui a fait progresser l'Architecture en Grèce par ses essais de chaque jour; quoi qu'il en soit, l'influence réciproque de ces deux arts également prospères ne saurait être douteuse, et par suite le développement de l'art céramique n'aura sûrement pas été inutile à celui de l'Architecture.

Nous donnons ici un beau modèle de la fabrication grecque, un de ces vases qu'on donnait aux vainqueurs dans les fêtes publiques, la coupe d'Arcésilas, que les antiquaires

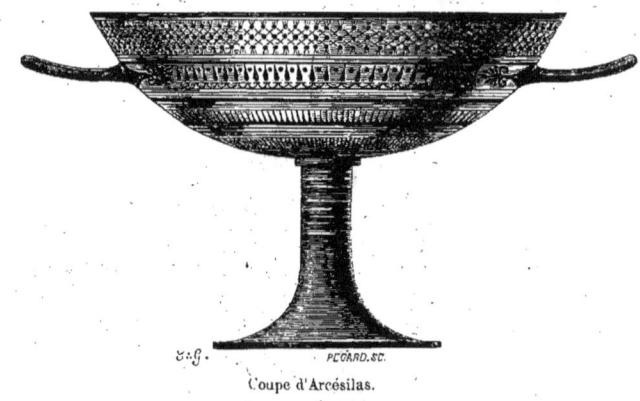

Coupe d'Arcésilas.

rapportent au temps de Pindare (500 ans avant J.-C.). Elle est décorée avec du noir et

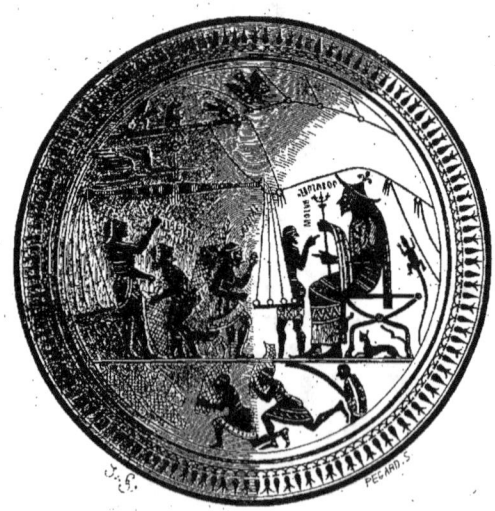

Coupe d'Arcésilas.

du rouge de brique fait avec du peroxyde de fer étendu d'argile, et du blanc par application d'une terre blanche. L'élégance de la forme et de la décoration de cette coupe frappe les yeux les moins exercés. Le sujet dessiné à l'intérieur représente le paiement des tributs, et, bien que le dessin ait une certaine roideur conventionnelle, cependant les formes n'ont rien d'irrégulier. Tout révèle chez le peuple qui produisait de semblables vases un beau sentiment de la forme, la popularité du dessin et de la plastique.

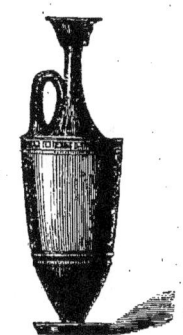

Lecythus Athénien.

Dans les petits vases cylindroïdes du genre de ceux représentés sur la figure ci-contre, dont le nom était « Lecythús, » et qui viennent principalement d'Athènes, le blanc entoure la partie cylindrique du corps du vase. Cette couleur est caractéristique des vases qui viennent de la Grèce proprement dite.

C'est surtout dans la Campanie, dans la Grande-Grèce, que l'on a trouvé le plus grand nombre de poteries de fabrication grecque. Sur un fond rougeâtre est placée la couleur noire toute caractéristique des vases campaniens, poterie faite par les peuples de la Grande-Grèce, et dont nous allons parler plus loin sous le nom d'Étrusques, par lequel ils sont vulgairement désignés.

STYLE ROMAIN, ÉTRUSQUE.

La description que nous avons donnée plus haut d'une coupe grecque et sa décoration rappellent les poteries étrusques. C'est qu'en effet la similitude des deux fabrications est assez grande pour qu'il soit incontestable que les Étrusques (presque sûrement issus d'une colonie grecque) ont reçu leurs modèles, leurs traditions de la Grèce. Cependant certaines poteries étrusques, d'une pâte noire enfumée, sont de bien des années antérieures à celles trouvées surtout dans la Grande-Grèce et qui seules sont célèbres par des décorations qui appartiennent à l'art grec, secondé par les ressources que le climat avait mis à la disposition des artistes de cette contrée, c'est-à-dire par des vernis probablement d'origine volcanique que le sol leur présenta tout formés. Nous ne nous étendrons pas sur cette question et nous passerons aussi sous silence les véritables poteries romaines à pâte rouge avec des ornements en relief, très-différentes des poteries grecques qui, comme les poteries à pâte noire, appartiennent à une fabrication bien moins avancée que celle des poteries campaniennes. Cette poterie à pâte rouge, qui se trouve souvent, était la poterie commune; c'était aux potiers grecs et aux étrusques que les Romains demandaient les vases d'art. Ce sont ces produits qui méritent surtout un grand intérêt.

Nous donnons ici le plus beau des vases étrusques de la collection du Louvre, justement célèbre : la pureté du dessin qui le recouvre permet, comme dans toutes les œuvres de cette belle fabrication, de bien apprécier la valeur artistique de ces admirables produits. C'est pour orner nos collections de ces beaux vases qu'on fouille encore aujourd'hui avec succès les tombeaux anciens. On sait que dans ces tombeaux, on déposait à côté des corps, des lampadaires, des urnes funéraires, des bijoux, etc.

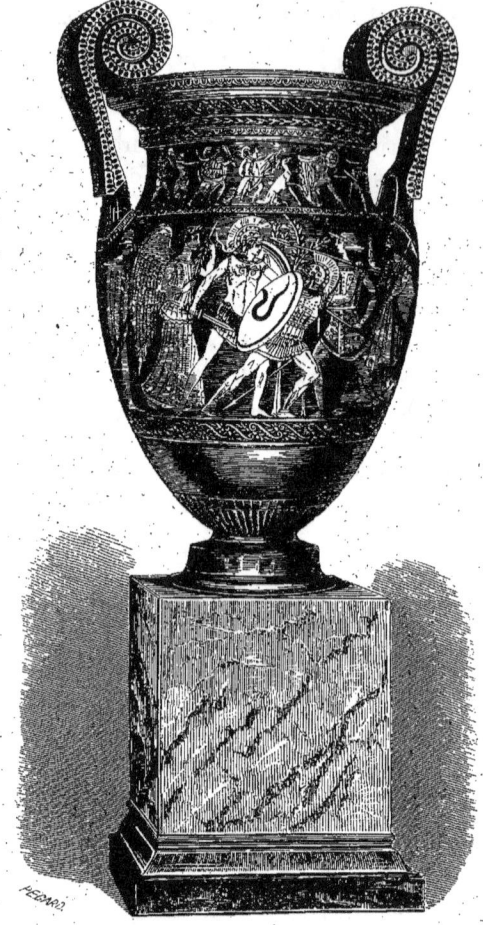

Vase étrusque de la collection du Louvre.

Les produits de la Céramique, par suite de leur inaltérabilité, nous sont seuls parvenus ou au moins seuls dans un état de conservation qui permet d'en orner nos musées.

ARTS CÉRAMIQUES PENDANT LE MOYEN AGE.

La Céramique était peu en honneur au moyen âge et il ne paraît pas qu'il ait été fait beaucoup de tentatives pour en élever les produits à la hauteur de l'art, pour sortir de la fabrication la plus commune. On avait même perdu les procédés employés par les Grecs, les Étrusques et les Romains, pour décorer les poteries. C'était en orfévrerie qu'on s'efforçait de fabriquer les aiguières, les plats, la vaisselle; en employant ainsi des matériaux précieux pour rehausser le travail de l'artiste. Nous n'avons pas d'exemple saillant de cette fabrication à rapporter ici, ni à en faire valoir de caractères importants au point de vue de l'art. Ce n'est guère qu'à l'état de carreaux décorés, et pour lutter avec la mosaïque byzantine, qu'il reste des œuvres assez remarquables. On connaît des laves peintes qui remontent au xiie siècle.

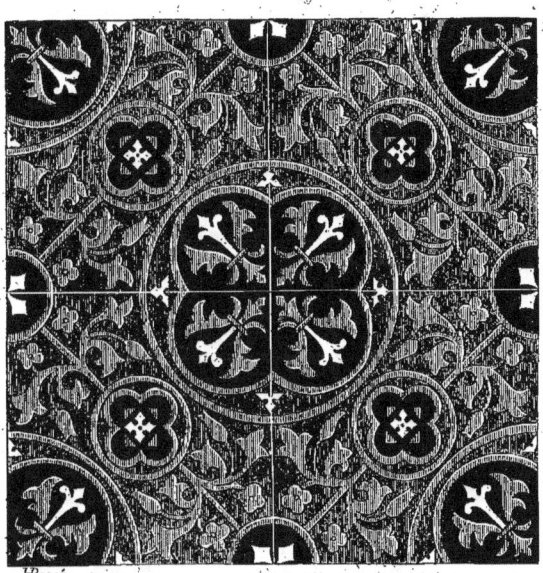

Carreaux émaillés.

Nous donnons ici un modèle de ce genre de travail, composé d'après l'étude des carreaux de l'époque par M. Pugin, architecte anglais, justement célèbre par ses études sur le moyen âge.

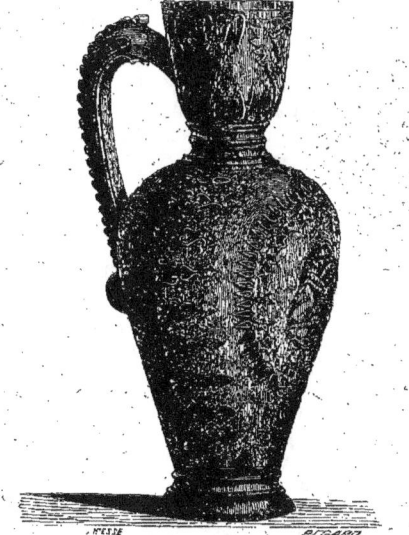

Grès flamand.

C'est vers la fin de cette période que la faïence commença à paraître (nous verrons que sa fabrication existait depuis longtemps chez les Arabes); mais comme c'est à la renaissance que cette fabrication jeta tout son éclat, nous allons en traiter sous cette division.

Citons toutefois ici les grès-cérames de Flandre, de Hollande et d'Allemagne, qui eurent, de bonne heure, un cachet artistique assez remarquable, mais qui n'arrivèrent que plus tard à la perfection qui les rendit célèbres au xviie siècle. Nous en donnons pour exemple une étude faite d'après leurs formes traditionnelles, par l'habile M. Ziegler.

STYLE RENAISSANCE.

Vers le commencement du xve siècle, on vit apparaître une poterie toute différente de ce qui avait été fait jusque-là, et à laquelle on donna le nom de « Majolica, » qui dérive, suivant Scaliger, de « Majorica, » Mayorque, transformé par coquetterie de langage. Les procédés de sa fabrication, inconnus aux époques antérieures, ont pu parvenir par cette voie de l'Espagne, où les Arabes les avaient apportés, comme nous le dirons bientôt. Cette faïence tirait surtout son éclat d'un émail blanc opaque dont elle était recouverte et qui cachait la couleur plus ou moins sale de la pâte. Lucca della Robbia, sculpteur de Florence, s'illustra surtout dans ce genre de production, donna de la solidité à ses figures et à ses bas-reliefs d'argile en les cuisant, puis les recouvrit de colorations brillantes qu'il sut varier et qui comprenaient surtout le jaune, le bleu et le vert.

Cette nouvelle et splendide statuaire, relevée par des émaux de diverses couleurs, fut très-admirée et sembla devoir donner naissance à une nouvelle branche de l'art. Nous donnons une idée de ce genre de travail par un dessin qui représente une pièce de l'œuvre de Lucca della Robbia, un sujet de piété composé par cet artiste, et rendu inattaquable et brillant par la cuisson et l'émaillage. Si l'avenir n'a pas réalisé les espérances qu'on avait pu concevoir, s'il n'est pas resté de ces tentatives un procédé propre à rivaliser avec la statuaire, à produire un moulage coloré qui soit devenu un genre adopté par l'art, il n'en est pas moins vrai qu'en rendant certaines poteries des objets d'art, ce progrès fit reprendre à la Céramique le rang élevé qu'elle avait en Grèce [1].

La fabrication de la Majolica fut dans l'état le plus florissant de 1540 à 1560. Ce fut principalement à Casteldurante, sous la conduite d'Orazzio Fontana D'Urbin, et à Florence, sous celle de son frère Flaminio, qu'on fit de grandes plaques de faïence, sur lesquelles ils peignirent des sujets historiques; cette industrie faisant ainsi des excursions dans le domaine de la peinture aussi bien que dans celui de la plastique.

Les progrès accomplis en Italie ne se firent sentir que plus tard en France, vers le xvie siècle. Girolamo della Robbia, petit-neveu de Lucca, vint en France décorer, pour François Ier, le château de Madrid près Paris.

Les procédés de Lucca della Robbia et de ses successeurs immédiats dans l'art de faire la faïence Majolica furent bientôt entièrement perdus ou au moins restèrent tout à fait inconnus en France; car les essais opiniâtres de Bernard de Palissy, le grand artiste dont nous rencontrons ici les travaux, eurent pour but d'imiter une coupe

---

[1] Lucca della Robbia fut protégé par cette grande famille des Médicis, qui fit tant pour la splendeur des arts à l'époque de la renaissance. Ses travaux n'atteignirent pas l'industrie proprement dite; ce genre de fabrication disparut quand cessa l'encouragement des souverains.

émaillée qu'il vit en 1530 [1]. Tous ses essais, tous ses travaux pour retrouver les émaux blancs et colorés le conduisirent à devenir maître de ses effets; les musées renferment

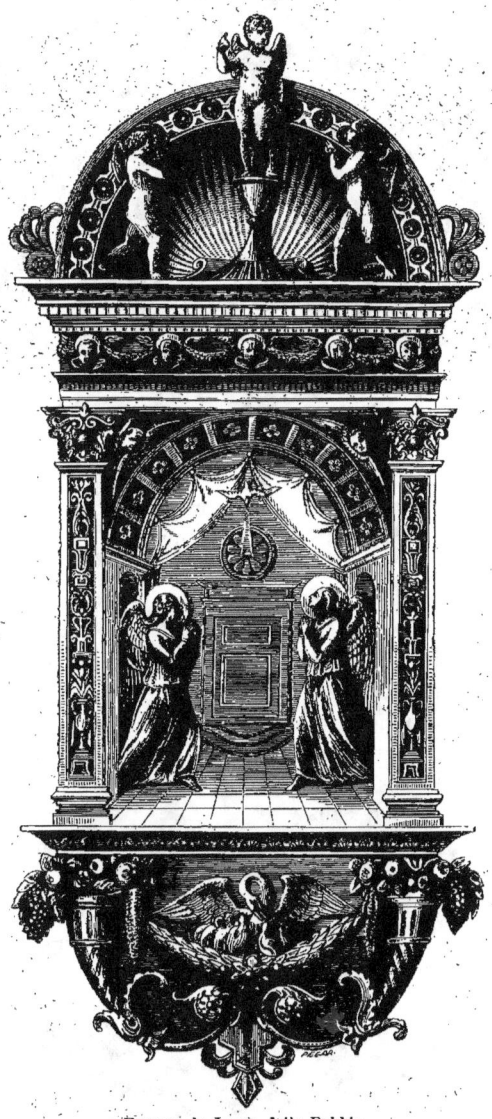

Faïence de Lucca della Robbia.

les pièces curieuses de tout genre qu'il exécuta, et surtout des plats destinés aux dressoirs renfermant des poissons, coquilles, etc. Nous en reproduisons ici un des plus

[1] Quelques antiquaires rapportent cependant à la fabrication de Nuremberg la coupe qui servit de modèle au héros de la poterie française.

remarquables que l'on voit au Musée de Cluny. Certes il y a dans ce genre de pro-

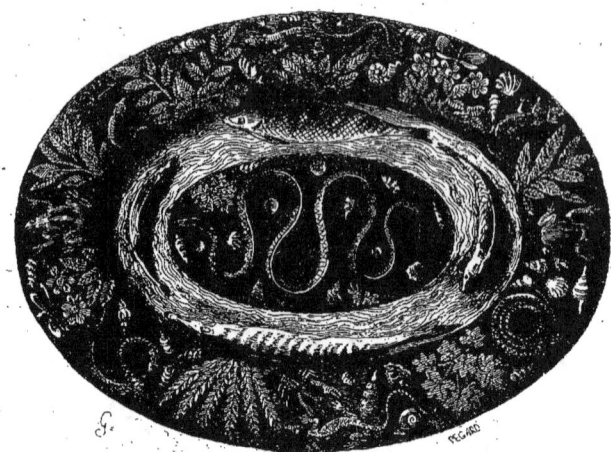

Plat de Palissy.

duction un mérite réel; cependant en dehors du talent nécessaire pour surmonter les difficultés, nous n'attachons pas une très-grande importance à ces œuvres.

L'art céramique nous paraît faire fausse route quand il entre dans ces voies d'imitation et qu'il se propose de reproduire des fleurs, des animaux, etc. La faïence (et à plus forte raison la porcelaine et les poteries modernes faites avec des substances modérément plastiques, donnant en général des contours plus durs) a son véritable emploi dans la confection d'objets de formes géométriques bien proportionnées, rehaussées par des colorations brillantes, des émaux qui réfléchissent la lumière comme des pierres précieuses, et se marient parfaitement avec le blanc glacé du fond. Au moins est-il que l'espèce de sculpture colorée et brillante que nous rappelons n'a pas eu un succès durable dans les temps modernes; l'industrie se borne en général dans ce genre à des imitations des œuvres de Palissy.

Un mérite plus réel, à nos yeux, de Bernard de Palissy, c'est que par ses productions variées, il peut, à juste titre, être regardé comme l'inventeur des faïences fines à glaçures plombifères qui se répandirent sous le nom de terre de pipe, et furent ensuite si brillamment améliorées par Wedgwood, le célèbre potier anglais.

Nous donnerons comme échantillon des œuvres de Palissy dans la voie d'une

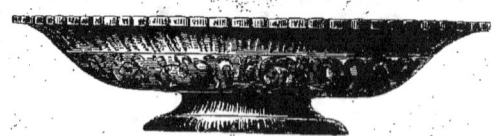

Coupe de Palissy.

ornementation plus en rapport avec la nature de la poterie, une belle coupe dont le dessin nous est fourni par M. Brongniart. La forme des enroulements vermicellés qui en constitue la décoration est tout à fait heureuse et fait valoir l'éclat de l'émail par la multiplicité des points brillants [1].

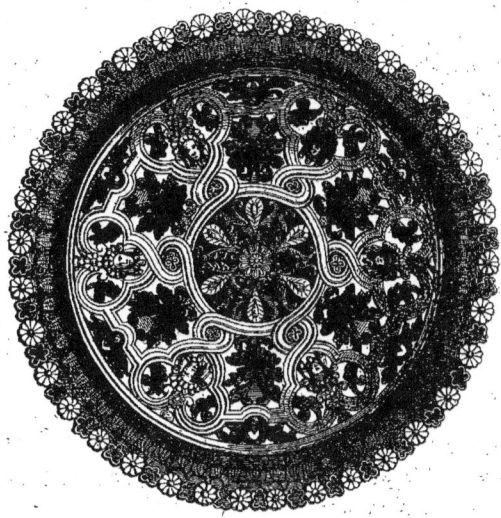

Coupe de Palissy.

A partir de cette époque, on peut dire que les procédés techniques eurent atteint le degré de perfection qui rend l'art possible, point important à considérer dans toute fabrication. Nous voulons parler du moment où les ressources sont suffisantes, les

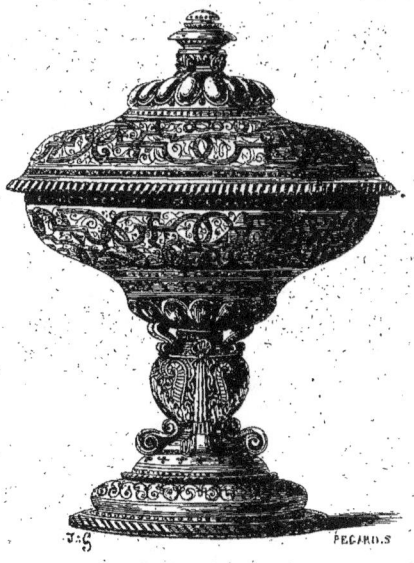

Coupe de Henri II.

résultats assez assurés, pour que l'industriel puisse devenir artiste, pour que la personnalité, l'imagination du producteur puisse se traduire en œuvres d'art.

[1] Bernard de Palissy est resté le héros des potiers et un grand exemple de ce que peuvent produire un

En même temps, ou peu après Palissy, il a été produit en France des œuvres en faïence fine extrêmement remarquables et malheureusement peu nombreuses. Nous ne connaissons rien de plus élégant que la coupe en faïence émaillée dite coupe de Henri II dont on vient de voir le dessin, et qui peut être considérée comme un des plus charmants produits de la renaissance. La forme en est d'une rare élégance, aussi bien que les ornements qui la décorent; remarquable au point de vue du goût, elle peut passer encore aujourd'hui comme un chef-d'œuvre en tant que difficulté de fabrication.

C'est à Nevers que se conserva la fabrication de la faïence émaillée; on y créa nombre de produits remarquables qui entrèrent dans les ameublements riches de l'époque.

STYLES LOUIS XIV ET LOUIS XV.

La fabrication de la porcelaine tendre, espèce de verre opaque très-différent de la porcelaine dure telle que celle fabriquée en Chine, bien qu'obtenue en cherchant à imiter la porcelaine chinoise, jeta un grand éclat sous Louis XIV, et surtout sous Louis XV, où les produits prirent un caractère mieux déterminé; elle prit une place importante dans le style qui a gardé le nom de cette époque, et qu'on appelle quelquefois rocaille, Pompadour, régence, etc. L'ameublement alors à la mode se maria très-bien avec les vases décorés en bleu tendre, harmonieux du vieux Sèvres, vases ornés en général de peintures. Des figurines, des moulages de formes diverses, des médaillons couverts de peintures représentant toujours des bergers, des Amours, etc., vinrent même se placer merveilleusement dans diverses pièces de l'élégant mobilier de cette époque [1].

Nous en donnons ici pour exemple une pièce de ce genre, fort bien imitée, remarquée avec raison à l'Exposition de 1855, c'est-à-dire qui, par le goût de la peinture, l'agrément du fond bleu, possède le cachet traditionnel. Nous retrouverons les motifs de décoration lorsque nous étudierons plus loin les lignes des ornements de ce style en elles-mêmes, en dehors des applications.

Nous représenterons encore ici une horloge rocaille en style Louis XV, qui pourra donner quelque idée de ce style tel qu'on l'interprète de nos jours pour le genre de produits qui nous occupe, car jusqu'alors il ne s'était appliqué sous cette forme qu'à d'autres décorations, aux meubles par exemple.

Ce fut surtout en Allemagne, et notamment en Saxe, à Meissen, que la fabrication

---

travail opiniâtre et une énergique volonté. Sa devise, qui indique bien les efforts qu'il dut faire, était: « Povreté empêche les bons esprits de parvenir. » Il créa, comme nous l'avons dit, par ses efforts et son génie, une industrie complète dont les produits sont recherchés pour être l'ornement des collections publiques. Les travaux des émailleurs de Limoges lui furent certainement très-utiles, mais ce furent surtout sa persévérance et son génie qui lui firent atteindre le but qu'il s'était fixé.

[1] Plusieurs couleurs, mais surtout le bleu, acquièrent sur la porcelaine tendre un glacé, une demi-transparence, qui font, avec raison, rechercher le vieux Sèvres. Les effets sont beaucoup moins agréables sur la porcelaine dure chinoise.

de la porcelaine dure jeta un grand éclat, après que Bœttger y eut créé cette industrie

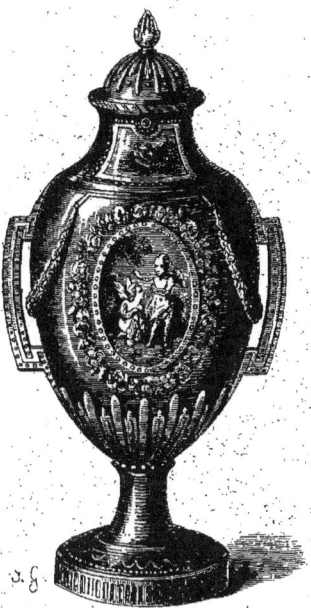

Vase Louis XV (vieux Sèvres).

et découvert que le kaolin était la matière première de la porcelaine dure[1]; mais

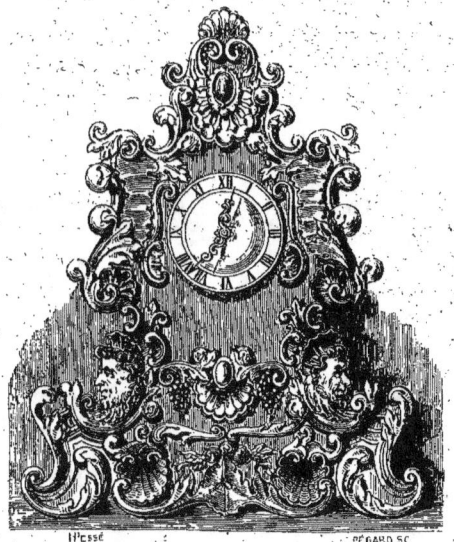

Pendule Louis XV de M. Jacob Petit.

cette fabrication ne prit, comme industrie, un très-grand développement que dans la seconde moitié du xviiie siècle.

[1] La découverte du kaolin, matière première de la porcelaine chinoise, est assez curieuse pour

Sous Louis XVI, le mélange du bronze doré et de la porcelaine fut à la mode, et se retrouve dans quelques pièces assez caractéristiques du style qu'on nomme Louis XVI et qui s'imite encore quelquefois dans l'ornementation. Il était une réaction sur le style Louis XV, dont il était loin d'avoir la richesse, et tendait à le modifier par une sobriété plus grande d'ornements et l'introduction de quelques lignes sévères à l'aide desquelles on croyait se rapprocher de l'antique. Sans mériter une place spéciale, ce style doit cependant être cité.

STYLES ÉTRANGERS.

STYLE MAURESQUE.

La pâte des poteries mauresques, qui constituent une véritable faïence à émail stannifère, est grise ou jaune sale; c'est la même faïence que la majolica et la faïence à vernis plombeux, qui nous est très-probablement venue des Arabes. Cette similitude est complète par exemple pour les carreaux dont sont couverts les murs de l'Alhambra, et dans lesquels la netteté des contours, l'éclat des couleurs sont incomparables. Leur fabrication remonte à l'année 1280 et montre combien était avancée à cette époque l'industrie arabe, aussi bien que la civilisation de cette nation, dont le savoir brillait dans les célèbres écoles de Cordoue et de Grenade.

Les formes des vases mauresques, tant des parties principales que des accessoires, sont simples; elles proviennent du cylindre et du cône; quelques parties concaves à l'extérieur sont caractéristiques. Les ornements sont toujours des espèces de rubans enlacés, le plus souvent en relief, de la nature de ceux dont nous avons déjà parlé et qui ont le nom caractéristique « d'arabesques. » La forme des anses plates et larges est d'un genre tout particulier. On en jugera par le célèbre vase de l'Alhambra, extrêmement remarquable par son originalité et que nous reproduisons ici. La glaçure

que nous devions la raconter ici, et montrer comment Bœttger, qui était passé de ses recherches d'alchimie à la fabrication d'une poterie rouge, dite porcelaine rouge, soi-disant très-importante pour la préparation de la « teinture d'or » à cause de sa résistance à de hautes températures, fut amené à l'importante fabrication de la porcelaine dure identique avec celle fabriquée en Chine.

« En 1731, dit M. Klemm, Jean Schnow, un des plus riches maîtres de forges de l'Erzgebirge, passant à cheval près d'Aue, remarqua que les pieds de son cheval s'enfonçaient dans une terre blanche et molle dont il avait peine à se tirer. L'usage général de la poudre à poudrer en faisait alors un objet de commerce considérable. Schnow, négociant calculateur, vit dans cette terre un moyen de remplacer la farine de froment pour cette fabrication; il en emporta donc un échantillon à Carlsfeld et en fit préparer de la poudre à poudrer qu'il vendit en grande quantité à Dresde, à Leipzig, Zittau, etc. Bœttger en ayant, comme les autres, fait poudrer sa perruque, remarqua que cette poussière blanche avait un poids inaccoutumé; il interrogea son valet de chambre sur l'origine de sa poudre; ayant appris qu'elle était terreuse, il l'essaya, et à sa grande joie il s'aperçut qu'il avait enfin trouvé la matière longtemps cherchée qui sert de base à la porcelaine blanche. »

du fond est assez blanche; les ornements qui la recouvrent sont en bleu de deux tons,

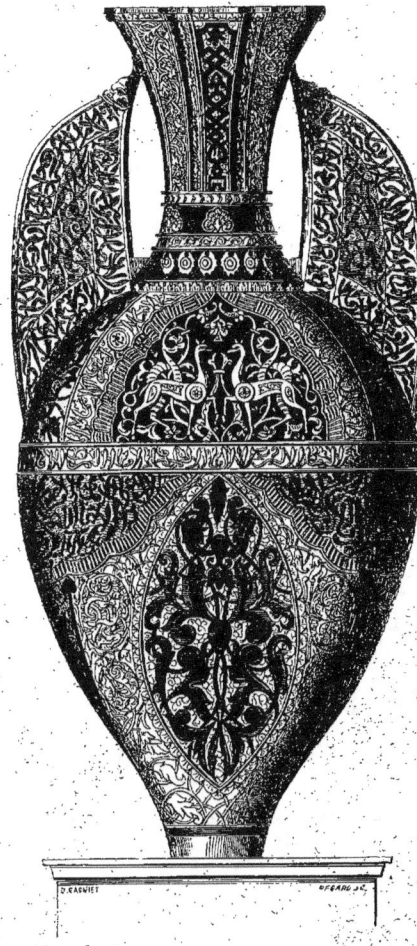

Vase de l'Alhambra.

l'un plus foncé que l'autre, et d'une sorte d'or ou plutôt de ce lustre d'or souvent employé en Espagne et en Italie, et qui paraît venir des Arabes.

STYLE CHINOIS.

C'est des Chinois que nous viennent la porcelaine dure et les grès, c'est leur admirable fabrication qui a fourni à l'Europe ses plus précieux modèles. Les formes des vases chinois sont ovoïdes, allongées, étranglées. Les ornements dessinent des méandres, des réseaux, des fleurs et des animaux fantastiques. Les couleurs sont très-variées. Jamais on ne trouve de perspective, presque jamais de teintes dégradées dans toutes les peintures décoratives des Chinois; ce sont leurs caractères distinctifs; la décoration est toujours produite par des teintes plates et des silhouettes auxquelles se marient avec éclat des couleurs brillantes, épaisses, et formant relief.

La fabrication si parfaite de la porcelaine est très-ancienne en Chine; elle nous

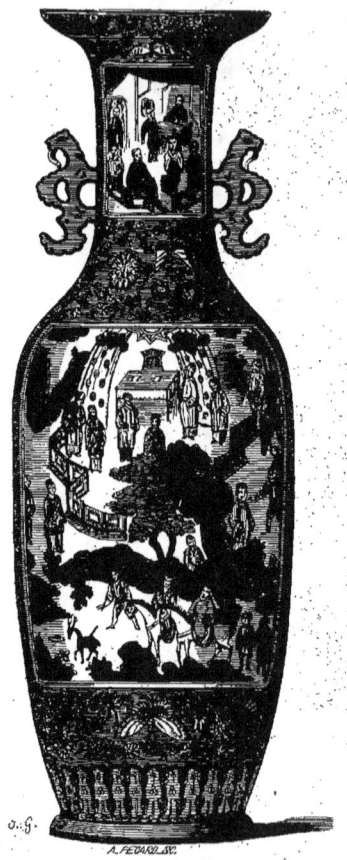

Grand vase chinois.

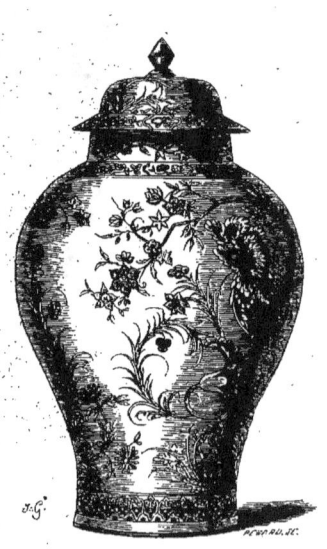

Vase chinois.

offre des modèles admirables par la grandeur des pièces, tels que celui que nous représentons ici, pour lesquelles les difficultés de cuisson, de modelage, etc., sont habilement surmontées. Nous donnerons encore ici un vase ayant une de ces formes « pansues, » comme dit M. Théophile Gautier, qu'affectionnent les Chinois. Il est curieux de remarquer que ces formes, tendant au sphéroïdal, se rapprochent de celles que la fabrication du verre produit avec une grande facilité. C'est même sur cette propriété qu'est fondé un amusement moderne par lequel on parvient à imiter très-passablement les vases chinois avec des vases de verre dans l'intérieur desquels on colle du papier convenablement colorié.

STYLE INDOU.

Les Indous ont une fabrication en pâte noire, avec des dessins clairs, des ornements et des palmes d'un genre tout particulier, quelquefois un pastillage blanc, qui mé-

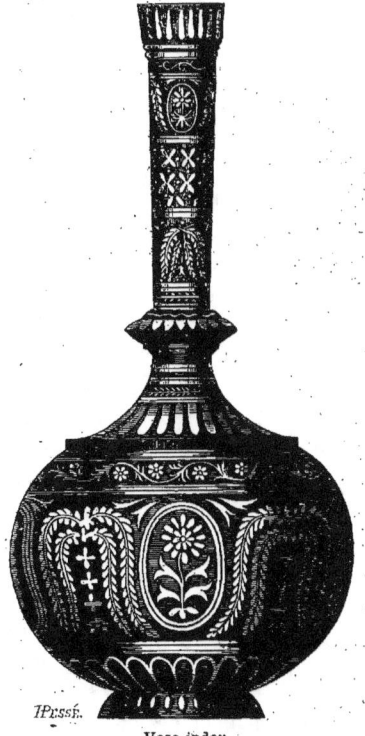

Vase indou.

rite l'attention. Leurs poteries ont un lustre qui leur donne l'apparence de pièces métalliques. Nous donnons un spécimen de ce style curieux, qui emploie fréquemment les formes dérivées de la forme sphérique.

ÉPOQUE MODERNE.

Depuis un siècle, les progrès des arts céramiques ont été merveilleux, tant par le développement de la fabrication de la porcelaine blanche, la plus parfaite de toutes les poteries, que par suite des travaux des potiers anglais, de Wedgwood [1] notamment, le plus célèbre d'entre eux, dont les travaux sont postérieurs toutefois à la découverte faite par Bœttger (1706) des éléments de la porcelaine de la Chine.

Les Anglais ont su les premiers varier en raison du but à atteindre les éléments constitutifs des pâtes céramiques, ce qui leur a permis de faire les grès-cérames, les faïences de dureté diverse, les imitations étrusques, etc., en un mot, d'employer la pâte la plus convenable pour chaque nature de produits. De plus, Wedgwood, en prenant ses modèles dans des vases grecs apportés de Naples en Angleterre, et secondé par le célèbre Flaxmann, donna, dès l'origine du grand développement de cette industrie, à la majeure partie des poteries usuelles d'Angleterre, une grande élégance empruntée à l'art antique et surtout à l'art grec. Aussi s'efforça-t-on longtemps sur le continent d'imiter ses modèles et doit-on reconnaître son influence sur les progrès accomplis dans les arts céramiques depuis le commencement du siècle.

La fabrication de la porcelaine dure, à l'imitation de l'admirable industrie qui existait en Chine depuis si longtemps, et dont la matière première a été si heureusement découverte en France, a été un immense progrès. Son éclat, sa résistance aux acides, au frottement, aux rayures, en font la première de toutes les poteries, et le développement de sa production en Saxe et en France ne sauraient trop être rappelés. Toutefois, si l'éclat de son émail, d'une admirable blancheur, est incomparable, on sent, dans les formes obtenues par les procédés habituellement employés, que la pâte n'a pas la plasticité de celle qui sert à la faïence; elle se prête mal à la confection de pièces devant avoir le moelleux de la faïence, quand on s'écarte d'un style un peu sévère, de la correction géométrique. Il faut souvent employer tous les artifices de la fabrication, abandonner fréquemment l'outil principal de la Céramique, le tour, pour recourir au moulage. Même dans son mode de recevoir des couleurs, elle est quelquefois imparfaite, inférieure notamment au composé improprement appelé porcelaine tendre de Sèvres pour les bleus.

Au reste l'art de nos fabricants n'est plus arrêté par les difficultés des procédés techniques, pas plus dans l'exécution des formes les plus compliquées que dans la composition pour tous les cas possibles de pâtes particulières qui jouissent des propriétés cherchées, en modifiant avec de grands frais, il est vrai, le plus souvent, leurs procédés de fabrication.

Il suffit, pour le prouver, de voir quelques pièces hors ligne; ainsi nous rappellerons quelques-uns des grands vases ayant les formes les plus élégantes de la statuaire, et décorés de tout l'éclat des couleurs par des émaux (qui font la raison pour ces pièces d'être en porcelaine plutôt qu'en marbre), que fabrique la manufacture de Sèvres [2].

[1] Wedgwood, né en 1730 à Burslem, a donné une immense impulsion à la fabrication des poteries en Angleterre, et son nom est, à juste titre, associé à celui des grands hommes qui ont fondé la prospérité de ce grand pays, Watt, Arkwright, etc.

[2] Sèvres, dont nous rencontrons le nom, a singulièrement contribué à maintenir presque au rang des beaux-arts la Céramique, en permettant, sous l'influence de ses savants directeurs, M. Brongniart et notre si regrettable ami Ebelmen, la fabrication de produits qui n'eût pu être tentée au point de vue de l'exploitation commerciale; les tableaux sur porcelaine notamment, exécutés avec une perfection comparable à celle de la peinture à l'huile, ont fait la réputation de l'établissement et des artistes, MM.^{es} Jacotot et Ducluzeau, MM. Jacobbet, Schitt, J. T. Robert. La fabrication de la poterie

Nous reviendrons sur les formes des vases en traitant plus loin de la sculpture. Mais nous dirons tout de suite que nous ne croyons pas en principe qu'une matière qui ne peut pas se ciseler, qui se déforme toujours quelque peu au feu, puisse être considérée comme comparable pour la statuaire au marbre et au bronze; aussi ne sommes-nous pas partisans de ces pièces quand, par leurs formes et leur ressemblance avec les produits de la sculpture, elles n'ont pour mérite principal que la difficulté vaincue. Il en est de même pour les tableaux sur porcelaine qui veulent lutter avec la peinture à l'huile. Faire de l'art en employant des procédés qui multiplient les difficultés et rendent des effets artistiques incomplets, c'est faire des tours de force, mais non de l'industrie.

Revenons maintenant à l'indication des types les plus heureux admirés aux expositions de Londres et de Paris.

1° LES TERRES CUITES sans émail sont devenues, surtout entre les mains de M. Follet

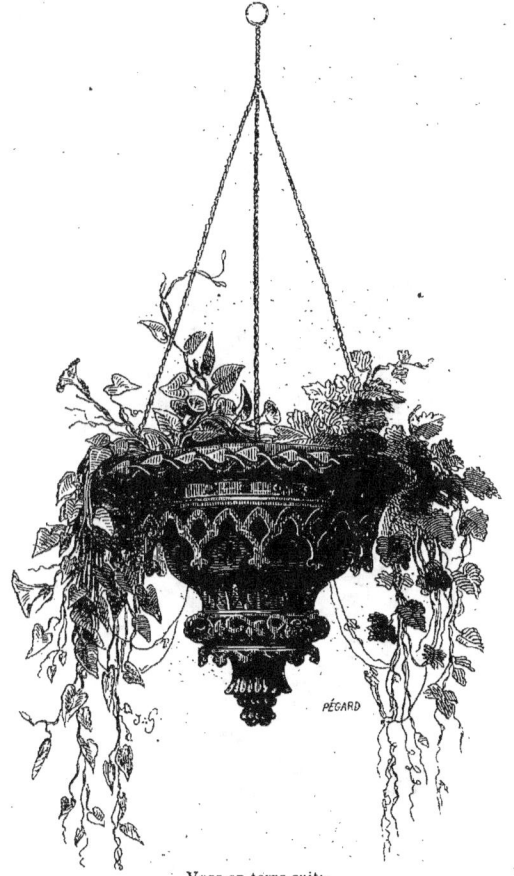

Vase en terre cuite.

est trop complexe, exige des moyens de fabrication trop coûteux, pour qu'un artiste isolé puisse se livrer, à l'aide de ses propres ressources, à la production d'un objet d'art. C'est là la seule base (fort discutable) de l'utilité de la fabrique de Sèvres, qui doit être considérée surtout comme l'atelier public des artistes en art céramique.

de Paris, de charmantes productions notamment pour contenir des fleurs, pour les suspendre dans les appartements, les serres. Le dessin qui précède offre un échantillon de ces élégants lustres à fleurs.

Un emploi curieux de la terre cuite, depuis longtemps apprécié dans les pays méridionaux, en Italie surtout, où la gelée ne vient pas l'hiver exercer son action destructive, est celui qui est fait notamment par M. Virebent de Toulouse pour remplacer la sculpture décorative. La cathédrale d'Alby a été réparée par ce procédé avec une économie très-grande et d'une manière très-satisfaisante. Ces messieurs ont exposé une façade d'entrée, en terre cuite, d'une chapelle style roman (si propre aux constructions de dimensions restreintes, telles que chapelles funéraires, etc.), ornée d'un grand nombre de statues, d'une excellente exécution.

2° Grès-cérames. — Les grès ont formé une des bases de la magnifique fabrication du célèbre Wedgwood. Rien de plus élégant que les formes qu'il sut leur donner et qui leur ont valu une supériorité parfaitement méritée. Aussi a-t-on cherché à les imiter dans toute l'Europe.

Nous donnerons ici comme exemple de cette fabrication une pièce ornée d'ornements en terre blanche sur fond bleu.

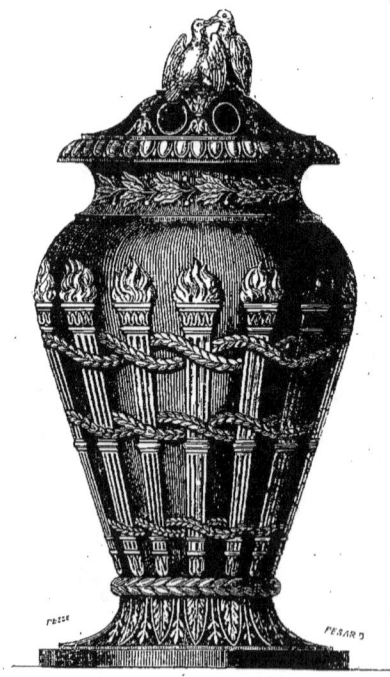

Grès de Wedgwood.

M. Ziégler a essayé en France une fabrication artistique de grès bruns qui a joui d'une certaine célébrité, grâce aux formes élégantes qu'il a su leur donner. Nous représentons un de ces produits inspiré évidemment par le style mauresque heureusement employé.

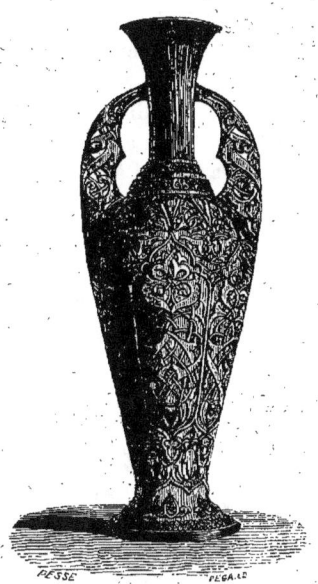

Grès du Voisinlieu de M. Ziégler.

3° Parian. — Nous avons dit que les applications de la Céramique à la statuaire ne nous paraissaient pas, en général, très-désirables. C'est surtout la dureté résultant des matières peu plastiques qui nous cause cette impression, qui ne saurait s'appliquer aux compositions en terre cuite de quelques artistes, et surtout de Clodion, qui a fait au siècle dernier, de charmantes productions en ce genre, très-appréciées des amateurs, et qui, moulées en bronze, ont eu un grand succès à cause du sentiment exquis avec lequel cet artiste savait faire valoir des sujets de petite dimension.

Bien que tous les sculpteurs exécutent en argile leurs premiers modèles, bien peu les finissent avec soin, y attachent assez d'importance pour en assurer de la durée à l'aide de la chaleur. Il n'existe de remarquable dans ce genre que les œuvres en biscuit, c'est-à-dire en porcelaine sans couverte, qui, malgré le mérite de plusieurs de ces productions, et leur popularité sous Louis XV et Louis XVI, nous paraissent avoir les inconvénients que nous avons signalés.

Les fabricants anglais, et surtout MM. Copeland et Minton, ont remédié à l'aspect un peu dur du biscuit blanc de porcelaine en composant une pâte phosphatique dite Parian ou de Paros, qui convient admirablement pour les statuettes. Cette pâte, dans laquelle entre du phosphate de chaux, base principale des os, a quelque chose du reflet jaune, de l'aspect gras de l'ivoire, de l'os. Elle est plus artistique que le biscuit de porcelaine dont le reflet blanc et dur sent la pierre et ne convient pas si bien pour représenter le corps humain.

4° Fleurs en porcelaine et figurines colorées. — Les figurines colorées ont fait longtemps la réputation de la fabrique de Meissen en Saxe, la première qui ait fait de la porcelaine dure, grâce aux travaux de Tchirnaüs et de Bœttger qui en furent les fondateurs. Nous donnerons à ce sujet le passage que M. Brongniart a consacré à ces produits dans son « Traité des Arts céramiques, » note curieuse qui montre la conscience que ce savant vieillard apportait dans ses jugements en matière d'art, et est l'expression naïve de la difficulté qui se rencontre à ne pas se tromper dans ces matières.

« Il me paraît difficile, dit-il, pour ne pas dire impossible, d'établir maintenant ce qui est de bon ou de mauvais goût, car j'ai vu appliquer, suivant les temps, chacune de ces épithètes au même objet, par la majorité non-seulement des personnes dont l'opinion sur ces matières mérite une grande considération, mais aussi par des artistes reconnus pour des hommes de talent; je suis donc réduit à ne pouvoir apprécier les productions des arts d'ornements, qu'en émettant ma propre opinion ou l'opinion dominante d'une époque, c'est-à-dire celle de la mode. Or, suivant mon opinion, les figures isolées ou groupées de la manufacture de Saxe sont d'un mauvais goût, d'un mauvais style,... etc. »

M. Brongniart ne parle ici que de Meissen, mais il est clair que tous les produits du même genre sont peu goûtés par lui. Le biscuit blanc de Sèvres était le seul qu'il admit pour les figurines. Comme lui, nous estimons peu ces colorations, ces imitations de fleurs toujours imparfaites.

5º Pièces en porcelaine. — Il nous reste à traiter la question la plus importante : quelles formes tend-on à donner aux pièces dignes d'être remarquées que produit la Céramique à notre époque ?

Nous laisserons de côté toutes les imitations des styles anciens ou étrangers que les progrès techniques permettent d'obtenir; les imitations des pièces étrusques, mauresques, chinoises surtout, dont la fabrication forme une industrie importante, à cause du mérite justement apprécié des productions du Céleste Empire ; c'est le cachet propre de la puissance de l'industrie moderne que de reproduire tous les styles antérieurs. Nous ne parlerons pas non plus des produits curieux dus aux progrès des procédés techniques; telles sont les tasses d'une extrême légèreté obtenues grâce au procédé de moulage à l'aide du plâtre desséché. Les pièces dites coquilles d'œuf, qu'il est possible d'obtenir ainsi, n'ont qu'une épaisseur tellement minime, qu'il serait complètement impossible de les fabriquer sur le tour.

Les genres les plus appréciés des pièces modernes peuvent se réduire à deux principaux.

Le premier se rattache plutôt au mauresque qu'à tout autre style; ses caractères essentiels consistent dans l'emploi des couleurs à tons francs, des dorures, des enlacements découpés à jour. Les couleurs à grand feu, telles que celles justement célèbres de MM. Discry et Talmours, constituent un progrès important accompli dans cette voie quant à la décoration. Nous donnons ici la pièce du milieu d'un beau service de table mis à l'Exposition par M. Honoré, un de nos premiers fabricants, et qui, comme les jolies pièces orientales de forme sphérique de M. Copeland, un des premiers fabricants anglais, nous paraît bien indiquer le genre dont nous parlons. Nous reviendrons sur ces dernières en traitant des décorations.

Les formes employées par les Allemands dans la céramique, mais surtout dans la verrerie, procèdent également du style oriental, plus encore que celles adoptées par les Français et les Anglais.

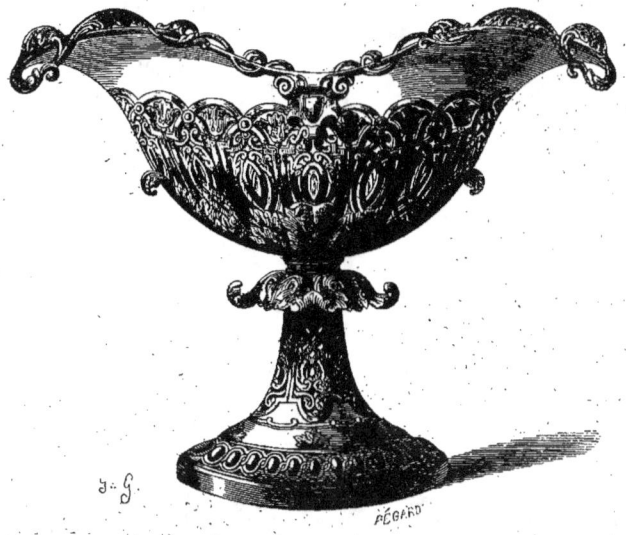

Porcelaine de M. Honoré.

Le second est celui que nous appellerons de Sèvres, parce qu'il rappelle les plus

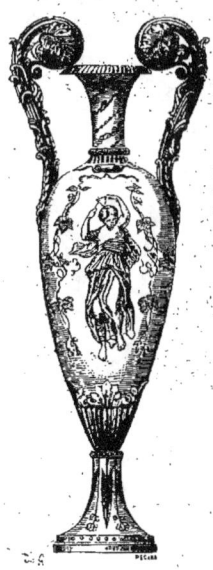

Vase de Sèvres.

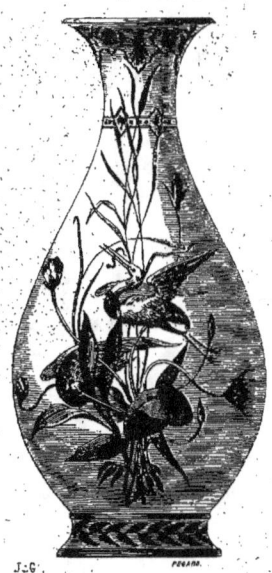

Potiche de Sèvres.

belles pièces sorties de cet établissement; c'est le moins industriel, le moins propre à la fabrication courante. Les formes sont le plus souvent ovoïdes, les couleurs sont quelquefois des couleurs au grand feu rehaussées d'émaux; mais le plus souvent le fond reste blanc éclatant pour être couvert de couleurs dégradées, de peintures fines d'une grande délicatesse représentant des fleurs, des oiseaux, etc., plus voisines de la nature, plus sévères que les décorations du vieux Sèvres. Nous donnons ici un élégant vase de la fabrique de Sèvres, de forme ovoïde allongée, garni d'anses en bronze et aussi couvert de peintures délicates d'un grand charme. L'exagération de ce système, qui fait de chaque assiette de Sèvres un objet d'art de grande valeur, en empêche la propagation, mais n'en amoindrit pas le mérite.

La fabrique de Sèvres a mis à l'Exposition de Londres et à celle de Paris bien des pièces remarquables dont nous n'avons à parler ici qu'au point de vue des formes, réservant pour la section où nous traiterons des applications de la peinture la question des décorations par coloration, nous citerons :

Une potiche forme chinoise, heureusement modifiée, rendue plus légère par l'allongement de la partie supérieure.

Des fonts baptismaux, style byzantin, pièce remarquable par ses dimensions et la variété de ses décorations.

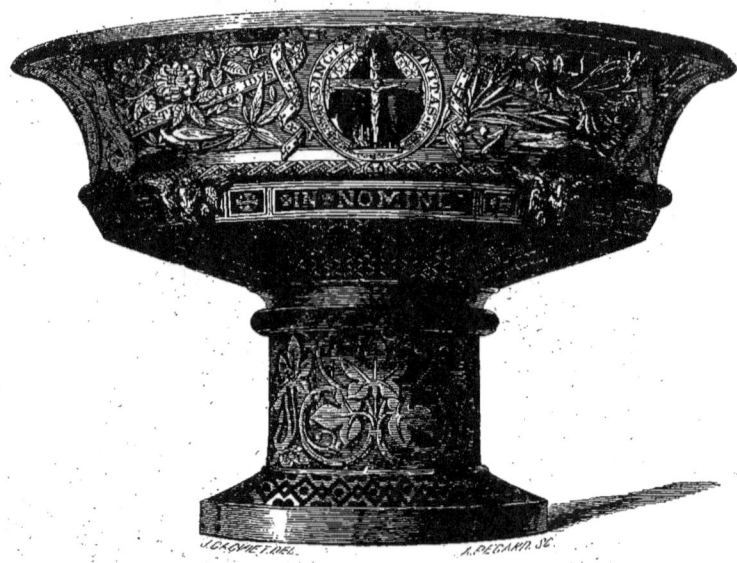

Fonts baptismaux, style bizantin.

Nous citerons en terminant comme pièces élégantes, destinées au luxe des ameublements coquets, les coupes et lampes montées en bronze doré, œuvres qui appartiennent autant aux bronzes qu'à la porcelaine.

VERRERIE

Dû aux Phéniciens, d'après la tradition, l'art de fabriquer le verre fut cultivé avec succès dans l'ancienne Égypte. Les poteries qu'on a retrouvées montrent, autant que les verres, que les Égyptiens avaient poussé fort loin la science des émaux, des vitrifications de tout genre.

Les Romains ne connurent guère l'art de la verrerie que lors de leurs conquêtes en Asie, peu avant l'Empire. Vers cette époque, une foule d'ouvriers de tout genre d'industries affluèrent à Rome, venant les uns d'Égypte, les autres de la Grèce; ils apportèrent avec eux les secrets des arts de luxe, peu connus des Romains de la République. Dès ce moment on sut, à Rome, dorer, ciseler, colorer le verre. Néron encouragea beaucoup cet art, et paya de sommes considérables de belles coupes de verre. Le vase dit de Portland, aujourd'hui à Londres, donne idée du haut degré de perfection que ce genre de produits avait atteint sous le règne des empereurs romains.

L'art de la verrerie fleurit de bonne heure en Italie et paraît s'être fixé de bonne heure à Venise, dont les anciens ouvrages en verre ont beaucoup d'analogie avec ce qui a été retrouvé des produits des verreries antiques. On connaît la célébrité des glaces de Venise, ainsi que des verres d'apparence diverse qui y étaient fabriqués. Murano était le lieu de cette fabrication qui fournissait à Venise de précieux moyens d'échange pour son commerce avec l'Asie, source de ses richesses. Aussi, jaloux de conserver le monopole de cette industrie, le gouvernement de la République soumit-il les verriers à des règles sévères, mais en même temps leur donna de nombreux priviléges pour encourager leur profession.

Lorsqu'après plusieurs siècles de prospérité, Venise vit décroître son commerce par suite des nouvelles routes ouvertes vers la Chine et l'Inde par le cap de Bonne-Espérance, et que l'esprit de commerce pénétra les nations rivales, les procédés de l'art de la verrerie passèrent de l'Italie dans le reste de l'Europe et surtout en Bohême, où il s'est en quelque sorte nationalisé, où les progrès se sont succédé sans interruption. Pendant quelque temps ce pays sut, grâce à l'habileté de ses ouvriers, reconstituer en quelque sorte à son bénéfice le monopole dont avait joui Venise.

La fabrication des glaces introduite en France grâce aux efforts de Colbert et à l'aide d'ouvriers vénitiens, y a vu réaliser un grand progrès qui a transformé les décorations intérieures. Nous voulons parler des glaces coulées par le procédé dû à Abraham Thévart, et qui, obtenues en très-grandes dimensions, ont pu jouer un tout autre rôle dans la décoration des appartements, pour multiplier les lumières, que les petits miroirs de Venise.

Fabriqué à l'aide de l'insufflation, le verre prend naturellement la forme sphérique ; c'est par des artifices de fabrication, des déformations par allongements cylindriques de cette forme sphérique, que s'obtiennent les figures variées des verres qui, à cause de la similitude de leur nature, doivent être étudiés en même temps que les produits céramiques.

La découverte du cristal, ou plutôt la modification apportée au verre de Bohême, en faisant entrer dans sa composition du minium pour en augmenter la fusibilité, fournit la base d'une fabrication d'abord prospère en Angleterre, puis introduite avec succès en France, où la verrerie avait toujours été considérée comme un art, où les gentils-hommes verriers avaient toujours joui de grands privilèges; les procédés particuliers employés pour travailler le cristal, le moulage et la taille à l'aide des meules de grès, ont permis d'obtenir des produits de la plus grande richesse, des formes artistiques auxquelles les jeux de lumière donnent un éclat admirable. Il n'est certes pas de matériaux plus éclatants pour la décoration que le cristal, qui multiplie à l'infini la lumière. Aussi les cristaux sont-ils aujourd'hui le premier article de luxe des tables riches.

La coloration des cristaux accrut encore le nombre des effets qu'il est possible d'obtenir.

Ainsi, au moyen de verres convenablement colorés par des oxydes métalliques de cobalt, de manganèse, l'or divisé, etc., on a pu obtenir non-seulement des pièces d'un aspect agréable, mais reproduire, en en imitant aussi les formes, des fac-simile de poteries égyptiennes et étrusques, imiter parfaitement la malachite, l'agate et les terres antiques. Si, au lieu de colorer le verre tout entier, on enduit le cristal blanc de verre coloré, on obtiendra par la taille, qui enlèvera par places cet autre verre de peu d'épaisseur, des effets très-remarquables. C'est le procédé le plus fréquemment employé aujourd'hui.

Les cristaux opaques ou opalins jouent un grand rôle dans la fabrication artistique. Ils s'obtiennent en France par l'addition de phosphate de chaux; en Bohême, en ajoutant à la masse fondue du verre pulvérisé et travaillant le mélange à basse température. Le verre opalin coloré en vert est devenu fort à la mode dans ces dernières années; on lui a donné le nom de chrysoprace.

Passons aux styles divers qui viennent se traduire dans des œuvres de goût des temps modernes, grâce à la variété des procédés de fabrication, de moulage, de décoration.

Nous mentionnerons ici, comme échantillon de fabrication ancienne, les verres de

Venise du musée de Cluny, dont les formes nous paraissent les plus remarquables.

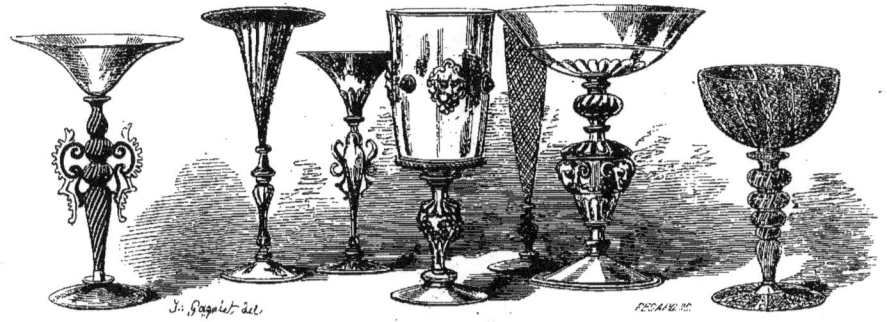

Verres de Venise.

Nous traiterons plus loin de l'emploi des verres colorés pour vitraux, qui ont formé un élément de décoration si important des cathédrales au moyen âge, mais dont il n'y a pas lieu de parler encore, puisque nous nous occupons ici spécialement des formes.

Quant aux produits modernes, nous distinguerons :

1º La verrerie, la gobletterie de luxe, qui se distingue par sa légèreté, par ses formes capricieuses, l'élégance des formes obtenues par le moulage et la taille et qui résulte en général d'oppositions entre les parties larges qui contiennent les liquides et les supports minces; ce genre de produits a évidemment sa tradition dans les verres de Venise. Les verres mousseline d'une extrême légèreté, trop délicats pour être taillés à facettes, gravés et ornés seulement de dessins mats, sont de charmants produits.

Les cristaux blancs sont le plus souvent taillés en pointes de diamant qui charment par les jeux de la lumière que réfléchissent mille facettes. L'Exposition anglaise offre sous ce rapport de très-belles pièces.

2º Les cristaux colorés, nécessairement (en fabrication courante) en teintes unies, en couleurs que la transparence rend éclatantes, souvent rehaussées d'or, et qui ont par suite une tendance au style oriental, qui affectionne ces couleurs.

Nous donnerons ici un verre à fleurs, coloré en rouge, de forme orientale, fabrication de Bohême (Exposition de Londres)[1]. La Bohême a mis à Paris, indépen-

---

[1] Nous dirons ici un mot de cette industrie de la Bohême, que nous ne saurions mieux comparer qu'à notre industrie lyonnaise de la soie. Là, comme à Lyon, une nombreuse population est livrée exclusivement à une seule industrie ; tout le monde s'en occupe, coopère à des progrès qui se répandent avec la rapidité de l'éclair. La division du travail y est poussée très-loin, et chaque ouvrier y trouve la spécialité qui convient à son intelligence. Aussi, si la valeur artistique des produits ne s'élève peut-être pas très-haut, le nombre des pièces curieuses est infini, et certaines fabrications, la lustrerie, par exemple, s'y font à un bon marché incroyable, auquel les grandes fabriques ne peuvent atteindre.

damment de ses cristaux colorés, dorés, etc., des verres craquelés, arrêtés en quelque sorte dans leur cristallisation, fort curieux.

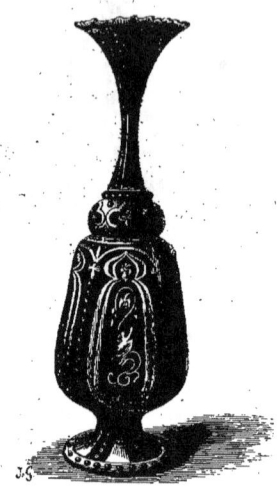

Verre de Bohême.

Parmi les produits nouveaux on doit remarquer les lustres mis par MM. Spinn et Heckert de Berlin à l'Exposition de 1855. Ils sont formés de fleurs de volubilis en porcelaine ou verre opaque qui doivent recevoir les bougies, et de feuilles en cristal vert à côtes dorées qui sortent des enroulements des tiges. La monture est en bronze doré.

Ces lustres sont certes peu en rapport avec l'ornementation habituelle de nos appartements; mais dans un bal, où les fleurs sont prodiguées, ces feuilles et ces fleurs éclatantes de lumière doivent être d'un heureux effet.

Nous citerons pour mémoire les colorations à la moufle sur verre, analogues à la peinture sur porcelaine, qui offrent beaucoup de difficultés et donnent avec la transparence particulière au verre des effets de même nature que ceux qu'on obtient sur des poteries. Les déchets de fabrication sont assez considérables et les difficultés trop grandes pour que ce procédé prenne un bien grand développement.

3° Enfin, la fabrication en cristal blanc, dont l'éclat est si grand aux lumières, ne se borne pas aux petites pièces dont nous avons parlé plus haut. On produit avec cette belle substance des effets artistiques d'un ordre élevé et tout particulier; car, comme les pierres précieuses, elle offre la condition spéciale de décomposer et de multiplier la lumière au lieu de la réfléchir simplement. Nous donnons ici un beau spécimen de l'Exposition de 1855, le candélabre de Baccarat, de $5^m,25$ de hauteur, qui, comme goût, nous semble une des plus heureuses œuvres exécutées en cette belle substance. Dans ce candélabre le cristal qui reflète et décompose la lumière s'élève et s'épanouit avec une richesse et une élégance incomparables. Cette pièce restera, nous le pensons, comme une des plus remarquables de l'Exposition de 1855.

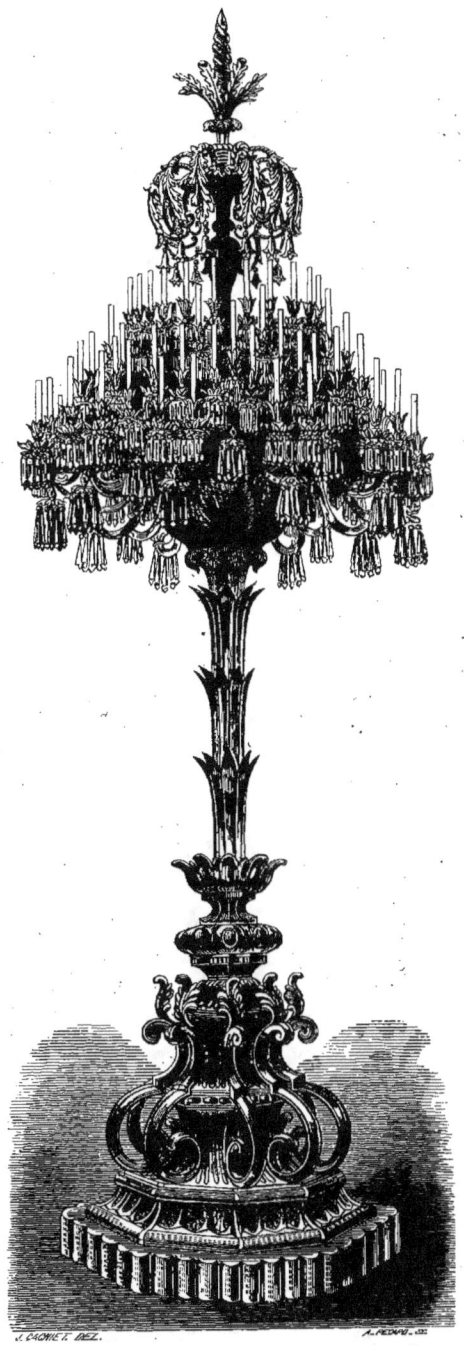

Candélabre de Baccarat.

SECTION III.

---oo◇◇◇o---

MEUBLES, ÉBÉNISTERIE

L'étude des meubles, du mobilier, doit suivre immédiatement celle de l'architecture, non-seulement parce que les divers objets dont nous avons à parler sont destinés à prendre place dans les salles que produit l'architecture, et par suite doivent, avant tout, se trouver en rapport avec la forme, la disposition des édifices, des pièces pour lesquels ils sont créés ; mais encore parce que les meubles sont de véritables constructions obtenues à l'aide d'assemblages qui donnent à leur charpente une forme rectangulaire, que leur élégance, le charme de leurs lignes est surtout le résultat d'harmonies de même nature que celles qui charment dans les monuments, et que leurs formes sont inspirées par le même goût qui, à une époque déterminée, fait construire les édifices ; qu'ils sont la représentation des mêmes mœurs.

Le bois est, par excellence, la matière convenable pour la fabrication des meubles, et les métaux, souvent employés pour des meubles de peu de prix, ne peuvent le remplacer ; le froid du métal contraste désagréablement avec le toucher agréable du bois poli.

Indépendamment de la beauté des teintes et des veinures des bois employés par l'ébénisterie, de l'éclat qu'ils acquièrent étant polis, et dont l'industrie vulgarise l'usage en en abaissant les prix de revient par le placage, le grand mérite du bois pour la fabrication des meubles résulte de la facilité avec lequel on peut le travailler, de l'élégance des formes qu'on peut lui donner par un travail modéré.

Les différentes manières de façonner le bois suivant des formes voulues, les moyens de production ont nécessairement une relation intime avec les formes décoratives qui sont le plus employées. Nous distinguerons :

Le travail à l'aide de la scie et du rabot, qui permet d'obtenir toutes les surfaces à génératrices rectilignes, toutes les moulures analogues à la majeure partie de celles de l'architecture ;

Le tour, qui sert à obtenir toutes les formes cylindriques ou coniques ;

Enfin le ciseau, qui, dans les mains du sculpteur, crée toutes les formes de fantaisie, vient ajouter toutes les ressources de la sculpture décorative, de l'imitation des formes de la nature animée à celles déjà obtenues presque forcément en satisfaisant aux conditions générales de la construction. C'est sous cette forme que l'art vient surtout se mêler à la fabrication des meubles. Les ressources de la sculpture sur bois sont trop grandes pour qu'on puisse appliquer à la fabrication des meubles les observations que nous avons faites à propos de la céramique sur le peu de convenance des imitations de sujets animés; et, sous ce rapport, l'étude que nous poursuivons ici devra trouver son complément dans le chapitre suivant, consacré à la sculpture, qui tient une si grande place dans l'ébénisterie.

Nous établirons tout de suite le principe de l'emploi de la sculpture, c'est-à-dire de la forme que revêt le plus souvent l'art pur appliqué à la fabrication des meubles. Nous dirons donc que, quelque convenable que soit la sculpture appliquée à la décoration des meubles, elle ne doit pas être prodiguée mal à propos, c'est-à-dire placée de manière à faire disparaître les lignes gracieuses d'un meuble, le profil harmonieux qui doit former le caractère principal, essentiel, de ces petites constructions. De plus la sculpture ne doit jamais gêner la convenance, qui exige que le meuble se prête facilement à l'usage auquel il doit servir. Enfin, comme dans tout produit qui relève de l'art industriel, il faut que l'idée qui préside à la conception de l'œuvre se trouve en harmonie avec le but auquel celle-ci est destinée.

Ce que nous disons de la sculpture est également vrai du mélange du bois avec le bronze, la porcelaine, la mosaïque, etc., et en général de tous les moyens de décoration étrangers à la construction du meuble proprement dit.

Ces principes vont trouver leur application dans l'étude des produits des diverses époques que nous allons esquisser. Malheureusement, les produits de cet art plus périssables que ceux des sections précédentes nous sont parvenus des époques reculées, en bien moindre nombre, ce qui diminue l'intérêt de cette étude. Ce n'est, en général, pour les siècles passés, que par les bas-reliefs, les sculptures, que nous pouvons reconnaître les formes des meubles employés dans les civilisations antiques.

STYLE ÉGYPTIEN.

Les monuments égyptiens portent gravés sur les murailles une foule de scènes, et, par suite, différentes formes de meubles. Des enveloppes de momies, diverses boîtes parvenues jusqu'à nous, nous montrent que les œuvres en bois de l'ancienne Égypte méritent un intérêt réel.

La première figure montre un tabouret dont la décoration est de bon goût; la dernière reproduit le fauteuil de Rhamsès.

Enfin la seconde montre la décoration vraiment très-élégante d'une boîte à compartiments dont le dessin est, comme les précédents, emprunté à l'ouvrage de Wil-

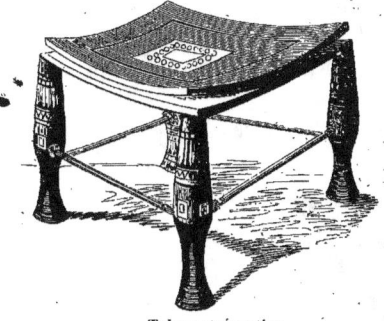
Tabouret égyptien.

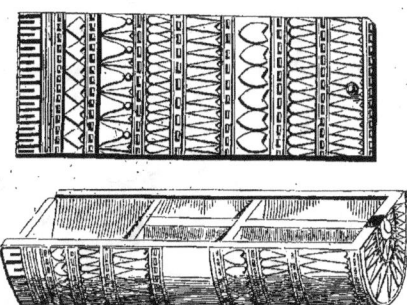
Boîte égyptienne.

kinson sur les antiquités de l'Egypte. Elle rappelle assez le style grec pour qu'on

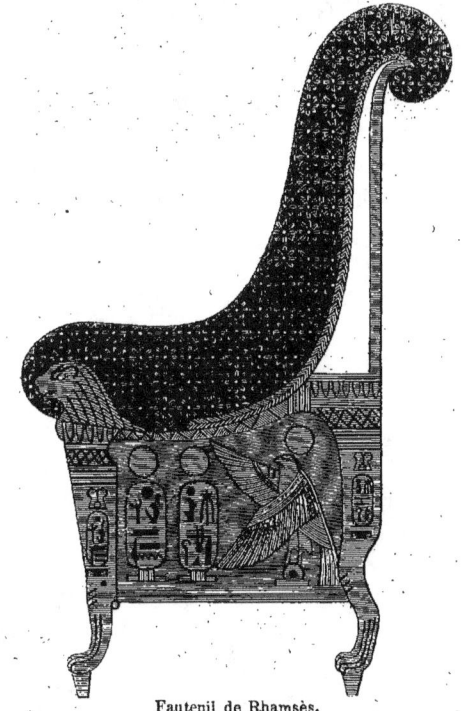
Fauteuil de Rhamsès.

puisse supposer, avec toute apparence de raison, qu'elle provient de l'époque des Ptolémées.

STYLE GREC, ROMAIN.

Les anciens ne connaissaient qu'un petit nombre de meubles, et ce n'est que par les sculptures que nous pouvons retrouver quelques indications des formes d'objets qui se rapportent plus souvent aux représentations publiques qu'à la vie privée. Les Grecs avaient reçu quelques traditions de l'Asie, et les transmirent aux Romains après leur avoir sûrement imprimé ce cachet d'élégance qui appartenait à toutes leurs productions.

Nous donnons ici un dessin du siège du préteur, qui se retrouve dans beaucoup de

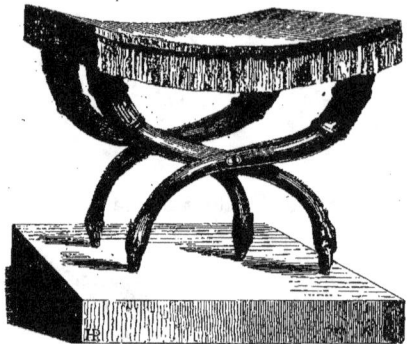

Siége de Préteur romain.

sculptures romaines. Il appartient bien plus à la Rome ancienne que le lit, évidemment d'origine asiatique, qu'adoptèrent les Romains de la décadence dans leurs fêtes et leurs orgies.

STYLE ROMAN.

Nous avons quelques pièces de mobilier, ou plutôt quelques dessins de l'époque où se construisaient les églises de style roman. Les meubles se sentent du goût dominant, et du peu de luxe qui régnait à l'intérieur des habitations.

Nous donnerons deux motifs tirés l'un d'un manuscrit intitulé « Hortus Deliciarum, »

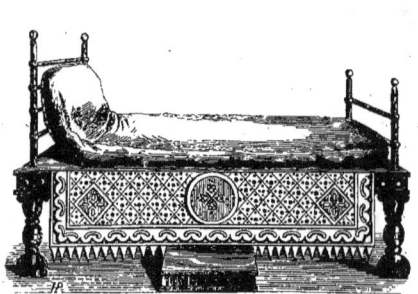

Lit roman.

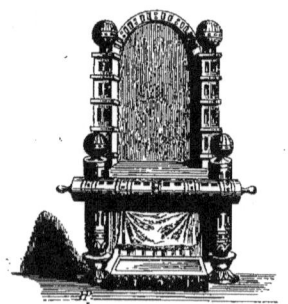

Trône byzantin.

de Herrade de Lansberg, abbesse de Sainte-Odille, conservé à Strasbourg, et l'autre dessiné d'après une miniature d'un manuscrit du xe siècle (dû à un moine de l'abbaye de Saint-Martial à Limoges), le trône byzantin de Théodose le Grand présidant un synode à Constantinople.

STYLE GOTHIQUE OGIVAL.

Lorsque la sculpture sur pierre prit l'essor que nous manifestent les travaux si variés des cathédrales, elle entraîna dans son mouvement de progrès la sculpture sur bois chargée de la décoration des intérieurs, de l'exécution des stalles du chœur, etc. Il est resté, dans nombre d'anciennes églises, des sculptures, des chaires à prêcher qui sont admirables; car, comme la sculpture sur pierre, la sculpture sur bois ne produisait guère que pour l'ornement des églises, ne se détachait pas plus qu'elle de l'architecture. Nous aurons à étudier cette question en traitant plus spécialement de la sculpture dans la section suivante. Nous nous contenterons de dire dès à présent que les créations de la sculpture sur bois ne sont en général que des réductions des constructions de l'architecture; elles rappellent presque toujours les clochers, les flèches des églises, et par la profusion, la répétition de ces éléments, cet art a produit des œuvres d'une grande légèreté et d'une grande richesse.

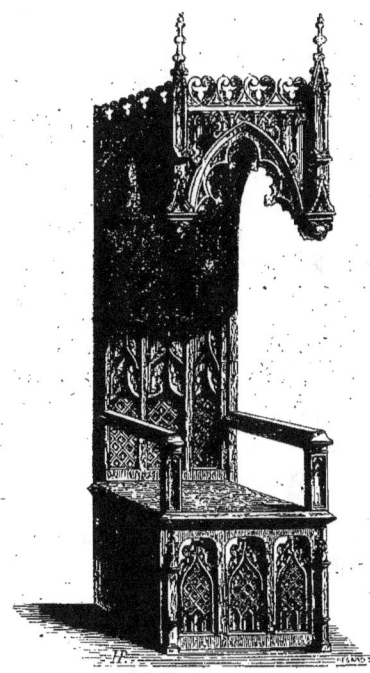

Chaire gothique.

Aux xiiie, xive et xve siècles, la « hucherie » était tenue en grand honneur. Les corporations des huchiers étaient nombreuses, et d'importants travaux leur étaient confiés. Les imitations de ces anciennes œuvres forment l'objet de travaux assez importants de nos jours, quelquefois pour des mobiliers de particuliers, mais surtout pour garnir les églises gothiques, pour les chaires à prêcher, etc.

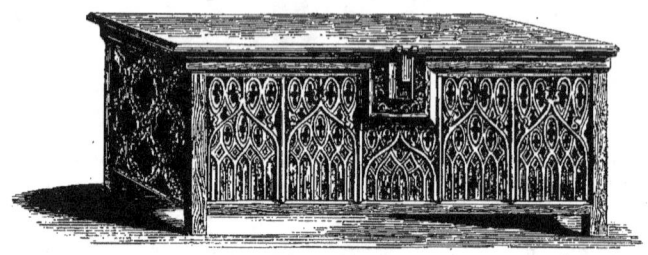

Bahut gothique.

Nous donnons ici comme exemples un fauteuil à dais, dit chaire, et un bahut, empruntés tous deux au musée de Cluny.

STYLE RENAISSANCE.

C'est à l'époque de la Renaissance, lorsque l'architecture cessa d'être exclusivement religieuse, lorsque l'art vint s'épanouir dans toutes les directions, que la construction des meubles devint vraiment œuvre de goût. Toute la fantaisie de l'artiste vint se concentrer sur de gracieuses combinaisons dans lesquelles bien des éléments de l'architecture de l'époque trouvent souvent à s'appliquer, mais variés à l'infini avec un sentiment parfait de la différence qui existe entre le travail du bois et celui de la pierre. C'est ce qu'on voit dans quelques curieux recueils de gravures de l'époque qui sont utilisés souvent par les artistes de nos jours, où par exemple les motifs des colonnes employées par l'ébénisterie sont indiqués comme des variations de celles de l'architecture; variations exécutées avec une fécondité d'imagination vraiment admirable.

La sculpture sur bois appliquée aux meubles se tint au niveau de la sculpture sur pierre et, comme l'orfévrerie, le bronze, fit partie des beaux-arts; la division entre ceux-ci et l'industrie n'existait pas pour les artistes qui combinaient les chefs-d'œuvre qui ornent nos musées. Aussi trouve-t-on souvent dans les meubles de cette époque des statuettes, véritables œuvres d'art qui démontrent l'intervention d'artistes distingués. La Renaissance montra bien, dans le mobilier comme dans toutes les autres productions, comment l'art vient remplacer l'industrie aux époques de richesse; effet sensible surtout lorsqu'une population artiste très-nombreuse se livre à un genre de production qu'un travail intelligent peut créer rapidement, tel que la sculpture sur bois. Nous verrons qu'heureusement cette position est celle de la France à notre époque.

Nous dirons, au sujet de la sculpture sur bois, dont l'emploi forme le caractère essentiel des produits de la Renaissance, que, pouvant être prise dans les éléments même du meuble, elle a quelque chose de plus logique que les émaux incrustés, les pièces rapportées, en bronze par exemple, que nous trouverons employés plus fréquemment dans les styles suivants, et qui, en général, ne contribuent en rien à la solidité du meuble. Remarquons toutefois que les fonds de la sculpture ne pouvant être polis comme les parties plates des meubles, étant toujours mats, les pièces trop garnies de sculptures n'ont jamais un grand éclat.

C'est surtout l'ébène qui était le bois préféré pour les plus belles pièces de cette époque; après ce bois c'est le chêne qui se rencontre le plus souvent. On donnait avec raison, pour le genre de décoration adopté, la préférence à un bois uni sur celui figurant des dessins, des nœuds qui distraient du sentiment des lignes.

Nous prendrons pour exemples parmi tant d'œuvres du style Renaissance qui pourraient être utilement reproduites ici, le meuble dit cabinet, du temps de Henri II, qui

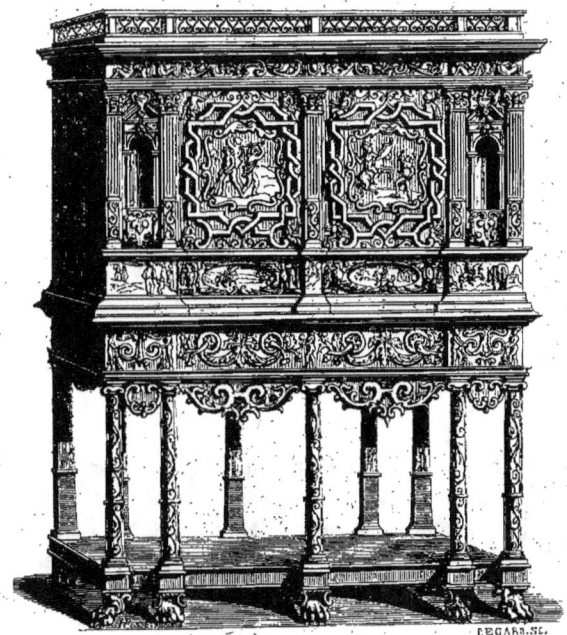

Cabinet de Henri II.

se voit au Louvre, magnifique ouvrage en ébène, et un charmant meuble dit coffre de mariage, du musée de Cluny.

Si l'on cherche à analyser les principaux caractères des éléments que permet de préciser la vue des beaux meubles de la Renaissance, et d'autres de l'époque actuelle que nous reproduisons plus loin et qui sont évidemment inspirés par les œuvres de cette époque, on distinguera : l'emploi fréquent de colonnes torses, cannelées, sculptées ou plutôt gravées de manière à représenter d'élégants ornements. Dans les lignes générales, souvent chargées de parties tourmentées qui n'en détruisent pas l'harmonie, on sent l'influence de l'architecture de ce siècle, notamment dans les frontons arrondis et coupés, placés fréquemment à la partie supérieure des meubles,

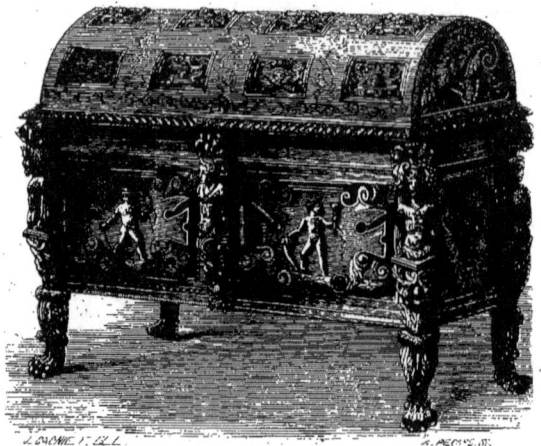

Coffre de mariage.

enfin celle de la sculpture si avancée alors se retrouve dans la disposition des statuettes de formes gracieuses dont l'exécution n'effrayait pas les artistes.

Le mélange d'émaux, de lapis, pour décoration, se rencontre dans des meubles d'un goût un peu particulier faits à Venise et qui sont dits de style vénitien. Nous verrons que dans l'orfévrerie il se reproduit une division du même genre, due au goût propre à la riche aristocratie de cette république, mais surtout aux éléments orientaux qui se sont infiltrés dans toutes les créations de son industrie, résultat de son commerce actif avec l'Orient.

STYLE LOUIS XIV.

Sous Louis XIV, le mobilier s'éleva à un haut degré de perfection et de richesse. La pompe et le faste affichés partout durent se traduire dans l'ameublement. Les siéges, vastes et recouverts de riches tapisseries, vinrent orner des salles dont les murailles étaient garnies de meubles dont les surfaces étaient enrichies d'incrustations en cuivre jaune ou en ivoire qui appartiennent tout particulièrement à ce style et sont d'une richesse de dessin admirable. Celui-ci rappelle les arabesques les plus variées, multiplie des combinaisons d'un caractère spécial à ce style dont nous parlerons plus loin. Le célèbre Boule [1] s'illustra par une foule de créations qui sont encore des

---

[1] Boule fut l'ébéniste par excellence de cette époque. Il travailla aux Gobelins, consacrés par Louis XIV à l'exécution complète des mobiliers, tant ébénisterie que tapisserie, et mit sous la haute direction du célèbre peintre Lebrun, dont les tableaux indiquent bien le genre d'impulsion qu'il dût donner à ces produits, ses idées de grandeur fastueuse. Les meubles des palais furent exécutés de toutes pièces dans cette manufacture royale, qui remplissait le rôle que Sèvres remplit aujourd'hui pour la céramique. Les progrès de l'ébénisterie française montrent qu'elle n'a plus nul besoin, pour aider à ses progrès, d'une semblable concurrence.

modèles précieux pour le mobilier de grande richesse. Ses œuvres et celles de Riesner ont fait, pendant un siècle, l'ornement du palais de Versailles et des habitations des premiers personnages de l'Europe. Dans ce style toutes les fantaisies, toutes les arabesques les plus capricieuses, furent reproduites avec éclat au moyen du cuivre, de l'argent, du brillant de l'ivoire, par des incrustations sur des fonds d'ébène, d'écaille. Les riches panneaux ainsi formés sont en général rehaussés par des reliefs en bronze doré qui décorent magnifiquement des meubles dont la forme, peut-être un peu lourde quelquefois, est toujours pleine d'ampleur et d'une grande richesse.

L'écaille, les bois dont les fibres forment de riches dessins, peuvent sans inconvénient être employés avec la marqueterie dont les lignes dominent toute autre ligne, qui ne fait qu'accroître la richesse du dessin. Il faut toutefois que leur teinte soit assez foncée et leur éclat assez grand pour faire valoir les incrustations quand celles-ci sont en métal.

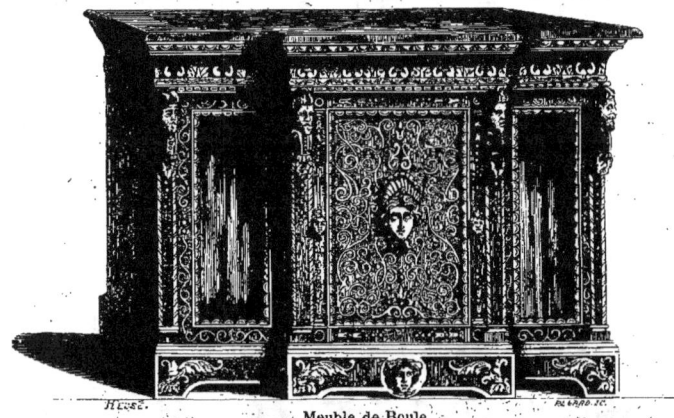

Meuble de Boule.

Nous donnons ici un meuble de Boule recouvert d'incrustations et orné de bronzes

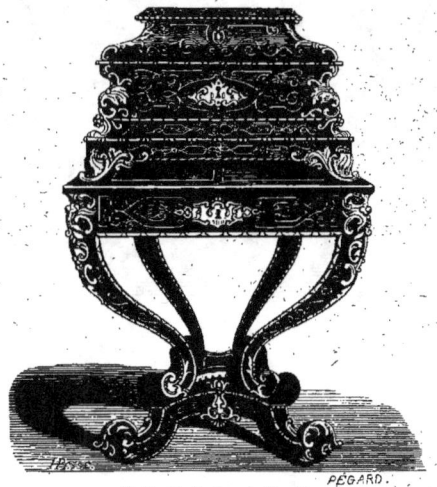

Coffret imitation de Boule.

dorés, les deux caractères principaux de ce style, et aussi un coffret qui n'est qu'une imitation de Boule, mis par M. Vervelle de Paris à l'Exposition de 1844, et qui nous paraît avoir été exécuté avec un sentiment parfait du genre de ce maître.

STYLE LOUIS XV.

Riche, mais un peu froid, sous Louis XIV, le mobilier prit sous Louis XV des formes en harmonie avec l'élégance des toilettes des femmes, et à la recherche de la majesté et de l'apparat succéda celle de la grâce et de la commodité personnelles. Les créations de cette époque ont atteint, dans l'ameublement, un degré d'élégance qu'il importe de noter; les enroulements prodigués à l'infini se prêtant à toutes les combinaisons de la fantaisie, les feuilles, les fleurs sculptées, les coquilles vinrent en accroître les ressources. Elles constituent une des plus heureuses applications de ce style Louis XV, dit Pompadour ou quelquefois rococo, genre d'une coquetterie charmante, d'une grâce de formes toute féminine, et qui convient parfaitement pour des meubles destinés à trouver place dans le boudoir de la femme à la mode.

Nous donnons ici un canapé (emprunté à M. Guilmard) qui nous paraît un excellent

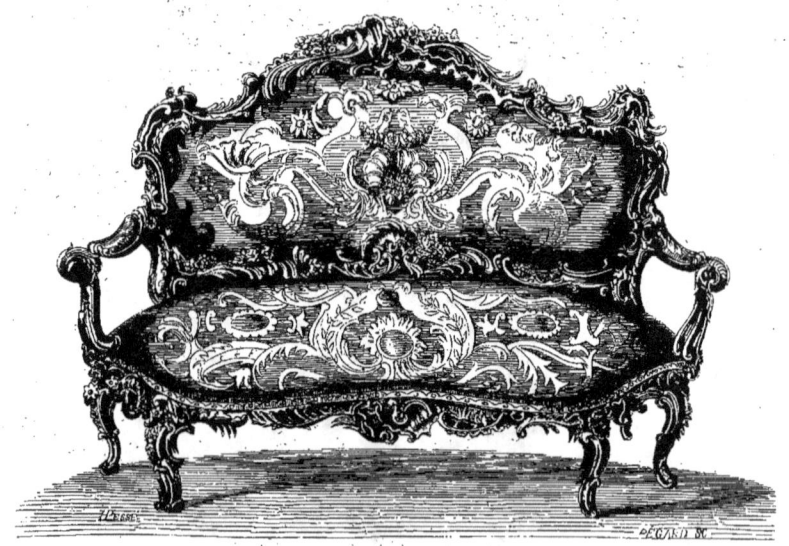

Canapé Louis XV.

modèle de ce genre d'ameublement si riche. Les pieds tourmentés, les moulures sculptées, les formes arrondies, la richesse du damas de soie à ramages, tout concourt à l'éclat de ces meubles, en rapport parfait de goût avec les toilettes, les fêtes de nuit de la cour, etc.

Les petits meubles, tels que coffrets, secrétaires, etc., devinrent encore plus recherchés, d'un travail plus délicat que les grands meubles, par l'emploi des bois de couleurs variées, des incrustations nombreuses, et le mélange de la porcelaine peinte avec des couleurs tendres, agréables à l'œil; éléments heureux qui accroissent beaucoup l'étendue des combinaisons possibles, et qui, réunis, charment l'œil et satisfont à tous les caprices de la fantaisie [1].

En fait d'ameublement, on admet généralement un style Louis XVI, que nous avons déjà indiqué en parlant de la porcelaine, et qui prend ici un caractère assez déterminé. L'emploi du bois de rose, des plaques de porcelaine, des médaillons, des galeries et trophées en bronze doré, est fréquent dans ces meubles; on y rencontre souvent des colonnes cannelées. Il se distingue du style Louis XV par une plus grande modération dans les enroulements, par l'emploi de formes moins tourmentées. On pensait ainsi se rapprocher de l'antique, dont on était cependant bien éloigné. Nous offrons plus loin des œuvres modernes conçues dans ce style qui en donnent une idée assez précise.

STYLES ÉTRANGERS.

ORIENTAUX. — Les Orientaux n'ont pas de meubles, toujours étendus sur des tapis, des coussins, ils n'ont pas l'emploi de cette multitude de tables, de chaises, etc., qui forment la majeure partie du travail de l'ébénisterie. Le style mauresque est essayé assez fréquemment aujourd'hui pour la décoration du mobilier. On en retrouve les éléments dans le style vénitien, qui possède un cachet oriental, dû comme nous l'avons déjà dit aux relations de Venise avec l'Orient. Dans ce style, qui mérite d'être cité, l'emploi du lapis, des émaux est fréquent; il donne des œuvres élégantes, comme on le verra plus loin par un exemple.

---

[1] Ce fut au commencement du siècle dernier que commença la fabrication des meubles d'acajou par les ébénistes, dont le nom rappelle l'emploi fréquent de l'ébène dans les meubles de luxe.

« En 1720, dit M. Wolowski dans son intéressant rapport sur l'ébénisterie de l'Exposition de 1851, un médecin célèbre de Londres, nommé Gibsons, reçut de son frère, capitaine de vaisseau, plusieurs billes d'acajou qu'il avait rapportées des Indes orientales. Il voulut les employer dans une construction qu'il faisait élever dans King-Street, Covent-Garden; mais les charpentiers se plaignirent de ce que le bois était trop dur, et il fut laissé de côté. Peu de temps après, Gibsons fit appeler son ébéniste, Wollaston, et lui demanda d'utiliser ces matériaux qui gisaient dans le jardin. La réponse fut la même : la matière était trop dure pour l'employer; mais le docteur ne se tint pas pour battu : il dit qu'on pouvait se servir d'instruments plus puissants, et après quelques essais sur de petits objets, Wollaston réussit à fabriquer un bureau qui émerveilla tellement le docteur Gibsons par la couleur, le poli et l'aspect général, qu'il invita ses amis à venir voir ce meuble, unique en ce moment. Dans le nombre était la duchesse de Buckingham, qui demanda un bureau pareil. Wollaston fut encore chargé de le fabriquer, et sa réputation grandit à mesure que l'usage de l'acajou se multiplia. Bientôt il fut à la mode comme objet de luxe, et plus tard le placage en rendit l'usage à peu près universel. »

Chinois.—Les Chinois et surtout les Japonais nous ont fourni le type d'un genre de meubles qu'ils excellent à fabriquer; nous voulons parler des meubles en laque, dans lesquels des ornements dorés sur fond noir et brillant ont un grand éclat. Ce genre a eu un grand succès à une certaine époque, et fournit des effets encore fort estimés aujourd'hui dans nombre de cas. Birmingham a monté en papier mâché (carton-pierre) une très-curieuse et prospère fabrication de meubles en laque avec incrustations de nacre, qui est une imitation assez imparfaite de la belle fabrication chinoise et japonaise. Un Français, M. Osmont, s'est consacré avec assez de succès à créer ce genre de meubles.

Indous. — La fabrication de l'Inde est représentée à l'Exposition de Paris par quelques pièces assez curieuses, remarquables par un mode de sculpture particulier. Nous voulons parler des découpures à jour, des ornements vermicellés de formes variées, des palmes analogues à celles figurées sur le vase que nous avons donné à l'article Céramique. Nous citerons aussi un genre de décoration qui est une véritable gravure sur bois en relief; toute la surface supérieure des arabesques gravées dans le bois est dans un même plan. Ce genre ne manque pas d'élégance, et porte ce cachet d'originalité d'une nation que nous imitons souvent, mais qui ne nous imite jamais. Parmi nombre de meubles mis à l'Exposition de 1855 par la compagnie des Indes, on doit remarquer aussi d'admirables pièces en ivoire; un échiquier notamment, dont le pied est formé par des palmes d'une grande richesse.

ÉPOQUE MODERNE.

Au commencement du siècle, l'idée dominante chez les artistes que le grec était le type absolu du beau a fait essayer des meubles à la grecque. Le mouvement des idées révolutionnaires voulait tout faire rétrograder vers l'antiquité, par une haine aveugle du présent. Percier essaya, sous l'empire, de déterminer les formes de meubles soumises aux lois de l'art grec, et Jacob fut l'habile metteur en œuvre de ces idées. En dépit de tout le talent de Percier et de Fontaine, de leurs vastes connaissances, le succès de leurs créations fut de courte durée. Ils n'obtinrent, en cherchant, en quelque sorte, les meubles qu'eussent voulu construire les Grecs vivant de notre vie, que des formes roides, des espèces de petits monuments ornés de petites colonnes ornées de chapiteaux dorés, qui, tout à fait en désaccord avec nos mœurs, ne sont plus goûtés de nos jours, et n'ont pas laissé de trace sérieuse dans les progrès de l'art.

La restauration sortit timidement de cette voie, sans créer un type bien défini.

Nous devons citer, parmi les tentatives faites pour fixer le goût, celle de Chenavard, qui, peu après 1830, voulut réagir contre les formes grecques adoptées depuis trente ans, et ramener les belles formes de la Renaissance, en cherchant à reproduire facilement de beaux modèles, en voulant faire une industrie, une fabrication courante de ce qui était un produit d'art à l'époque de la Renaissance. Il fit des meubles très-élégants en noyer ou bois teint en noir, ornés en général de colonnes torses, recouverts de tapisseries, d'étoffes, dont les dessins correspondaient parfaitement au style qu'il voulait imiter. Nous donnons ici un fauteuil appartenant au mobilier qu'il chercha ainsi à créer.

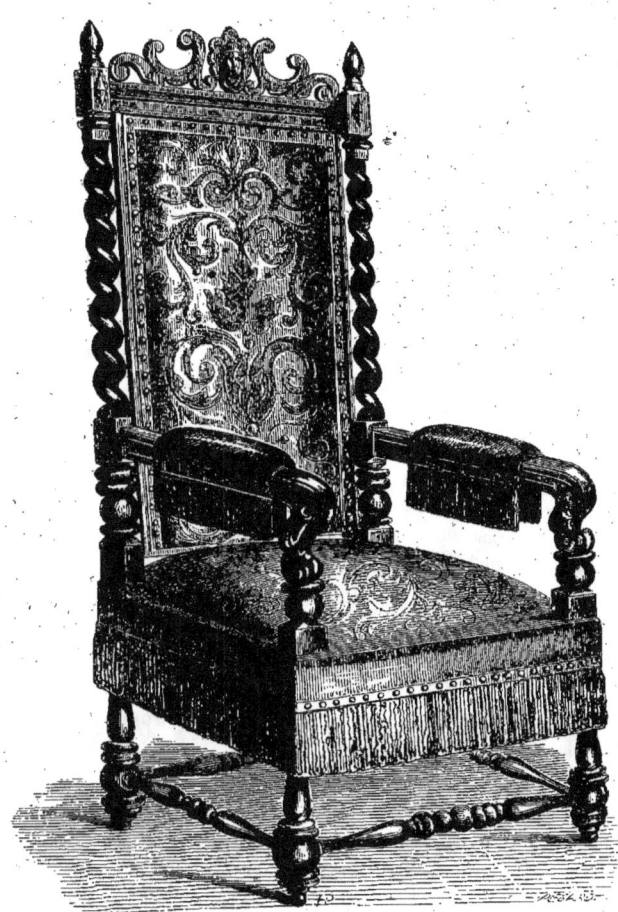

Fauteuil de Chenavard.

Cette tentative, sans réussir complètement, eut une très-heureuse influence sur les progrès de notre industrie; elle vint exciter les dessinateurs en meubles à chercher leurs modèles dans les productions de la Renaissance, et fit entrer dans la pratique un grand nombre d'éléments de décoration nouveaux. Les bois indigènes vinrent de nouveau faire partie des ressources du constructeur de meubles, et s'ajouter à l'acajou, à l'ébène, et surtout au palissandre qui est venu le dernier occuper une grande place dans l'ébénisterie.

Si l'acheminement du mobilier vers les formes et surtout les décorations de la Renaissance tendait à se manifester pour les meubles usuels, le désir de faire des objets élégants pour nécessaires, corbeilles de mariage, etc., tous ces objets de goût auxquels on donne, dans le commerce le nom de petits meubles, ramena de son côté au mélange du bronze doré, des porcelaines, des émaux, etc., avec le bois, et par suite aux styles de Louis XIV et Louis XVI. On peut dire que le style Louis XIV nous est revenu par le désir de les couvrir d'incrustations, ce qui a formé des ouvriers capables d'attaquer l'exécution des mobiliers les plus complets, des plus grandes pièces. Les incrustations, réduites souvent à quelques filets seulement, ont été fréquemment adoptées pour la décoration de meubles assez simples. Ces divers styles ont produit des formes, des décorations de mobilier toutes spéciales, qui ne sont pas, comme nous l'avons vu pour des époques où l'art jetait peu d'éclat, des imitations en bois de l'architecture.

Si nous parlons maintenant de l'ébénisterie d'art, ce qui comprend indirectement les meubles du commerce, qui sont toujours un reflet des œuvres les plus soignées, en laissant également de côté l'étude de tous les styles employés dans des cas particuliers pour des ameublements spéciaux, nous dirons qu'en général depuis plusieurs années, c'est entre l'imitation du style Louis XIV et celui de la Renaissance que le goût oscille. La perfection avec laquelle nos ouvriers exécutent le travail d'incrustation permet d'établir d'admirables imitations de Boule, de vulgariser ces meubles si riches. Cependant en ce moment on peut dire que ce sont les œuvres inspirées par les traditions de la Renaissance qui occupent le premier rang; le public est entraîné par le talent des artistes et surtout des sculpteurs, dont les produits sont de véritables œuvres d'art, et auxquels ils donnent un cachet propre à notre temps qui semble se dégager du milieu d'une imitation partielle du passé, sans qu'il soit facile de le formuler d'une manière encore nettement définie.

Si les œuvres artistiques rappellent la Renaissance, les produits du commerce, imitation éloignée de ceux-ci, doivent être rangés dans la même classe ; c'est ce que rend indubitable la vue des mobiliers destinés à la vente courante qui garnissent les boutiques des commerçants. Nous ne saurions faire trop remarquer combien cette fabrication, inspirée par des œuvres élégantes qui en sont le couronnement, se distingue dans notre pays par la pureté des lignes, par une véritable élégance de formes généralement bien comprises.

Mais avant de passer aux œuvres les plus remarquables de notre industrie, disons quelques mots de celles des nations rivales de la France

Aussi longtemps que l'ébénisterie anglaise se borne au soin du comfortable, source d'un style bien en rapport avec nos mœurs, mais fort éloigné des données artistiques, elle remplit bien les conditions de durée et de solidité, et ne manque pas d'élégance, aussi il y a vingt ans elle nous fournissait souvent des modèles ; mais dès qu'elle vise au grand luxe et à l'imitation des formes de la nature, elle cesse d'être satisfaisante.

En Allemagne, l'ébénisterie de Vienne jouit d'une grande réputation. Plus lourde que celle de Paris, elle a cependant un véritable mérite. On reconnaît dans ses produits, avec une malheureuse propension à la lourdeur, une excellente exécution de formes compliquées, résultat de cette vulgarisation de la science du dessin qui est une base si importante des progrès de l'industrie allemande. Nous en donnons pour exemple un fauteuil de Leisler, de Vienne, dessiné par l'architecte Bernardo de Bernardis, qui possède un caractère incontestable de richesse.

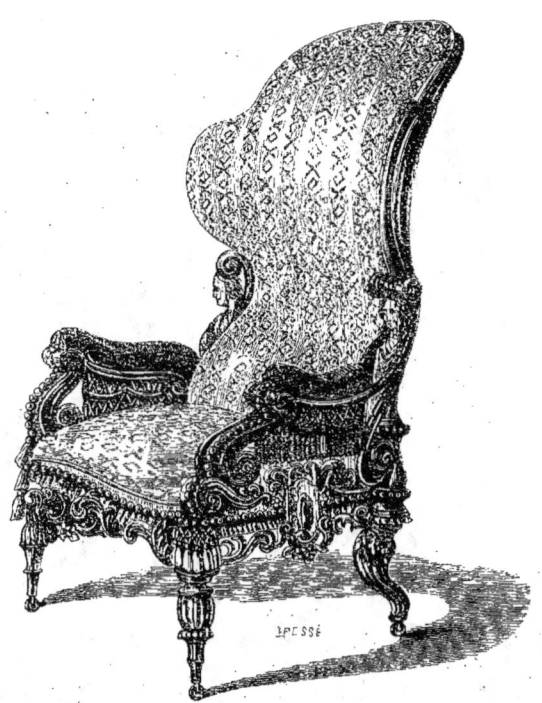

Fauteuil de Leisler.

A l'Exposition de Londres, l'ébénisterie française brilla d'un grand éclat, et nous ne saurions mieux faire pour permettre d'apprécier le style des belles pièces françaises, que de donner le buffet sculpté par Liénard, mis à cette Exposition par M. Fourdinois de Paris, que l'opinion publique a justement sacré comme un chef-d'œuvre. Les chiens qui le supportent, les produits de la chasse, les animaux morts qui le décorent sont sculptés avec une fidélité, une délicatesse d'exécution toute moderne; les statues qui représentent les quatre parties du monde sont : l'Europe qui a le vin, l'Asie le thé, l'Afrique le café, l'Amérique la canne à sucre; à la partie supérieure, les enfants qui représentent les Vendanges et la Moisson; au milieu, l'Abondance; enfin, la Chasse et la Pêche qui ornent les deux côtés mieux encore que le fronton brisé, rappellent avantageusement les plus belles œuvres de la Renaissance. C'est là une de ces œuvres qui, par leur perfection, le parfait rapport des ornements avec la destination de l'objet, la beauté des sculptures sur bois, deviennent de véritables œuvres d'art dont un pays se glorifie à juste titre.

Un des caractères les plus saillants de la fabrication française, et qui a été le plus incontestablement reconnu à l'Exposition universelle de Londres, c'est la fécondité de ressources, l'habileté de nos fabricants à disposer les pièces et les ornements, à grouper gracieusement les détails en raison de l'usage auquel les meubles sont destinés. Mais si la fertilité d'invention de nos fabricants artistes brille surtout dans

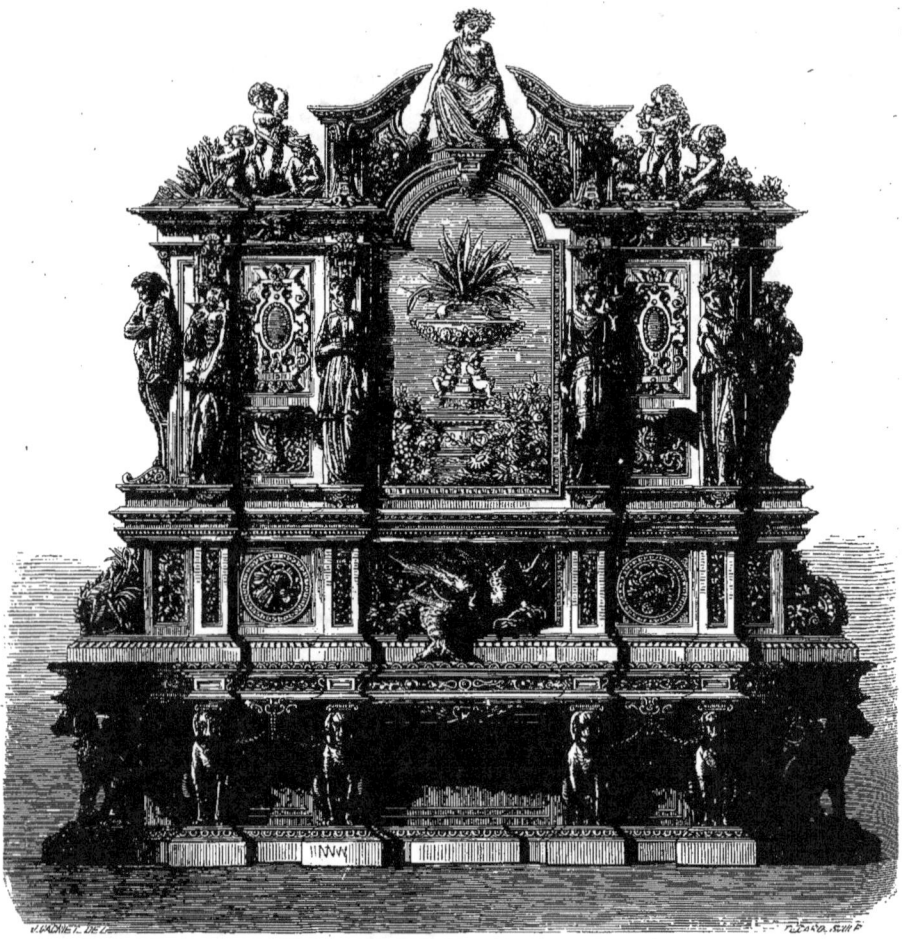

Buffet de Fourdinois.

cette industrie, empressons-nous d'ajouter que, nulle part, les conceptions ne sont mieux senties par l'ouvrier qui exécute. C'est sur la diffusion de capacités artistiques, sur l'habileté proverbiale de toute notre population du faubourg Saint-Antoine, où le travail de la fabrication du meuble se divise à l'infini, que repose la supériorité de cette belle industrie de la France [1].

Au reste, afin de n'être pas soupçonné de prévention dans l'opinion favorable que

[1] On ne travaille nulle part le bois sur une aussi grande échelle qu'au faubourg Saint-Antoine, à Paris. Ce quartier constitue un de ces grands centres industriels d'une immense puissance productive, où toute une population rivalise et excelle dans un genre de création. La division du travail y

nous émettons sur l'exposition des meubles de la France et pour préciser le style qui prévaut aujourd'hui, nous reproduirons l'appréciation générale d'un juge compétent et impartial, M. OEchelæuser, le rapporteur de l'Association douanière, qui s'exprime ainsi dans le travail officiel publié au nom de la commission du « Zollverein »[1] :

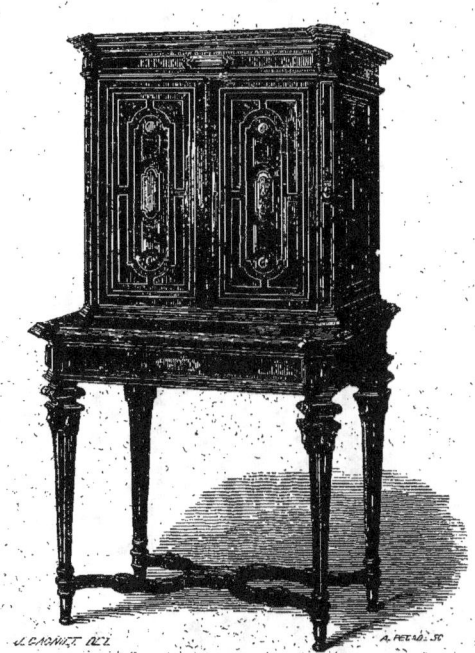

Meuble style vénitien de MM. Grohé.

« Si l'on ne saurait soutenir que dans tous les genres de meubles, sans exception,
« la France a fourni ce qu'il y avait de plus remarquable à l'Exposition du Palais de
« Cristal, l'avis de tous les connaisseurs n'en a pas moins été unanime et formel pour
« reconnaître que dans ce concours la victoire appartient aux Français. La pureté du
« style, l'harmonie de la construction et de l'ornementation, le choix des matériaux,
« qui répondaient toujours aux exigences du dessin, de la couleur et des qualités
« particulières du meuble aussi bien qu'aux convenances du style adopté et de la
« destination, une habileté incomparable dans le travail de menuiserie et de sculp-
« ture, une heureuse distribution des ornements, qui empêche de surcharger même
« les dispositions les plus riches ; toutes ces qualités réunies faisaient de la division

est poussée, avec un grand avantage, jusqu'aux dernières limites. Il existe, au faubourg Saint-Antoine, des usines où l'on se borne à scier le bois de placage ; d'autres qui débitent les bois de couleur
en petites lanières pour les filets et l'incrustation ; il y a des ouvriers qui travaillent le bois comme
la dentelle ; des ouvriers qui posent des basanes, des vernisseurs, des colleurs, des sculpteurs de
fauteuils, des mouleurs, etc., etc., qui tous « ne font qu'un article, » pour employer le terme consacré,
et en vivent très-honorablement. Cette division extrême, en concentrant l'habileté des ouvriers sur
un seul objet constamment demandé, les a conduit à une finesse d'exécution incomparable.
[1] Berlin, 1853, t. III, p. 416.

« des meubles français une des plus belles parties de l'Exposition universelle. Il faut
« leur reconnaître le mérite de l'inspiration originale, car on doit envisager les
« produits français comme les véritables modèles dans cette branche de l'industrie;
« beaucoup de meubles d'autres pays n'étaient qu'une imitation.

« Le style nouveau adopté en France obéit à une direction qui s'éloigne des
« nombreuses déviations du goût qui déparaient les siècles de Louis XIV, Louis XV
« et Louis XVI, et des prétentieuses recherches du « rococo. » Les produits mis au
« jour à Londres relèvent du style de la Renaissance dans toute sa pureté, et encore
« a-t-il été affranchi des éléments qui ne répondent plus au sentiment du beau dont
« s'inspire l'époque actuelle. Nous signalerons, par exemple, la substitution de la
« figure vivante aux cariatides, et surtout la tendance à emprunter à la nature elle-
« même les sujets de l'ornementation. »

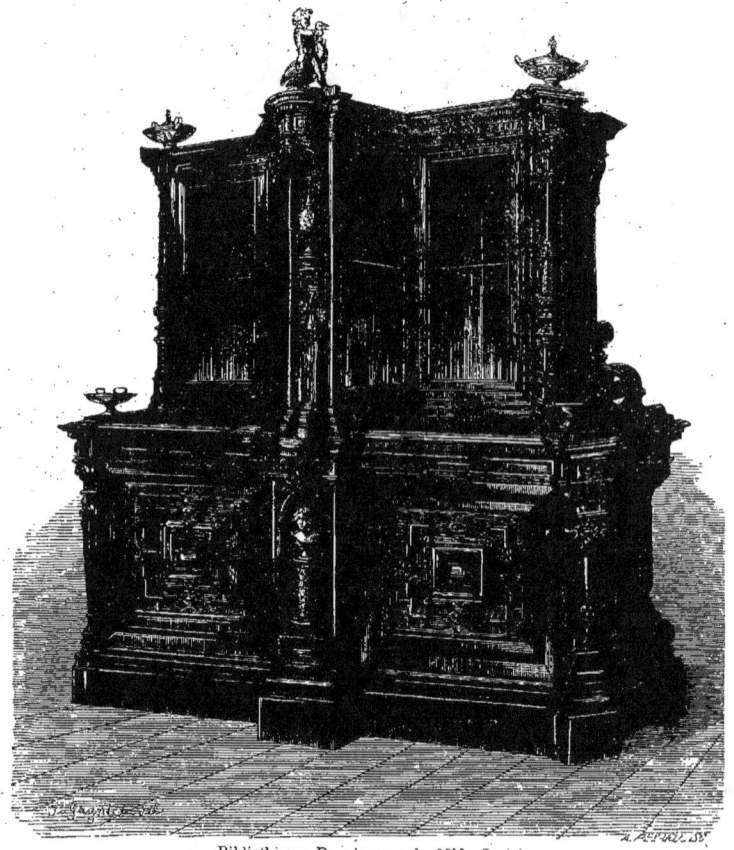

Bibliothèque Renaissance de MM. Grohé.

On voit que le succès de la France est ici complet, et qu'à cette industrie encore
s'applique bien le mot de Necker : « Le goût est pour la France le plus adroit de tous
les commerces. »

L'Exposition de 1855 nous offre peut-être un trop grand nombre de pièces inspirées par le beau meuble de M. Fourdinois; aussi par leur multiplicité font-elles désirer des meubles dont l'harmonie résulte de lignes gracieuses qui, on l'oublie un peu trop en ce moment, ont une importance plus notable que les sculptures et doivent dominer tous les ornements. MM. Grohé ont sous ce rapport une admirable exposition, qui est justement appréciée par tous les connaisseurs. Elle est surtout bien précieuse au point de vue de ce travail en ce qu'elle offre des pièces bien étudiées de styles anciens.

Nous avons reproduit ci-dessus : 1° leur meuble vénitien, appartenant à ce style dont nous avons parlé plus haut, charmant petit meuble de dame, qui avec ses pierres en saillie a un éclat très-grand sans les tons criards que donne l'emploi de poteries; cette condition a été également bien remplie par M. Fourdinois dans une belle bibliothèque en ébène ornée avec des émaux de teintes peu éclatantes. En second lieu, nous donnons leur armoire Renaissance (fin de cette époque, XVIe siècle), meuble en ébène dont les lignes sont d'une pureté parfaite, où les rencontres de parties circulaires et rectilignes se combinent harmonieusement. Le bronze que, de nos jours, l'on cherche trop, nous croyons, à mélanger au bois pour en faire partie intégrante du meuble, trouve, comme accessoire, une excellente application dans cette bibliothèque destinée à renfermer des objets d'art.

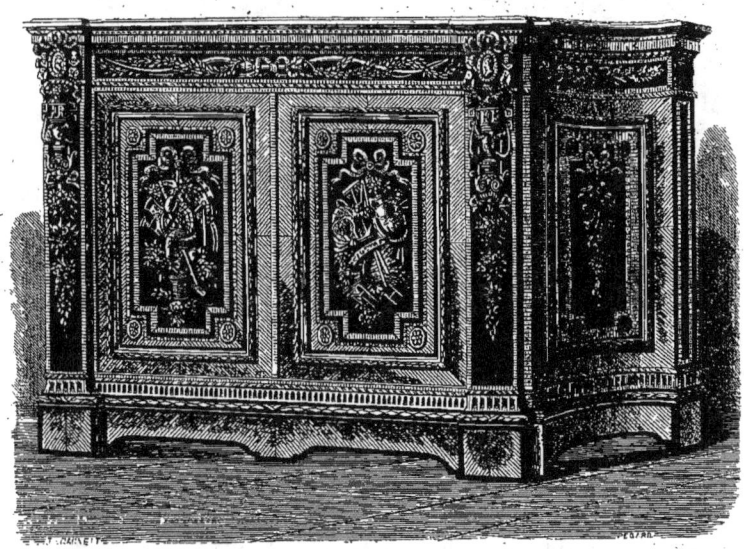

Armoire Louis XVI.

Enfin nous reproduisons leur armoire Louis XVI, qui est une excellente étude de ce style et montre tout l'effet que l'on peut retirer de l'emploi du bois de rose rehaussé par des ornements en bronze doré.

M. Tahan a exposé une bibliothèque étagère du même style, qui est un beau et

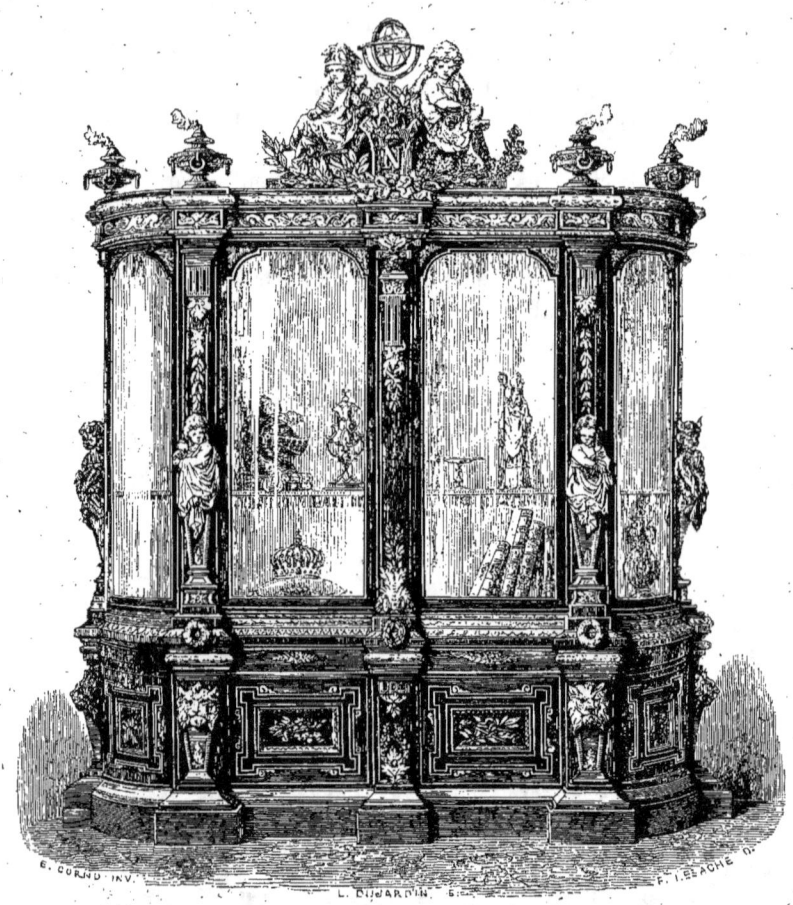

Bibliothèque-étagère Louis XVI.

sérieux travail. Il est important de dire qu'elle est établie dans des conditions un peu spéciales, à savoir de manière à s'allier passablement avec les meubles style empire qui se trouvent dans la pièce où elle doit être placée. Nous reproduisons aussi la volière du même exposant, ornée de sculptures, de feuilles et de fleurs en relief, genre d'ornement qui a été fort goûté du public pour des meubles de petite dimension. Cette pièce fait honneur à M. Cornu, l'habile dessinateur qui l'a conçue ; et elle est une des œuvres populaires de l'Exposition de 1855 ; néanmoins pour les grands meubles, et en dehors d'une application heureuse telle que celle de cette volière, nous sommes peu partisan des feuilles et des fleurs en bois. Ce genre d'ornements

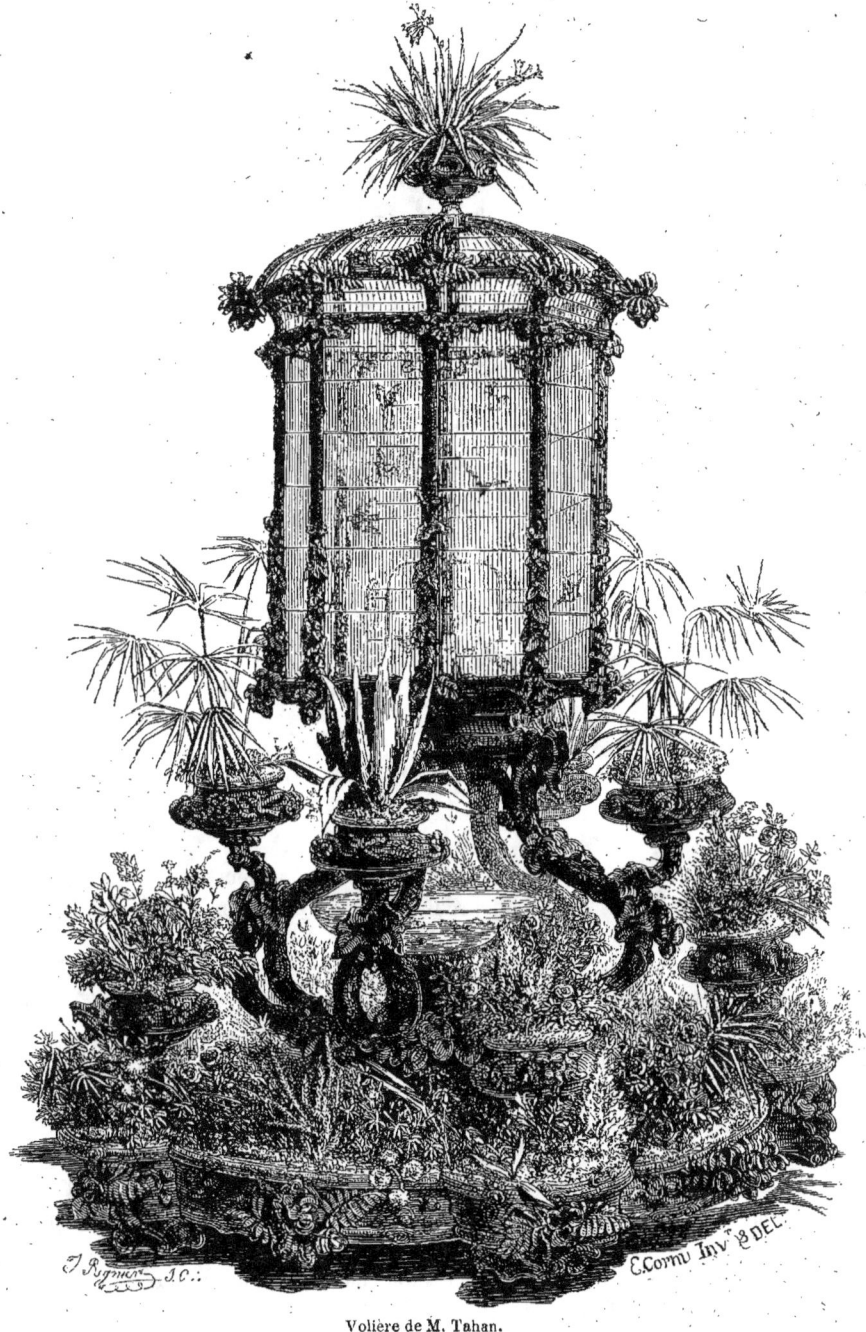

Volière de M. Tahan.

a peu d'éclat et fait penser à la couleur absente.

Le piano d'Érard, style Louis XV, décoré par M. Guichard et tout couvert de peintures genre Boucher, est une œuvre charmante. Le prie-Dieu (gothique du xv° siècle) de

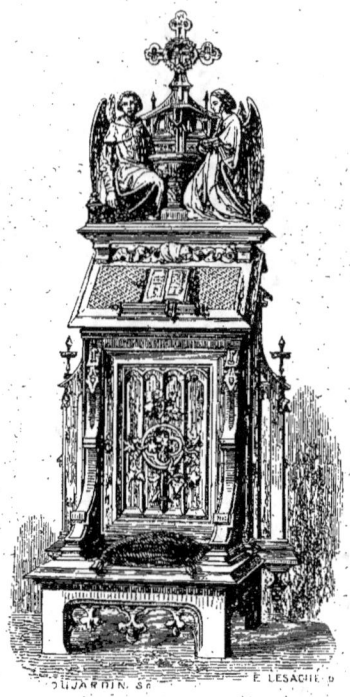

Prie-Dieu gothique.

M. Tahan, que nous donnons encore complétera notre démonstration que l'étude de tous les styles anciens entre aujourd'hui dans le programme de nos habiles fabricants.

La décoration des meubles en fer, à l'aide de plaques de fontes fournissant des bas-reliefs, ne nous paraît admissible, « artistiquement parlant, » que dans des cas très-limités. Le fer donne toujours des formes maigres, ne peut fournir des surfaces agréables à l'œil; nous devons faire une exception en faveur du beau lit Louis XIV, en cuivre ciselé, exposé par M. A. Dupont, et que nous reproduisons ici.

Il en est de même des meubles entièrement couverts d'étoffes, dans lesquels il n'y a pas de bois apparent; ces meubles ont un mérite réel de confortable, mais, malgré l'emploi du velours, des franges, etc., ils n'ont jamais grand caractère artistique et même en général ils ont peu de charme. Nous devons toutefois faire exception pour quelques cas où l'emploi en est fait avec goût et qu'ils viennent se combiner avec de riches tentures. Leur fabrication est tout naturellement dévolue au tapissier et sort du domaine de l'ébéniste.

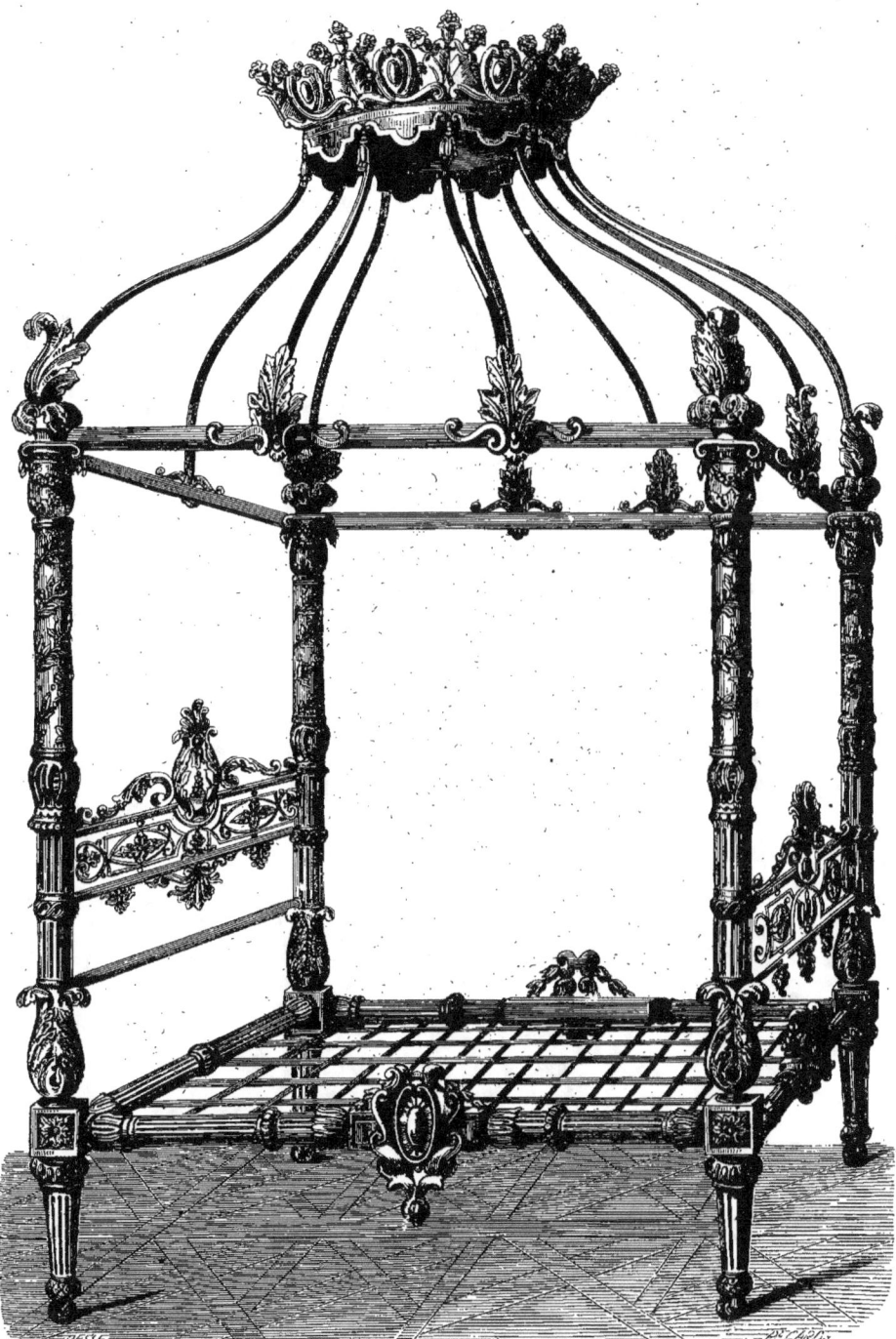

Lit en cuivre ciselé, style Louis XIV.

Nous n'avons traité ici qu'incidemment de la sculpture sur bois, sur laquelle nous aurons à revenir dans les chapitres suivants, en parlant de son emploi pour la décoration des salles sous forme de lambris, dans des cas où la sculpture devient l'objet principal et non plus l'accessoire, où la construction, en quelque sorte, architecturale du meuble disparaît.

Nous ne saurions mieux terminer cette étude sur notre belle industrie de l'ébénisterie qu'en empruntant à l'intéressant rapport de M. Wolowski sur l'Exposition de Londres des considérations élevées sur les causes d'une supériorité dont notre pays peut être fier à juste titre, sur les relations nécessaires entre le développement de la vie morale, intellectuelle des peuples, et leur supériorité dans les œuvres d'art industriel. Ce passage de son rapport mérite à tous égards d'être médité. « Le sceptre du goût, dit-il, appartient incontestablement à la France : nous devons cette prééminence non-seulement à l'intelligente application des leçons puisées dans le spectacle des œuvres d'art, car les chefs-d'œuvre de toute nature abondent ailleurs; non-seulement à d'excellentes écoles de dessin, on en a fondé beaucoup en Angleterre, en Belgique, en Allemagne, etc.; non-seulement à l'habileté du « tour de main », car nous comptons nombre d'excellents ouvriers qui nous viennent de l'autre côté du Rhin; mais au sentiment du beau et du vrai, de l'unité et de l'harmonie, qui laisse son empreinte sur les productions de l'esprit français : c'est le fruit de ce sens à la fois pratique et exquis que donne une culture supérieure (aux acheteurs comme aux producteurs) et que l'habileté mécanique ne saurait remplacer. Il n'importe pas moins pour l'avancement matériel que pour le progrès moral des peuples d'élever l'âme, d'orner l'intelligence, d'étendre l'horizon de la pensée et de fortifier notre esprit. »

SECTION IV

SCULPTURE

ARTS QUI RELEVENT DE LA SCULPTURE : BRONZES, ORFÈVRERIE, BIJOUTERIE, JOAILLERIE.

Les modifications de style que nous avons étudiées dans l'architecture se distinguent avec une grande netteté dans la sculpture, qui ne cesse d'être autre chose qu'un moyen de décoration de l'architecture, et ne se détache de celle-ci qu'aux époques où le goût des arts se développe. Jusque-là, elle reste une annexe de l'architecture et ne s'élève pas jusqu'à l'imitation complète des modèles fournis par la nature. Nous avons donc à l'étudier non-seulement en elle-même, par rapport aux styles qui se manifestent dans les produits de l'art pur, mais aussi parce que les produits des arts que nous allons considérer sont de véritables sculptures obtenues par des procédés ou avec des matériaux particuliers. De plus, ce sont nos artistes qui indiquent les types et les formes suivis de loin par l'industrie ; souvent même ils créent jusqu'aux produits que les fabricants se bornent à surmouler, à réduire. Les sculpteurs éminents posent les règles, forment le goût, et bien souvent exécutent les modèles les plus parfaits ; ils remplissent tout à fait, par rapport à l'art industriel, le rôle de nos savants relativement à la technique de l'industrie.

Nous diviserons en quatre parties les arts industriels qui entrent dans cette division.

1º La sculpture proprement dite, comprenant, outre la statuaire, les œuvres d'art employées comme moyen d'ornement, la sculpture décorative sur bois et sur pierre, et aussi les moulages et réductions en plâtre, en carton-pierre, etc.

2º Les bronzes, la reproduction de la statuaire en métal par la voie de la fonte et à l'aide de la galvanoplastie, comprenant les emplois des divers métaux : le bronze, le zinc, la fonte de fer, etc.

3º. L'orfévrerie, employant, outre la fonte et la galvanoplastie, le procédé spécial du repoussé.

4º La bijouterie, employant surtout pour les ornements servant à la toilette des femmes, bagues, bracelets, chaînes, etc., les métaux précieux ; et la joaillerie, ceux-ci mélangés avec les diamants et les pierres précieuses.

Avant de parler des styles, des variations du goût dans ces divers cas, disons quelques mots des procédés des industries qui correspondent à ces diverses divisions.

1º STATUAIRE.

D'après le cadre de cet ouvrage, nous ne pouvons traiter qu'accidentellement de l'art pur, dont l'étude approfondie exige la vie entière du plus grand artiste, et seulement parce que c'est son développement qui domine tous les arts de la forme ; les modifications du goût dans les œuvres d'art ont toujours une traduction directe dans les applications industrielles qui relèvent de cet art. Nous ne donnerons, dans ce qui va suivre, que l'énoncé des variations du goût généralement admises ; nous prendrons notre point de départ dans les résultats incontestés de l'étude des œuvres célèbres.

Dans la reproduction des statues, en général, réduites à de petites dimensions pour faire l'objet de l'industrie, pour cesser d'appartenir aux beaux-arts proprement dits qui ont pour objet la production originale, tandis que l'industrie n'a pour but que leur multiplication (on voit, d'après cela, qu'elle reçoit souvent le secours de l'art, qu'elle se mêle fréquemment avec lui), on ne se propose, en général, que de conserver les poses gracieuses, l'aspect agréable du modèle ; presque toujours on perd de vue l'idéal, le sentiment élevé de la sculpture est méconnu. Cela résulte presque forcément de l'exiguité des dimensions qui amoindrissent l'effet des statues, suite nécessaire de leur emploi tant comme décorations isolées que comme ornements de produits industriels. Cette reproduction constitue en elle-même une spécialité qui tient une place importante dans les arts industriels dits arts d'imitation.

Quant aux procédés multiplicateurs, ils consistent essentiellement dans le moulage appliqué à des matières plastiques, au plâtre, au carton-pierre, au stuc, etc. Comme dans le cas étudié ci-après, c'est par les procédés qui rendent le moule composé du moins grand nombre possible de pièces, et diminuent par suite les chances d'altération des formes, que se trouvent les moyens les plus avantageux pour reproduire à coup sûr les qualités du modèle.

Le moulage en plâtre, moyen le plus facile et le plus exact de reproduction, fut mis à la mode à l'époque de la Renaissance par Werrochio, peintre et sculpteur habile, et ce procédé devint d'un grand secours pour la vulgarisation des œuvres de l'antiquité.

Nous ne devons pas passer sous silence les divers procédés mécaniques, et surtout le procédé Collas, procédé tout moderne, employé avec succès pour la réduction des statues, et qui a contribué puissamment dans ces dernières années à vulgariser les réductions des chefs-d'œuvre de la statuaire. Son grand mérite est de conserver parfaitement les grandes lignes artistiques, les lignes de grande courbure du modèle, parce que son mode d'opérer repose sur la reproduction de celles-ci. (Voir Dictionnaire des Arts et Manufactures.) Nous montrerons plus loin les avantages inhérents à ce mode d'opérer, en parlant de la représentation des objets à l'aide du dessin.

En même temps que de la statuaire, nous aurons à parler de la sculpture décorative, qui absorbe tout l'art aux époques où l'architecture seule jette un grand éclat, et n'en est que plus brillante aux époques de splendeur où ces deux arts existent séparément. Nous aurons aussi à dire quelques mots de la sculpture la plus industrielle de toutes à cause de la rapidité de sa production, la sculpture sur bois, dont nous avons été contraints de parler déjà dans son emploi pour l'ornementation des meubles.

2° BRONZES.

Nous avons laissé de côté dans ce qui précède la reproduction en métal et surtout en bronze, parce qu'elle constitue une industrie spéciale d'une grande importance. La belle couleur du bronze, la facilité d'y appliquer la ciselure en ont toujours fait la matière la plus parfaite pour la reproduction des œuvres de la sculpture.

L'art du fondeur en bronze s'est élevé, chez les anciens, à la hauteur de la sculpture. La quantité immense de statues et de vases de bronze qu'ils ont produits dépasse toutes les limites qu'on peut imaginer. C'était par milliers que les Romains enlevaient à la Grèce ses œuvres d'art de tout genre, tous ces objets auxquels la perfection du travail donnait tant de prix. La masse de ces richesses semblerait vraiment fabuleuse, si la découverte de Pompéi n'était venue confirmer l'authenticité des récits du passé.

L'âge de la barbarie vit disparaître l'art du fondeur en bronze; mais, à l'époque de la Renaissance, il se releva en Italie, comme nous le verrons bientôt, pour s'amoindrir encore une fois et enfin renaître sous Louis XIV avec un grand éclat.

De nos jours, les objets que comprend cette industrie, comme les besoins du luxe auquel elle doit satisfaire, sont extrêmement nombreux. Indépendamment des bronzes proprement dits, objets d'art destinés à la décoration de nos demeures, nous citerons, après l'importante fabrication des pendules, les bronzes dorés, les mélanges de ceux-ci avec la porcelaine, le marbre, etc., celle des candélabres, lustres, et toute cette série d'appareils servant à l'éclairage, notamment à l'aide du gaz.

Sous le rapport technique, le grand progrès dans la fabrication des bronzes repose sur les procédés de fonte à bon creux, c'est-à-dire en obtenant, à l'aide de la cire, un moule qui, vidé par l'effet de la chaleur, permet d'obtenir la pièce bien fondue d'un coup, et non couturée par ces jonctions de moules partiels trop souvent employés qui défigurent le plus souvent la pensée de l'artiste. C'est alors qu'intervient le ciseleur, véritable sculpteur sur bronze, dont le travail est lent, cher, et exige une extrême habileté. Un progrès analogue tend à être réalisé par la galvanoplastie, qui permet de faire déposer le cuivre par voie humide dans un creux obtenu à l'aide d'une substance élastique, la gutta-percha; aussi est-elle adoptée fréquemment aujourd'hui pour diminuer le travail de réparation de ciselure, surtout pour les petites pièces, les bas-reliefs de peu d'épaisseur.

FONTE DE FER, ZINC.

La fonte de fer, si importante pour l'industrie en général, n'a pu remplacer le bronze dans la production artistique. L'extrême dureté de la croûte extérieure des pièces fondues en fonte de fer empêche le travail de la ciselure qui, avec le bronze, permet de réparer les imperfections du moulage, de faire disparaître les coutures des moules, etc.

Ce n'est que dans la décoration monumentale, comme pour les fontaines qui décorent les places publiques et d'autres monuments analogues, que la fonte de fer a été adoptée à cause de son bon marché. Encore aujourd'hui cède-t-elle souvent le pas au zinc, plus léger que la fonte et qui se moule convenablement entre les mains d'habiles fondeurs, tels que ceux de Berlin. On a exécuté avec succès, en Allemagne, plusieurs frontons en zinc pour de grands édifices, le théâtre de Hambourg par exemple.

Le bas prix du zinc, la possibilité de le couler dans des moules métalliques c'est-à-dire pouvant servir indéfiniment, à cause du peu d'élévation de son point de fusion et du peu de chaleur communiquée au modèle dans le procédé dit « au renversé, » en permettant de réduire considérablement le prix de la fonte, fait exécuter en ce métal une foule d'objets à bas prix, auxquels la galvanoplastie permet de donner l'apparence du bronze par le dépôt d'une couche très-mince de ce métal.

3° ORFÉVRERIE.

L'orfévrerie, c'est-à-dire le travail de l'or, est un des arts les plus anciens. On le trouve florissant aux époques de splendeur des différents peuples. Les beaux-arts, dit M. de Luynes, exercent une influence constante sur l'orfévrerie parce que, malgré les usages domestiques auxquels cette industrie est le plus souvent affectée, les matières précieuses sur lesquelles elle s'exerce lui ont toujours imposé une recherche de formes particulière; aussi la voyons-nous toujours s'élever ou déchoir avec la peinture et la sculpture. Cette industrie, essentiellement de luxe et toute décorative, est en réalité, dans ses œuvres capitales, un art véritable (appelé toreutique par les anciens), employant, en sus de la fonte dans quelques cas, un procédé tout particulier de fabrication, la retreinte, le repoussé au marteau, qui permet d'utiliser la grande malléabilité de l'or et de l'argent pour créer une œuvre unique, originale, en un mot une œuvre d'art. Le repoussé exige un talent réel et une grande connaissance du modelé. Une œuvre exécutée par ces procédés se distingue, à la simple vue, d'un morceau fondu et ciselé et porte toujours une empreinte de vie et d'originalité qui lui donne une grande valeur [1]. Ce n'est que pour des produits dont la consommation est étendue, qu'on arrive à la multiplication économique des pièces par l'estampage, par le repoussé obtenu au moyen de creux et de reliefs de la forme même qu'il s'agit d'obtenir. Les ornements estampés, soudés ou vissés sur la pièce principale servent, comme des ornements fondus ou obtenus aujourd'hui par la galvanoplastie, à décorer des pièces qui tirent leur charme de formes géométriques dont les convexités sont continues et brillantes. Mais quels que soient les modes de travail, on ne peut séparer l'étude de procédés différents employés pour obtenir des produits de même nature, de même qu'on doit, au point de vue de l'art, étudier à la fois les pièces qui tirent leur harmonie de la proportion des lignes, qui ne rappellent aucune production naturelle, et celles remarquables par l'imitation des êtres animés. Ces circonstances viennent se présenter souvent en même temps dans les pièces d'orfévrerie.

L'application industrielle de l'estampage a engendré plusieurs fabrications économiques; telle est celle des cuivres estampés, pour laquelle on n'a besoin que de creux fondus fournissant des reliefs en plomb pour simple coulage. Ces cuivres, de faible épaisseur et livrés à bas prix, peuvent cependant donner des produits satisfaisants, leur grande multiplication permettant d'apporter des soins convenables au type primitif.

A propos de l'estampage, nous devons rappeler la plus ancienne et la plus importante fabrication, le monnayage, qui s'applique au travail de plaques métalliques d'assez grande épaisseur pour la fabrication des monnaies, médailles, etc.

Puisque nous disons quelques mots des procédés, nous devons citer la galvanoplastie qui tend à envahir aujourd'hui l'orfévrerie comme les bronzes et qui donne des résultats très-avantageux dans beaucoup de cas.

Plus facilement peut-être que la statuaire, l'orfévrerie permet, tant par son éclat que par le peu de grandeur des personnages, par les colorations diverses, etc., de donner surtout aux bas-reliefs, à la représentation de petites scènes complexes, un mouvement, une vie, que le statuaire se propose rarement d'obtenir. Elles sortent d'ailleurs de la sphère qui lui est propre, de la représentation du sentiment individuel. Toutefois, disons, à l'exemple des plus grands artistes, que la figure humaine convient bien moins à l'orfévrerie que la représentation des animaux, des fleurs, des enroulements de fantaisie qui réjouissent les yeux, sans appeler la critique sur des œuvres que les moyens d'exécution rendent, pour ainsi dire, impossibles à obtenir avec le degré élevé de perfection auquel la statuaire nous a habitués.

On ne doit toutefois pas oublier que l'orfévrerie n'arrive à l'art qu'en cherchant des moyens de décoration, et ce serait une erreur que de juger les plus belles pièces d'orfévrerie comme œuvre d'art pur. Le but à atteindre est de charmer l'œil par leur ensemble, de communiquer le sentiment de la richesse par leur éclat, mais

---

[1] Il faut distinguer le repoussé de la retreinte d'avec procédé de la chaudronnerie, qui ne peut s'appliquer qu'à de grandes surfaces. Le repoussé s'effectue sur une feuille de métal dont les saillies, grossièrement indiquées, sont garnies de mastic de résine, ce qui permet au métal de supporter le choc du marteau sans se déchirer.

jamais les plus parfaites n'atteindront à la valeur artistique d'une belle statue grecque. Comme l'industrie, l'orfèvrerie, par la valeur de la matière première, l'éclat de ses œuvres et le haut prix qui y a été toujours attaché, a tenu de tout temps la première place, et son étude offre beaucoup d'intérêt au point de vue auquel nous nous sommes placés, car dans ses produits nous retrouverons de nombreuses et brillantes manifestations des grandes époques de l'art.

4° BIJOUTERIE, JOAILLERIE.

La bijouterie est une industrie intermédiaire qui procède de l'orfèvrerie, à laquelle elle emprunte la majeure partie de ses procédés ; c'est la division de cet art charmant qui s'applique à la fabrication de parures destinées surtout à la toilette des femmes. Elle emprunte à la joaillerie ses ornements les plus riches, les pierres fines, qui n'entrent dans la bijouterie que comme accessoires. S'il est un champ ouvert pour la fantaisie, c'est sûrement celui de la bijouterie, et l'extrême variété des créations modernes le prouve surabondamment ; toutefois, les œuvres les plus remarquables sont celles où l'on parvient à donner une signification aux produits, sans toutefois considérer l'imitation des formes de la nature comme une condition nécessaire.

C'est essentiellement avec l'or que se fait la bijouterie ; toutefois les formes des bijoux d'or s'exploitent souvent en fausse bijouterie, c'est-à-dire en cuivre doré. A certaines époques, le bijou d'argent, celui même exécuté en acier, sont adoptés par la mode et sont fabriqués en grande quantité ; mais en tout temps il s'en fait quelques-uns de fort convenables pour des genres particuliers.

Dans la bijouterie proprement dite, les pierres fines et les perles ne sont, comme nous l'avons dit plus haut, que de brillants accessoires ; au contraire, les métaux précieux travaillés avec art, gravés, guillochés, incrustés, les émaux, les nielles, les filigranes, les camées, le corail, les pierres dures, les coraux, les mosaïques sont associés aux ornements d'art et de fantaisie. Il ne faut pas cependant, malgré leurs nombreuses affinités, confondre la bijouterie et la joaillerie, c'est-à-dire l'industrie qui emploie surtout l'or et l'argent pour les décorations et la toilette, avec celle qui a pour objet le sertissage et le montage des pierres précieuses et des diamants, qui, par leur éclat, sont l'apanage caractéristique du luxe et de la richesse.

Revenons maintenant à l'étude de ces diverses industries, de leur histoire et de leurs progrès.

STYLE ÉGYPTIEN.

La statuaire égyptienne représente l'enfance de l'art, ou plutôt un point peu avancé de l'art, auquel une nation s'est volontairement arrêtée ; elle est caractérisée par l'emploi de formes conventionnelles préférées à celles qu'eût pu fournir l'imitation fidèle de la nature. En effet, les colonnes des temples égyptiens déjà données, leurs

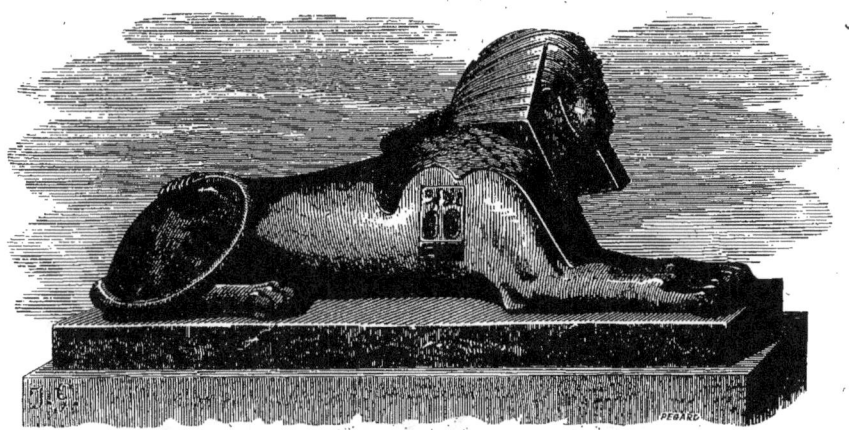

Sphinx égyptien.

sphinx, leurs statues colossales taillées dans le granit ne sont pas des œuvres barbares, mais des œuvres exécutées à l'aide de puissants moyens d'action sous une forme voulue. Le siècle de Sésostris paraît avoir été l'époque la plus brillante de la statuaire égyptienne. On connaît une admirable statue de ce roi taillée dans le granit noir.

Pour ce qui est de l'orfévrerie, les recueils d'antiquités égyptiennes nous décrivent

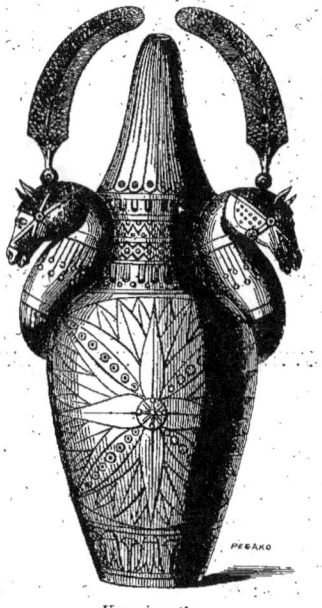

Vase égyptien.

des vases de métal, dont quelques-uns rappellent les formes et les décorations de la Grèce. Nous en donnons ici un, d'un genre tout particulier, qui nous paraît curieux.

118 ART INDUSTRIEL.

Enfin, les joyaux trouvés dans les tombeaux sont loin d'être sans charme. Nous donnons pour preuve un collier, un bracelet, des bagues, une boucle d'oreille en

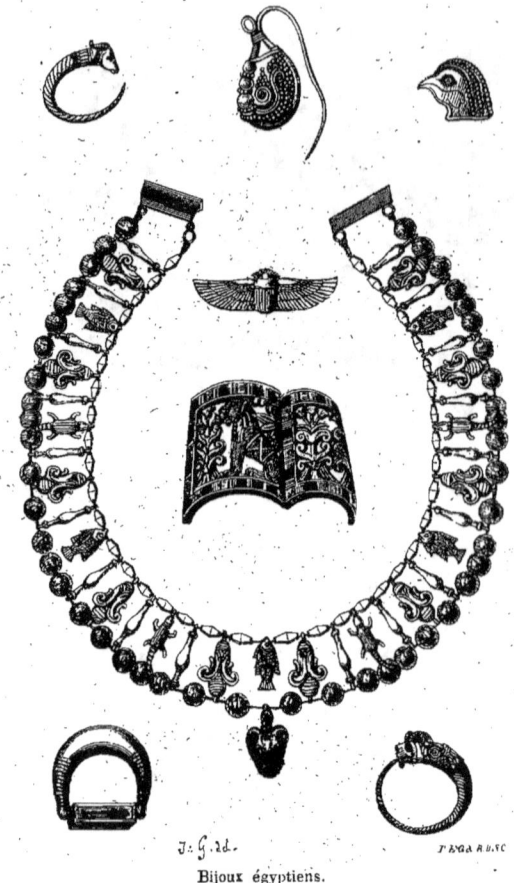
Bijoux égyptiens.

or, objets dessinés au Louvre, d'après les belles collections du musée Charles X.

STYLE GREC, STYLE ROMAIN.

Malgré notre désir de ne pas traiter ici de l'art pur, nous ne pouvons nous empêcher de dire quelques mots de la statuaire, car c'est rappeler l'art grec dans ce qu'il a eu de plus admirable, la direction dans laquelle il a gardé une supériorité incontestée. Les statues grecques sont restées le type le plus élevé de la statuaire. Passionnés pour la beauté physique, les Grecs en ont reproduit par la sculpture d'inimitables modèles; et, tout en employant admirablement la sculpture décorative comme annexe de l'architecture, pour l'ornementation des colonnes, la décoration des façades, ils ont su créer en outre un art complet qui réussit parfaitement à représenter tous les types de la beauté.

Il nous faudrait reproduire ici le musée des Antiques, si nous voulions faire apprécier le mérite de la statuaire grecque ; entrer dans une longue suite de considérations pour faire comprendre la pensée recouverte par chaque forme, l'idéal révélé par chaque chef-d'œuvre. Dans l'impossibilité de le faire, nous nous bornerons à reproduire un des chefs-d'œuvre le plus récemment découverts et des plus admirables, la Vénus de Milo ; une de ces œuvres qui réfléchissent la beauté même, c'est-

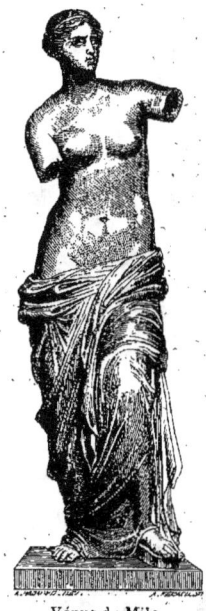

Vénus de Milo.

à-dire bien plus que le gracieux, le joli, qui se transforment avec chaque époque.

« Une statue antique de l'époque de Phidias, dit M. Deleutre dans son Précis de l'histoire de l'Art, est toujours une grande pensée exprimée d'une manière limpide, un symbole plus ou moins direct, une intention abstraite, un idéal impalpable sous une forme réalisée. L'Olympe antique, qu'est-ce autre chose que les facultés humaines, l'intelligence créatrice, la sagesse, la force, le courage, la poésie, la beauté, sous les figures de Jupiter, de Minerve, d'Hercule, de Mars, d'Apollon, de Vénus [1] ?

Depuis les grands progrès de la peinture, c'est-à-dire de l'art qui permet d'exprimer les sentiments les plus variés, on a quelquefois reproché à la sculpture grecque d'être souvent trop froide, de reproduire rarement des sentiments. Aujourd'hui, malgré, et nous dirons presque à cause des admirables travaux de tant d'artistes modernes, on admet que la statuaire ne convient pas pour des scènes mouvementées et que son domaine est vraiment celui que les Grecs lui avaient reconnu.

---

[1] Grands sculpteurs grecs.—Première époque.—Phidias, auteur des célèbres statues de Pallas et de Jupiter Olympien, en or et en ivoire,—Polyclète,—Scopas, etc.
Œuvres : Bas-reliefs du Parthénon,—Le Canon, statue modèle des plus belles formes de l'homme, —Vénus,—Cupidon,—Faunes, etc.
Deuxième époque, après Périclès.—Praxitèle,—Lysippe, sculpteur d'Alexandre, etc.
Œuvres : La Niobé,—Laocoon,—le Gladiateur,—l'Apollon du Belvédère, etc.

Il n'y a pas de statuaire romaine; c'était le talent des artistes grecs qui, à Rome, décorée des dépouilles de la Grèce, produisait presque toujours les plus belles statues. Toutefois, elles tendaient à exprimer des sentiments plus forts, à posséder peut-être une expression moins idéale que celles de la Grèce. Nous donnerons pour type le Gladiateur mourant. Byron a décrit dans des vers célèbres tout ce qu'inspire la vue

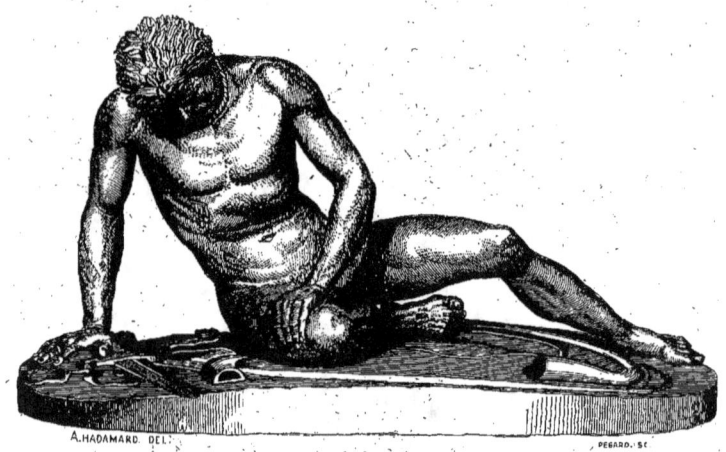

Le Gladiateur mourant.

de cette statue, cette mort du Gladiateur, de l'esclave slave mourant loin de sa patrie, pour servir de jouet aux Romains. C'est sous Adrien que le style que l'on peut considérer comme propre aux Romains se montra le plus élevé et le plus pur. Nous

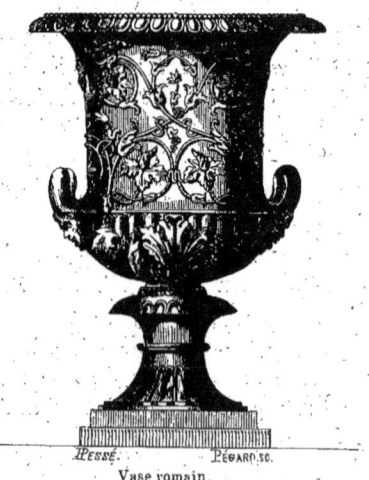

Vase romain.

citerons « l'Antinoüs » comme le plus beau produit de cette espèce de renaissance. Comme exemple de sculpture décorative, nous reproduisons un vase en marbre qui se trouve au musée Capitolin à Rome.

En général, dans les intérieurs de l'antiquité, on retrouvait les décorations sculptées des façades, par exemple les colonnes ornées de leurs sculptures. Nous sommes entrés, en traitant à l'architecture des colonnes des divers ordres, dans assez de détails pour n'avoir pas à y revenir ici.

BRONZES GRÉCO-ROMAINS. — La reproduction en bronze des statues fut extrêmement multipliée en Grèce. C'est par milliers que les Romains enlevèrent les bronzes aux villes grecques, à Corinthe notamment. Nous donnerons ici, comme

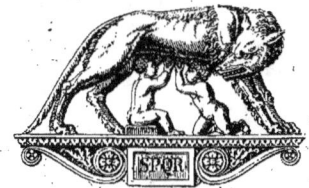

Louve romaine.

échantillons de bronzes romains, la louve qui, avec l'aigle, était portée en-tête des

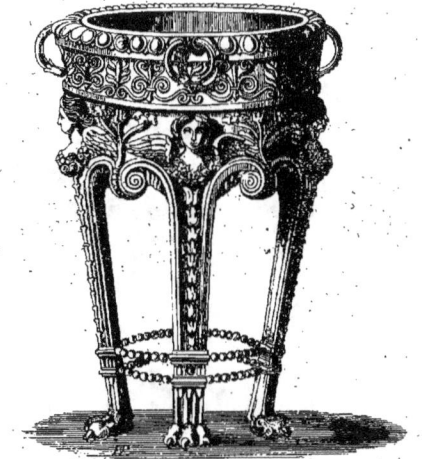

Trépied d'Herculanum.

armées, et comme objet d'ameublement un trépied trouvé à Herculanum, dans cette ville, où, comme à Pompéi, tout respire l'art grec.

ORFÉVRERIE.—Il nous est parvenu de l'antiquité un assez grand nombre de vases d'argent et d'or, de formes très-belles. Chacun connaît la description du bouclier d'Achille tracée par Homère ; c'est à peine si les œuvres de repoussé des plus habiles artistes de nos jours peuvent donner idée de quelque chose d'analogue.

Rome, maîtresse du monde, fut la ville de l'orfévrerie par excellence. On retrouve dans l'orfévrerie grecque et romaine la simplicité de composition, les lignes pures de la sculpture antique.

BIJOUTERIE.—Nous donnons ici un collier grec et des ornements de toilette déposés dans nos musées, qui sont fort élégants. Les dames romaines avaient de nombreux

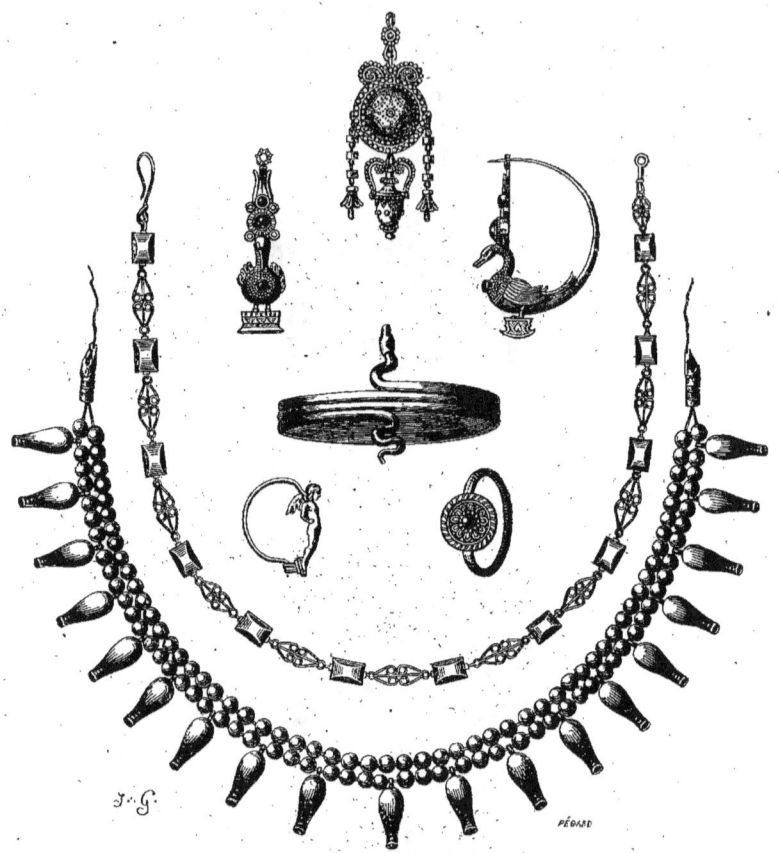

Bijoux antiques.

bijoux, comme l'ont montré les fouilles de Pompéi; leur luxe encourageait les travaux des artistes venus de Grèce, et qui savaient, depuis Phidias, graver les pierres dures. Les camées antiques et les anneaux abondent dans les collections publiques.

STYLE BYZANTIN ROMAN.

Du vi⁰ au xiii⁰ siècle, les arts de la forme jetèrent peu d'éclat : la plastique eut quelque chose de barbare, et ne se sépara pas de l'architecture; dans les œuvres de cette époque, la beauté naturelle ne fut pas mêlée à l'esprit, à l'aspiration de l'artiste dans une proportion suffisante. L'asservissement de l'art à des règles invariables ôtait aux productions tout mouvement et toute variété.

« Au xie siècle, dit M. Bourquelot « (Patria), » la statuaire se présente sous deux formes bien distinctes : l'une courte et ronde, sans noblesse et sans grâce, grossier souvenir de l'art dégénéré ; la seconde apportée de Constantinople et dont les caractères sont : l'allongement des figures, le parallélisme des plis dans les draperies, l'absence de perspective dans les pieds et les genoux, la courbure des sourcils, la disposition des yeux saillants, fendus et relevés aux extrémités. Ces deux formes se maintinrent presque simultanément jusqu'au xiiie siècle qui fut, pour la statuaire comme pour les autres arts, une époque de renaissance. »

M. Emeric David fait observer avec raison que les artistes du temps de Constantin (et à plus forte raison les sculpteurs de l'Occident) crurent pouvoir se dispenser d'étudier l'antique et l'homme nu, par la raison que dans des images, la plupart religieuses, ils n'avaient à représenter que des toges. Aussi bientôt ne surent-ils plus poser une figure d'aplomb sur ses pieds, et ils arrivèrent enfin à ne dessiner que des pygmées presque dénués de toute forme humaine.

Remarquons que la statuaire pouvait difficilement ne pas dégénérer lorsque le christianisme vint faire disparaître le paganisme, et qu'avant d'avoir conçu la pensée de constituer un art propre à leurs croyances, les premiers chrétiens voyaient partout les chefs-d'œuvre de l'art païen ; aussi, par haine de l'idolâtrie, proscrivirent-ils les arts et les artistes. Nous n'avons pas besoin de rappeler ici les querelles des Iconoclastes.

Nous ne reviendrons pas ici sur la sculpture décorative du style roman ; nous aurons à compléter plus loin les exemples que nous avons donnés des zigzags, des pointes de diamant, et autres ornements propres à ce style.

Bronze.—On connaît, de cette époque, des bas-reliefs en bronze, obtenus presque entièrement à l'aide de la ciselure. C'était une sculpture en métal, évidemment inspirée par la vue des œuvres nombreuses d'orfèvrerie dont nous allons parler, et par le désir de produire des œuvres plus durables, plus résistantes.

Orfèvrerie.—L'orfèvrerie byzantine, comme l'architecture des empereurs d'Orient, affecta des formes moins sévères, moins pures, moins classiques enfin que l'orfèvrerie antique. On y voit moins d'étude, de calcul dans la combinaison des lignes. Mais, en revanche, une grande recherche de richesse matérielle caractérise l'orfèvrerie du « style byzantin. » On trouve à la Trésorerie d'Aix-la-Chapelle des produits de ce style, qui datent du temps de Charlemagne, et qui pourraient servir de modèles aux artistes de nos jours. La sculpture en métal, par repoussé, occupa une très-grande place dans l'art de cette époque.

Durant le moyen âge, l'orfèvrerie brilla particulièrement dans la fabrication des châsses, des reliquaires, des tabernacles, des ostensoirs, des chandeliers, des retables d'autels, des crucifix, etc. L'orfèvrerie religieuse prit de bonne heure un grand développement chez les Franks, peuple qui identifia ses intérêts à ceux des évêques des Gaules ; elle était en quelque sorte leur art national. Le luxe des souverains, mais bien plus encore la foi, inspirèrent des œuvres merveilleuses ; ainsi vers l'an 1000 la peur de la fin du monde fit affluer les métaux précieux dans les églises ; aussi c'est dans les Trésors des cathédrales que vinrent se réunir les plus beaux travaux. Les châsses, les tabernacles, les reliquaires reproduisent le plus souvent les formes des églises, et suivent, par conséquent, les évolutions de l'art-type, l'architecture. Jusqu'au milieu du XII⁰ siècle, et quelquefois plus tard encore, les arcatures et les baies sont en plein cintre, les figures sont très-allongées, avec peu de hanches; les plis des draperies sont verticaux, roides, parallèles et serrés; les poils et les cheveux finement indiqués; les costumes ornés d'une étonnante profusion de bijoux.

Nous donnerons pour type de cette orfévrerie le morceau bien curieux dont vient de s'enrichir le musée de Cluny. Nous voulons parler du rétable en or donné par Henri II, empereur d'Allemagne, à la cathédrale de Bâle, et qui est un spécimen bien

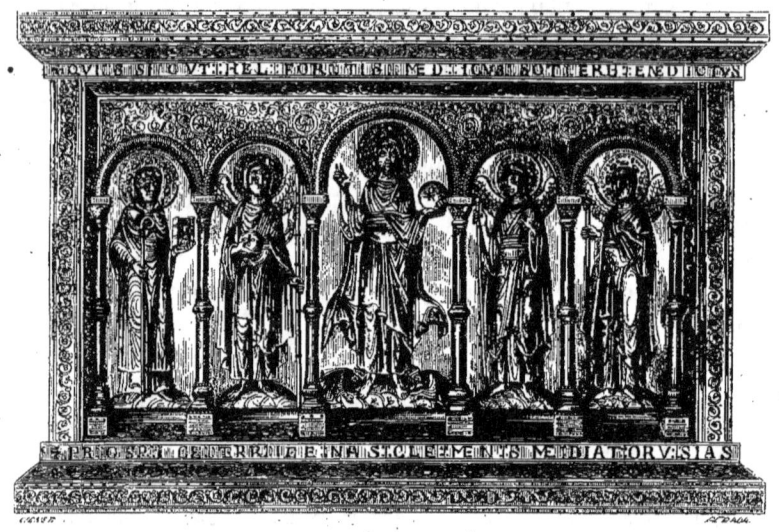

Retable de la cathédrale de Bâle.

complet de l'art roman au XI siècle. L'inscription du « Quis sicut Het medicus soter » (qui pourrait être médecin sauveur comme le Très-Haut [Het]), dit par saint Benoît, indique que cette pièce était donnée par l'empereur après sa guérison d'une maladie. On le voit prosterné avec sa femme aux pieds du Seigneur. On retrouve dans cette œuvre le plein cintre du style roman, et tout y respire le sentiment religieux de l'artiste. C'est un exemple curieux de bas-relief exécuté en métal au marteau, par le procédé du repoussé. Comme dans les œuvres importantes de cette époque, le symbolisme respire dans chacun des éléments de cette composition : Raphaël représente la force, un autre ange la grâce. La croix grecque et la croix latine se trouvent réunies dans un morceau contemporain de la séparation des églises grecque et latine.

BIJOUTERIE-JOAILLERIE. — L'orfévrerie ne se sépare pas à cette époque de la bijouterie, ou plutôt toutes deux sont consacrés à la décoration des églises, au luxe du culte catholique[1].

[1] Un ouvrage bien curieux (Diversarum artium scedula), écrit au XI⁰ siècle, par le moine Théophile, qui était à la fois enlumineur de manuscrits, peintre-verrier et orfévre-émailleur, renferme la description de tous les procédés employés dans les différents arts qu'il pratiquait. On y trouve

Saint Éloi [1], un des premiers évêques du nord de la Gaule, fit ses plus beaux ouvrages d'orfévrerie dès le VII° siècle. Il fit grand nombre de châsses; celle de saint Grégoire de Tours fut la plus célèbre. L'art était plus avancé dans nos contrées qu'on ne pourrait croire; il avait déjà pénétré de l'Italie dans les provinces méridionales, chez les Visigoths. L'art de nieller était déjà connu au X° siècle.

Nous donnons ici la couronne de Charlemagne, qui a deux ornements émaillés,

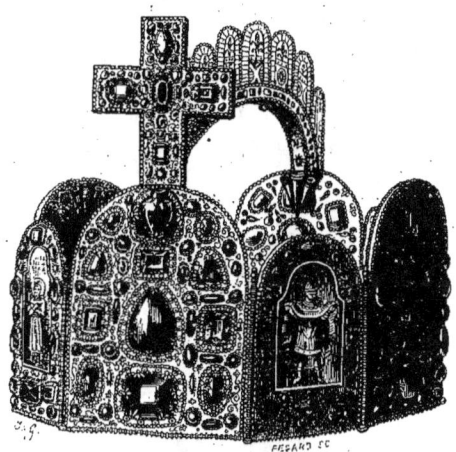

Couronne de Charlemagne.

comme curieux échantillon de joaillerie. Les émaux jouaient un si grand rôle dans la bijouterie de cette époque, qu'on en couvre aujourd'hui les pièces que l'on fait en imitation de ce style, pris souvent comme rappelant le mieux la tradition catholique, tels que les vases d'église, les autels, etc., etc.

STYLE GOTHIQUE.

La sculpture joua un grand rôle au XIII° siècle comme annexe de l'architecture, qui jetait tant d'éclat par la construction des cathédrales; ses progrès procédèrent de la même foi religieuse qui élevait ces monuments. Elle prit une plus grande importance

---

l'état des connaissances techniques, alors mises à la disposition des artistes, et surtout les instructions les plus détaillées pour la confection des pièces d'orfévrerie religieuse qui s'exécutaient le plus fréquemment, étant nécessaires au service divin dans chaque église, à savoir : le grand et le petit calice, la burette, l'encensoir.

[1] Saint Éloi, né vers 588 à Catalac en Limousin, fit son apprentissage à Limoges, où existait une tradition de travaux d'orfévrerie qui remontait au temps de la domination romaine. Devenu le favori de Dagobert, il fonda plusieurs couvents, notamment celui de Solignac en Limousin, dont les moines durent se consacrer à des travaux d'orfévrerie religieuse.

qu'à l'époque précédente, elle eut à couvrir de statues ces admirables cathédrales, et par une suite naturelle du développement de l'art, l'œuvre du sculpteur se détacha quelque peu du monument et devint souvent une œuvre remarquable par le sentiment qui y respire. Les figures du « style gothique, » au XIIIe siècle, ont des draperies très-amples, des plis peu nombreux, mais affectant toujours le mouvement vertical. Toutefois elles sont bien plus voisines des proportions humaines que celles du style byzantin, et l'exécution en est bien plus large.

C'est de cette statuaire qu'un savant archéologue a pu dire avec raison : « La statuaire grecque produit en nous un sentiment très-pur : le sentiment du beau, mais du beau physique ; la statuaire chrétienne développe le sentiment du beau physique et du beau moral, et plutôt le dernier que le premier. » Dans quelques cas, en effet, le sculpteur s'éleva à une grande puissance d'expression, en créant ces sveltes figures d'une tournure si chaste et si ample, telles que celles de la cathédrale de Strasbourg, dues au ciseau des Steinbach.

Evidemment pour produire de telles œuvres, il fallut que l'étude de la nature reprît sa place dans l'art, que l'initiative de l'artiste devînt plus grande. Nous reproduisons ici une Vierge du XIVe siècle, qui a bien le cachet religieux et chaste de l'art de cette époque.

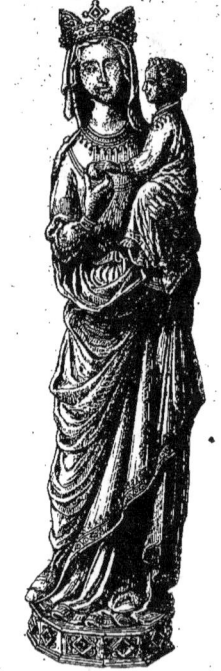

Vierge, sculpture du XIVe siècle.

Vers le XIVe siècle, par suite des progrès de l'art, la sculpture tendit à se matérialiser. A mesure que s'effaçait le goût des compositions symboliques, héritage du style roman, le grotesque commença à s'introduire dans la décoration.

La sculpture sur bois prit aussi une grande place dans l'art et produisit des œuvres admirables destinées surtout à orner les chœurs des églises; les parties principales de ces œuvres rappellent en général les décorations et surtout les flèches des façades des édifices.

Orfévrerie.—Avant le xiiie siècle, l'orfévrerie n'était guère sortie des monastères; cependant la corporation des orfévres existait déjà sous saint Louis. Limoges fut, pendant tout le moyen âge, un centre très-actif de fabrication d'orfévrerie; les émailleurs de cette ville ont laissé une juste réputation d'habileté.

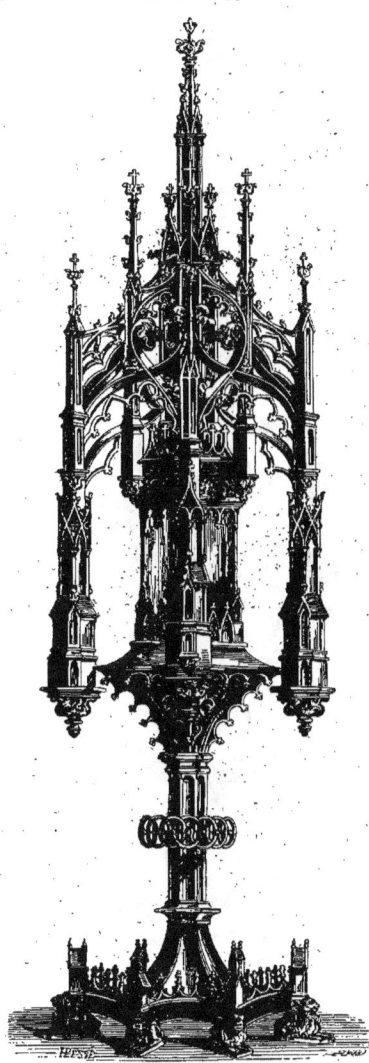

Ostensoir de Israël de Mecken.

A l'époque du style ogival, l'orfévrerie suivit les transformations de l'architecture, et, abandonnant le plein cintre, elle adopta l'ogive, les flèches, les colonnettes, toutes les merveilles d'ornementation empruntées à l'art sarrasin. Ainsi dans les châsses, dans les petites constructions dont nous parlions ci-dessus, l'ogive remplace le plein cintre comme dans l'architecture ; elles sont presque toujours des imitations, sur une petite échelle, de la Sainte-Chapelle de saint Louis.

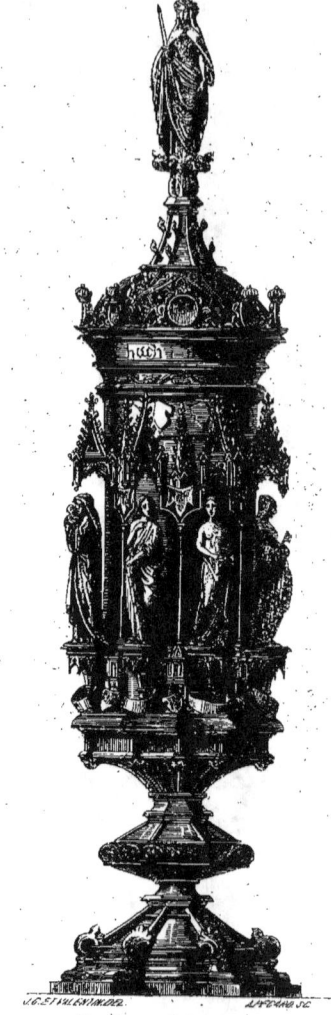
Coupe style gothique-allemand.

Dans les derniers temps de la période dont nous parlons, les aiguières, les vases à boire se répandirent dans tous les châteaux ; la diffusion de l'art commençait.

La gravure en taille-douce, dont l'invention découla de la niellure, et qui est due à Maso Finiguerra, orfèvre de Florence, qui la fit en 1440, permit de multiplier les dessins, et l'œuvre des graveurs vint offrir une foule de motifs à l'étude. Elle reproduisait naturellement les œuvres de l'époque précédente qui étaient encore sous les yeux de tous les artistes.

On doit citer, parmi ceux qui ont laissé de brillantes études d'orfèvrerie, Israël de Mecken. Nous donnons ici la reproduction, d'après un de ses dessins, d'un ostensoir de style flamboyant bien caractérisé. Nous y joignons une coupe de style gothique allemand, qui est une excellente étude faite par un artiste allemand, M. Halbig de Munich. (Exposition de Londres.)

STYLE RENAISSANCE.

La renaissance fut une brillante époque pour la sculpture; une élégance toute particulière s'attacha aux produits de Jean Goujon, de Germain Pilon qui, en France, obéissaient à l'impulsion donnée par les grands artistes de l'Italie, et notamment par le plus éminent des sculpteurs, Michel-Ange.

A l'imitation de l'antiquité, à la réhabilitation de la beauté physique, à la recherche des formes plastiques, à l'étude des forces musculaires, pour laquelle il rivalisait avec l'antiquité, l'art nouveau joignit des tendances méditatives propres à la civilisation chrétienne, et souvent aussi, il faut le dire, la satisfaction d'idées sensuelles. La beauté, qui était un culte pour l'antiquité, prit souvent à la renaissance l'apparence de la volupté.

Nous donnons ici les Trois Grâces de Germain Pilon, une des plus charmantes œuvres de la statuaire moderne, qui, bien que rappelant l'antique, s'en sépare néanmoins par une recherche particulière à la renaissance.

Les vues de quelques monuments de cette époque nous ont déjà montré la profusion de sculptures décoratives, et notamment de bas-reliefs qu'employait l'architecture. Exécutés par les grands artistes, le plus souvent, ces travaux ont toute la grâce, toute l'élégance de leur statuaire.

La sculpture sur bois fut utilisée de la même manière pour les décorations intérieures. Les lambris de la salle Henri II, au Louvre, sont justement célèbres, et souvent cités, avec raison, comme des modèles de sculpture décorative.

Le caractère spécial de ce style réside dans la surabondance de compositions ayant une véritable valeur artistique, appliquées à de véritables œuvres d'art qui ne sont plus pour nous aujourd'hui que des produits industriels.

Les artistes de la renaissance reproduisirent à l'infini, et avec une profusion caractéristique de ce style, non-seulement les rameaux, les feuillages, mais encore les formes du corps humain, les enroulements de création fantastique, de syrènes, et cela avec autant de facilité que de pureté, car ils étaient excellents statuaires.

BRONZE.—L'art du fondeur en bronze, à la renaissance, se releva en Italie avec le plus grand éclat. Florence s'en empara et se rendit célèbre par la supériorité avec laquelle elle sut l'exercer. Il suffirait, pour le prouver, de rappeler les noms de quelques-uns de ses plus grands artistes en ce genre, notamment de Benvenuto Cellini, dont les belles coupes ciselées sont si recherchées, et celui de Lorenzo Ghiberti,

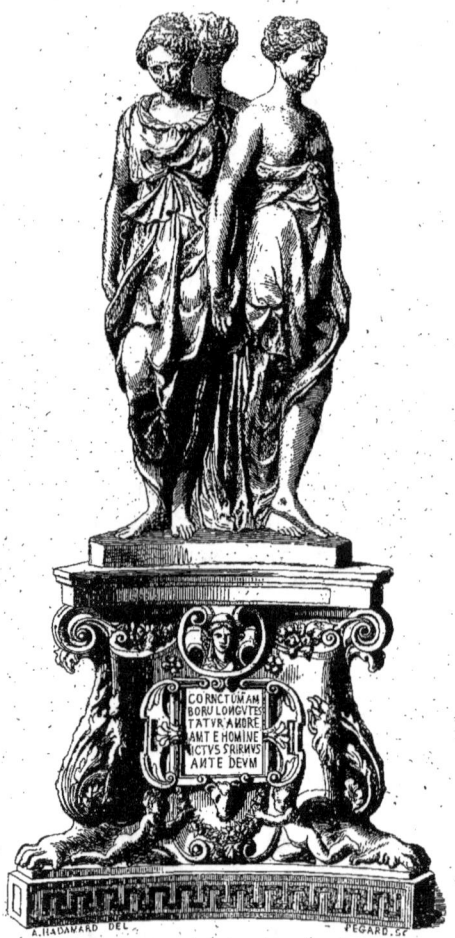

Les Trois Grâces de Germain Pilon.

l'auteur de ces admirables portes du baptistère de Florence, que Michel-Ange déclarait dignes de former les portes du paradis, et qui, formées de scènes encadrées dans des contours géométriques, sont restées le modèle de l'emploi du bronze dans ce genre de décoration.

Nous donnons ici un vase florentin en bronze du musée de Cluny qui nous paraît admirable de formes et de proportions, où l'on reconnaît la richesse de composition, la facilité de production de petites statues qui caractérise les artistes de cette brillante période de l'art.

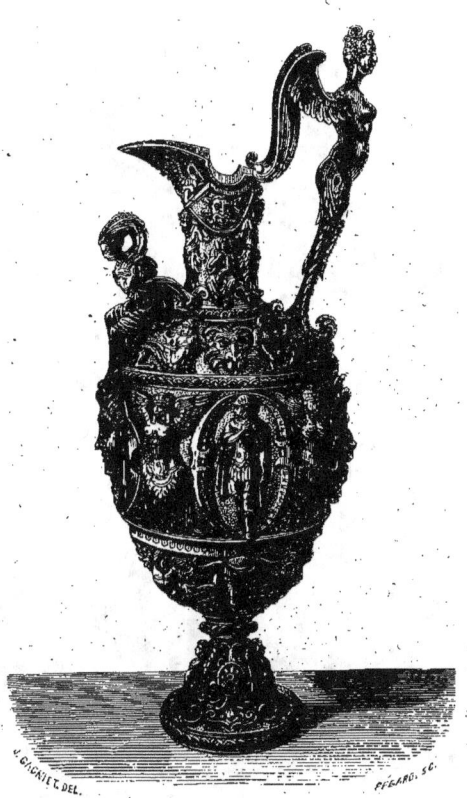

Vase florentin de Cluny.

L'Allemagne a possédé, à la même époque, de grands artistes dans les œuvres desquels on sent le sérieux de l'art allemand. La châsse de saint Sébald de Pierre Fischer de Nuremberg, que nous reproduisons ici, est un chef-d'œuvre de goût d'une rare perfection. On y sent le mélange de la foi du moyen âge et de l'ardeur artistique de la renaissance. Les Apôtres qui entourent la châsse ont toute la perfection des meilleures statuettes de nos jours; les animaux qui la supportent, les feuillages sont étudiés sur la nature, moulés, ciselés avec un soin incroyable.

ORFÉVRERIE. — Les artistes de l'Italie et de la Flandre avaient déjà créé, avant cette époque, des œuvres bien remarquables; les premiers pour les riches seigneurs d'Italie; les seconds, tant pour les puissants ducs de Bourgogne que pour garnir les dressoirs des riches marchands de Flandre. Les grands artistes de la renaissance, en Italie, furent aussi bien orfèvres que sculpteurs. Ghiberti était orfèvre. Ghirlandajo, le maître de Michel-Ange, un des plus féconds et des plus grands maîtres de l'Italie, dut son surnom à une parure en forme de guirlande dont il était l'inventeur. La

France, ruinée par les guerres, fut bien en retard au xvᵉ siècle. Ce n'est que bien plus tard qu'elle entra dans une voie où ses artistes devaient exceller [1].

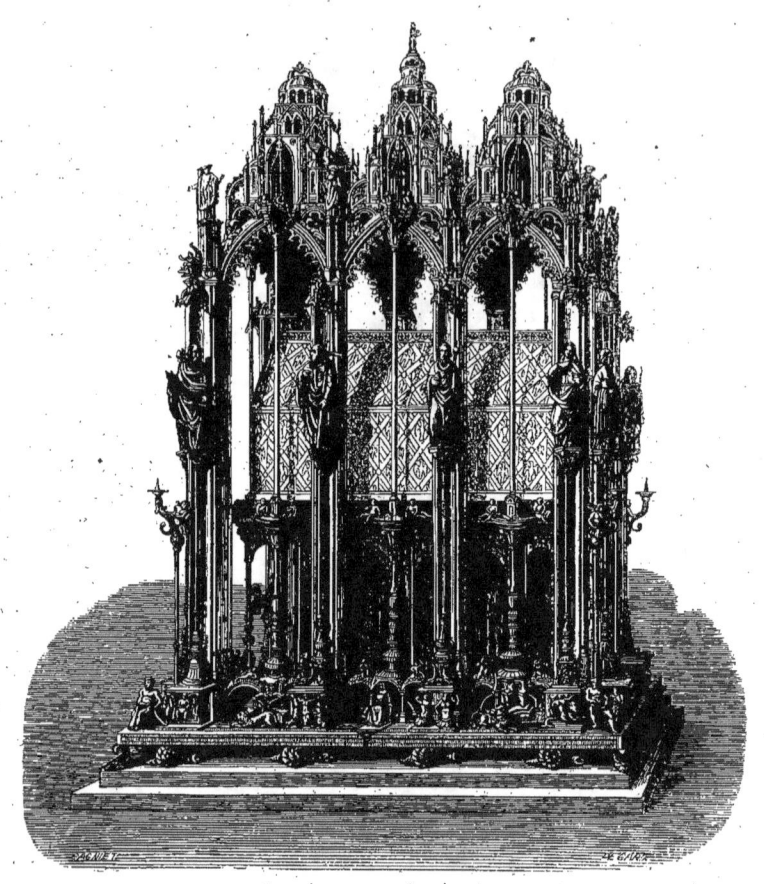

Châsse de Saint Sebald.

Le caractère spécial du style de la renaissance, dans l'orfèvrerie comme dans les bronzes d'art, consiste en une surabondance de compositions, de créations qui donnent une singulière valeur à des objets qui, comme nous l'avons dit, étaient alors du domaine de l'art plutôt que de celui de l'industrie.

Nous emprunterons encore au musée de Cluny une œuvre excellente de cette

---

[1] Sculpteurs et orfèvres célèbres en Italie : —Michel-Ange.—Benvenuto Cellini.—Ghiberti.
En France : —Jean Goujon. —Germain Pilon.—Pierre Bontemps.—Jean Cousin.—Jean de Bologne-Ducerceau.—Léonard, dit le Limousin, l'émailleur le plus célèbre du règne de François Iᵉʳ.

époque; c'est l'aiguière de Briot, orfèvre français, qui peut être citée comme un

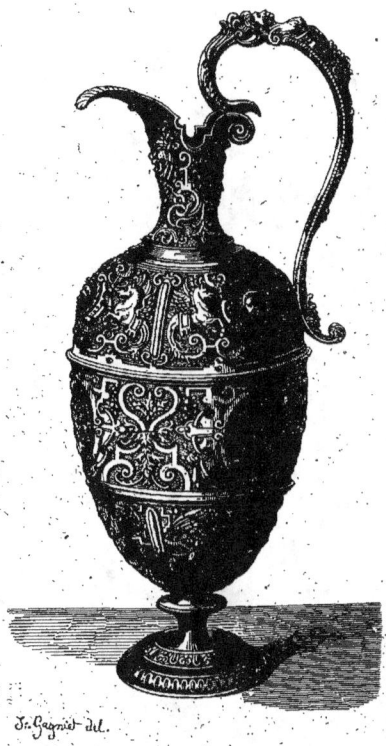

Aiguière de Briot.

modèle de décoration, par le grand nombre de personnages, le bel agencement des détails, et une certaine retenue que ne possède pas l'école florentine.

Après Benvenuto Cellini, la décadence de l'art, déjà sensible en Italie, envahit l'orfévrerie. Après le goût si élevé de l'école de Raphaël, l'amour des fioritures, du flamboyant, se répandit partout, depuis le Rosso jusqu'au chevalier de Bernin, qui peut être considéré comme le précurseur du style Louis XV.

L'art qui s'en allait de Florence et de Rome, dit M. Dufresne (Globe du 20 mai 1855), s'était réfugié à Venise, où les rapports fréquents avec l'Orient firent naître un goût particulier très-reconnaissable dans la vieille orfévrerie : ce sont des entrelacements, des ornements solides qui courent sur des fonds vermiculés; les formes d'aiguières, de bracelets, de bagues, de chaînes, les damasquinages, les filigranes de toutes sortes; les formes des coffrets même sont empruntées aux infidèles. C'est par Venise que sont venus les éléments arabes qui se sont mêlés à ceux de la renaissance dans l'art industriel. Les relations de Venise avec l'Allemagne, au temps d'Hammeling, d'Albert Durer, d'Aldegrave et de tous les graveurs germaniques qui multipliaient les modèles d'œuvres excellentes, lui firent aussi faire de grands progrès dans les arts.

BIJOUTERIE-JOAILLERIE. — Le XVIᵉ siècle nous a laissé une multitude de travaux de bijouterie, vases en cristal, coupes en sardoine, en lapis, en jaspe, accompagnés de figures admirablement ciselées et émaillés; de camées richement montés sur des

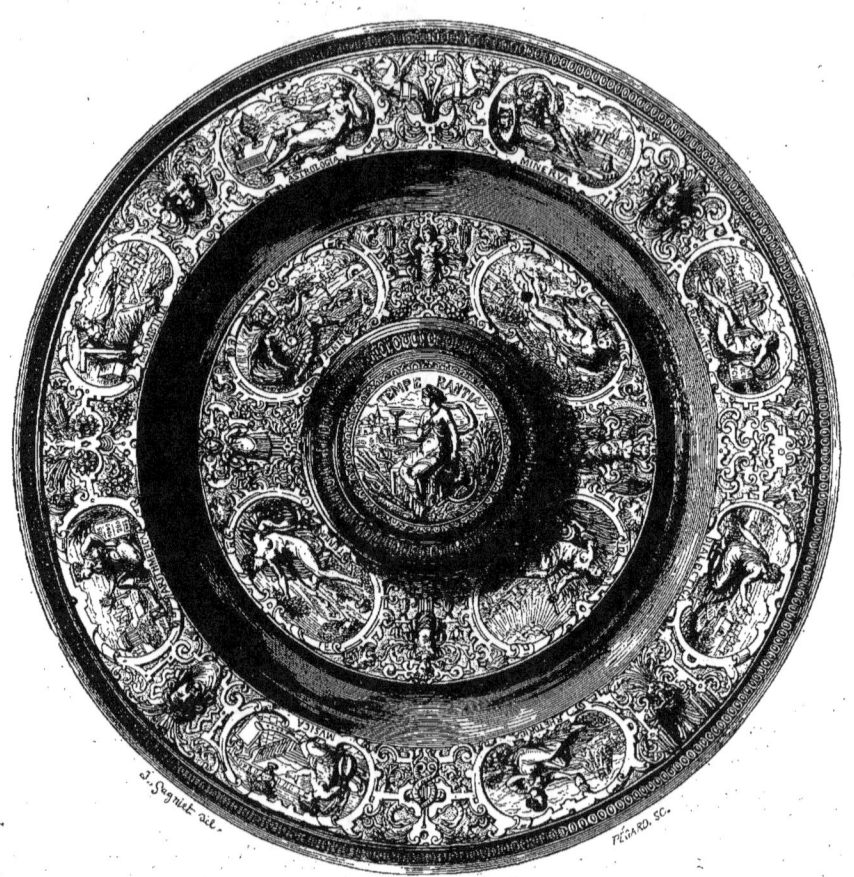

Aiguière de Briot (plateau)

vases, etc., etc, œuvres d'une telle beauté, d'un travail si difficile, qu'on ne peut comprendre comment l'habileté humaine a suffi pour les créer. Il faut lire les mémoires de Benvenuto Cellini, si l'on veut juger des passions qui étaient souvent en jeu à l'occasion d'un bijou qui devait sortir des mains d'un artiste célèbre. Les têtes couronnées se préoccupaient des formes; les rapières et le poignard étaient en jeu pour vider les querelles engendrées par des rivalités d'artistes. On connaît l'histoire caractéristique de la duchesse d'Étampes, qui allait tous les jours à l'hôtel de Nesle, chez Cellini, pour voir travailler à loisir le bel Ascanio, à un lis en diamant resté célèbre dans les fastes de la bijouterie. On comprend facilement tous les efforts qui furent faits pour créer des œuvres remarquables dans une société où les œuvres d'art étaient si appréciées, où les artistes occupaient une si grande place.

STYLE LOUIS XIV.

L'œuvre de la sculpture sous Louis XIV fut considérable; Puget [1], Coysevoix, Coustou, furent, entre autres artistes, des hommes d'un talent supérieur. La fertilité des sculpteurs est bien prouvée par le grand nombre d'œuvres produites à cette époque; on sait l'immense quantité de statues, de groupes et de vases qu'exigea la décoration de Versailles.

Le style de ces artistes n'a pas un cachet différent de celui de l'architecture; recherche du grandiose, peu de souplesse, si ce n'est chez quelques artistes qui paraissent sentir l'époque suivante.

La statuaire décorative employa à profusion les trophées, comme on peut le voir aux Invalides. La sculpture sur bois les prodigua dans les intérieurs, au milieu de moulures variées. On peut en voir un bel exemple dans la célèbre galerie d'Apollon au Louvre.

BRONZE. — La reproduction en bronze de l'œuvre des statuaires ne fut à aucune époque plus remarquable qu'à celle dont nous parlons. Cet art fut restauré et amené à un point d'éclat incomparable par les frères Keller, qui surent suffire à la production la plus considérable sans que leurs œuvres eussent jamais rien de défectueux; aussi sont-elles restées des modèles de l'art du fondeur. Le bronze doré fut employé par Boule pour rehausser l'éclat des meubles. On commença à goûter ce mode brillant de décoration.

ORFÈVRERIE. — L'orfèvrerie suivit le mouvement général; les mêmes influences amenèrent les mêmes résultats que dans les autres arts, tout fut sacrifié à la poursuite d'une fastueuse noblesse. Ainsi un chef-d'œuvre d'orfèvrerie qui se voit au Musée des Souverains, au Louvre, le coffret d'Anne d'Autriche, fut dû aux talents de Lebrun et de Puget, alliés à celui des ciseleurs. Le style Louis XIV ne se trouve nulle part mieux caractérisé que dans les nombreux dessins que nous possédons des artistes chargés de fournir des modèles aux orfèvres [2]. Nous donnons ici le dessin d'un vase d'après J. Lepautre, qui respire au plus haut degré cet air de splendeur opulente qui semble appartenir spécialement aux créations artistiques de cette célèbre époque.

JOAILLERIE. — Ce ne fut guère que sous Louis XIV que la joaillerie acquit une certaine perfection dans l'exécution d'œuvres analogues à celles qu'elle crée de nos jours. Il

---

[1] Puget, l'un des plus grands sculpteurs des temps modernes, doit être placé immédiatement après Michel-Ange, pour l'ampleur de ses figures et l'énergique entente de ses beaux groupes.

[2] Claude Ballin fut le grand orfèvre du règne de Louis XIV ; orfèvre et sculpteur, il s'inspira de l'étude de Poussin, et les vases de bronze de la terrasse de Versailles montrent quelle heureuse application il sut en faire. Pierre Germain, également célèbre, reçut directement l'impulsion de Lebrun. J. Lepautre, dont nous donnons un vase, fut le plus habile dessinateur d'ornements.

n'y avait pas très-longtemps que les pierres et notamment les diamants (dont la taille fut perfectionnée vers 1745) entraient dans la toilette des femmes, qu'on faisait d'autres

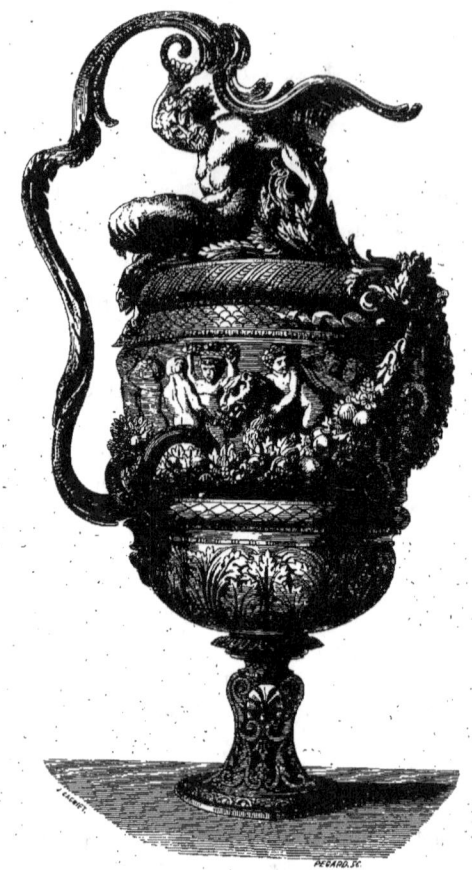

Vase de J. Lepautre.

œuvres que des bagues d'évêques, ou des objets servant au culte. Le célèbre Cardillac, notamment, produisit de très-beaux ouvrages, dont les portraits et les peintures de l'époque peuvent nous donner une idée.

STYLE LOUIS XV.

La sculpture, sous Louis XV, recherchant avant tout l'élégance, tomba dans la mignardise et l'afféterie ; ce sont surtout les œuvres les plus propres à orner les boudoirs qui étaient recherchées et étaient préférées de beaucoup à des œuvres d'un caractère plus élevé, mais moins séduisantes. On ne peut toutefois contester aux artistes de ce temps une souplesse extraordinaire de main, une grande habileté d'exécution, une grâce singulière dans l'entente du sujet.

La sculpture décorative employa surtout les enroulements, les rocailles spéciales à

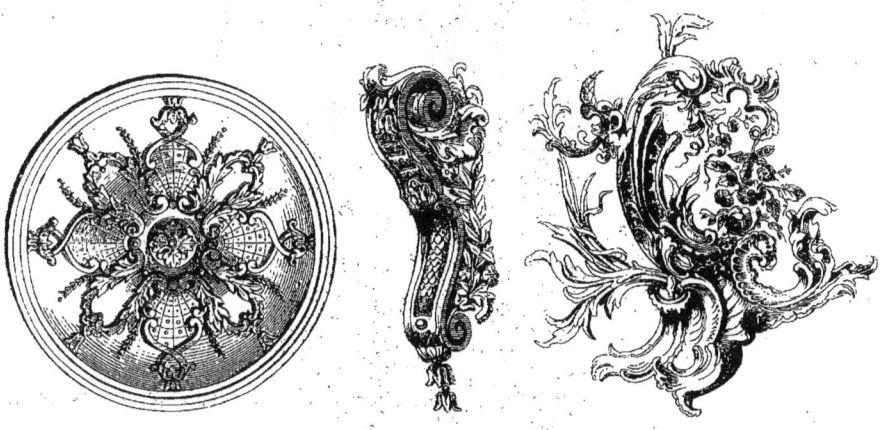

ce style. Nous en donnons ici quelques exemples, qui en rappellent les variétés nombreuses.

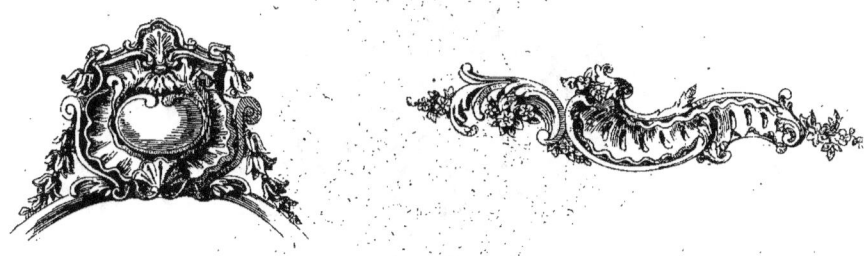

En parlant des décorations peintes, nous rappellerons l'emploi fréquent des tableaux de Bouché, de Vatteau, qui étaient encadrés dans les moulures des panneaux de la boiserie des appartements.

Bronze.—Le bronze doré vint sous Louis XV remplacer les incrustations et occuper une bien plus grande place dans l'ameublement que le bronze statuaire dont l'aspect paraissait trop sévère. Aux pendules en marqueterie succédèrent les groupes en figures dorées, accompagnant le cadran, et les foyers se décorèrent de chenets, de garnitures très-riches.

Nous donnons ici un lustre d'après Oppenord, le grand décorateur de l'époque.

Comme modification du style Louis XV et indication du style Louis XVI, nous

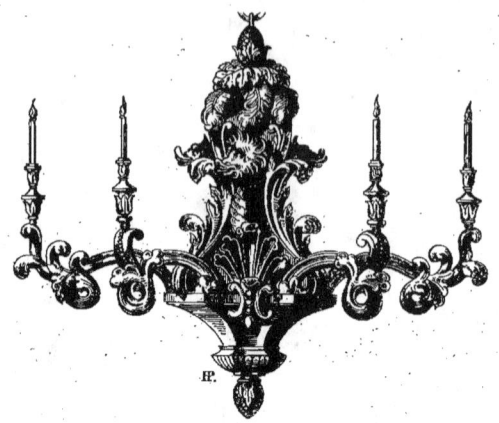

Lustre d'Oppenord.

représentons un brûle-parfums qui indique assez bien les formes préférées de ce

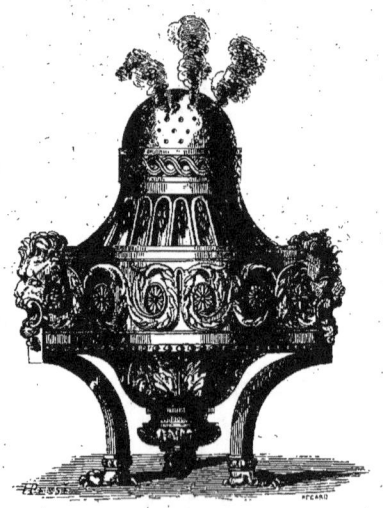

Brûle-parfums Louis XVI.

style. Dans le bronze, il occupe une place importante; et à la fin du siècle dernier, le célèbre fondeur Gouttière produisit des œuvres justement célèbres. Ce fut l'inspirateur et le guide de la sculpture d'ornement sous Louis XVI, lorsque, fatigué du style Louis XV, on en revint, par une transition assez brusque, dans les mœurs comme dans les arts, à une simplicité presque austère, à une espèce de froideur dans les formes et dans les ornements, qui dut paraître étrange quand elle détrôna les principes de l'école précédente.

Orfèvrerie.—L'orfèvrerie a montré durant cette époque les ressources multipliées que pouvaient offrir ses moyens d'exécution, en se prêtant à tous les caprices de la fantaisie, aux associations les plus bizarres dans la décoration que fit adopter l'école inspirée par le Borromini, et notamment du genre rocaille qui domina après que l'influence de Louis XIV et la tradition des travaux de Ballin eut été oubliée. Ce genre puisait ses inspirations dans les constructions en rocailles qui avaient commencé à figurer dans quelques jardins du XVIe siècle. L'Allemagne comme la France, Augsbourg et Nuremberg comme Paris, voulurent du rocaille, recherchèrent en tout la capricieuse ornementation de ce style. On trouve des pièces d'orfèvrerie du temps de Louis XV qui sont ravissantes de fantaisie et de caprice. Rien de régulier; des lignes ou des surfaces ondulées, contournées, insaisissables, indescriptibles.

Nous donnons ici un vase de ce style.

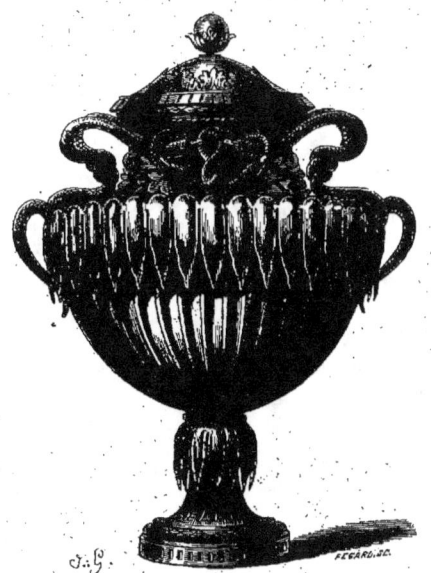

Vase Louis XV.

Bijouterie, Joaillerie.—Ce fut surtout la bijouterie qui créa des merveilles à l'époque dont nous parlons; elle fit d'admirables progrès pour seconder le luxe des toilettes des femmes. Originalité, délicatesse, variété, tels sont les mérites de ces produits. A la fin du règne de Louis XV les orfèvres étaient avant tout des bijoutiers; et sous le nom de « metteurs en œuvre » jouirent de certains priviléges accordés spécialement aux artistes.

Thomas Germain, dit M. de Luynes, fut le chef d'une école dont les ouvrages délicats, étudiés et d'un grand mérite d'ajustement, ressuscitèrent la bijouterie, en flattant avec grâce le goût frivole d'un temps de plaisir et de luxe. On vit alors des bijoux d'une extrême richesse composés dans le seul style qui fût admis alors, avec toutes ses bizarreries, il est vrai, mais avec toute sa nouveauté et sa hardiesse : les montres, les châtelaines, les tabatières étaient couvertes de sculptures repoussées, émaillées, brillantes de pierreries; ce n'étaient que guirlandes, Amours, coquilles et rocailles contournées, ciselées en relief ou gravées, ouvrages peu classiques assurément, mais d'une composition aussi animée qu'elle était diverse, et parfaitement combinée pour déployer toutes les ressources du talent d'artistes maintenant inimitables. Le piqué sur écaille, formé de petits clous d'or réunis en dessins, était emprunté à la Chine, dont l'art européen ne dépassa jamais les prodiges d'adresse et de patience.

Sous Louis XVI, la bijouterie moins productive devint froide et avare d'ornements. Comme dans les autres arts, l'exagération que l'on répudiait fut abandonnée pour suivre une voie tout opposée. Les plus beaux bijoux étaient ornés d'émaux unis et transparents, bleus, gris de fer, opalins; les boîtes en écaille noire, doublées d'or, étaient ornées de portraits ou de miniatures sur vélin. La bijouterie courante se composait de médaillons en losange avec des gouaches sous verre, entourés de perles, ou bien de colliers à plaques réunies par des chaînons polis.

STYLES ÉTRANGERS.

Les Orientaux ne représentant jamais en relief le corps humain, les animaux, car cela leur est interdit par la religion de Mahomet, n'ont pas de statuaire; mais ils recherchent le luxe de l'orfèvrerie et des pierres précieuses, qui semble tout à fait convenir à l'éclat des décorations de l'Orient.

Parmi les produits remarquables de ce genre, nous citerons en premier lieu l'ornement des armes, luxe principal de ces nations belliqueuses au temps de leur splendeur. Nous en donnons un exemple curieux dans la représentation d'armes des Mamelucks, ces souverains de l'Égypte. Nous reviendrons plus loin sur cette question en suivant, au sujet de l'emploi fait aujourd'hui des procédés pour damasquiner et autres qui nous viennent de l'Orient et de l'Inde, le savant rapporteur de l'Exposition de Londres, M. le duc de Luynes.

La statuaire paraît peu développée chez les Chinois et les Indous; nous ne connaissons leur art que par d'affreuses pagodes, ou des figures de peu de valeur. Il n'en est pas de même de l'orfèvrerie chez ces derniers, l'Exposition de 1855 nous en présente des échantillons remarquables; on sent que les moyens d'exécution sont peu avancés, mais le goût d'ornementation est toujours extrêmement remarquable.

On doit surtout remarquer les filigranes, genre de bijouterie exécutée avec des fils d'or ou d'argent, qui est né dans l'Inde et s'est propagé dans l'Orient. Ainsi l'exposition a montré des boîtes, des paniers, des bijoux en filigrane, couvert d'étoiles, de rosaces, d'ornements de tout genre. C'est le bijou fabriqué à profusion par les industrieux ouvriers chinois, qui savent le fabriquer depuis bien des siècles avec une rare perfection. Le travail matériel ne laisse rien à désirer; les soudures sont parfaites, et ce n'est pas un petit mérite, car le bijou en filigrane présente beaucoup de difficultés sous ce rapport; la légèreté de ces produits est si extraordinaire que c'est à

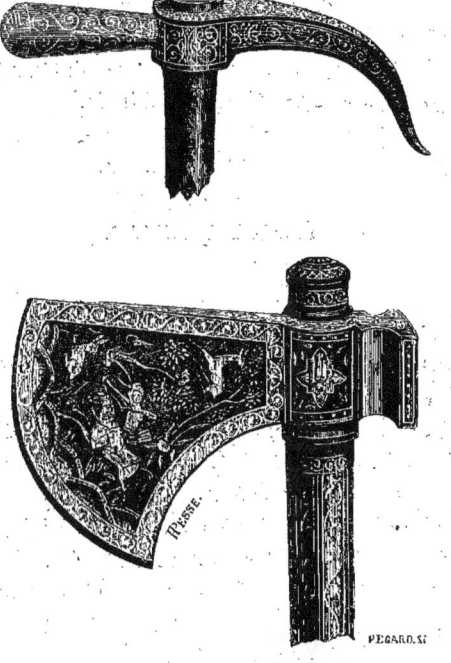

Armes des Mamelucks.

peine si de nos jours on peut en approcher. Malheureusement tous les bijoux chinois pèchent essentiellement par la forme, par l'ornementation, par le goût. Les Génois exécutent aussi depuis longtemps d'une manière remarquable, sous le rapport du travail matériel, les bijoux en filigrane, mais on doit leur adresser le même reproche qu'aux Chinois : ils manquent de goût et de variété.

Le filigrane proprement dit est un bijou dont l'ornementation est exécutée au moyen de deux fils d'argent ou d'or, très-fins, tordus ensemble de manière à imiter une corde d'une grande ténuité. A l'œil nu, cette corde semble être un fil gravé. On contourne ce fil à l'aide de tenailles de diverses formes, et de différents autres outils que l'ouvrier invente à chaque instant, et l'on parvient à former ce travail merveilleux

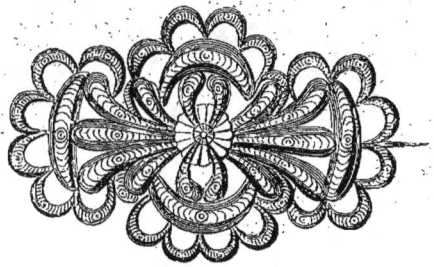

Bijoux en filigrane.

par sa délicatesse, dont nous plaçons un dessin sous les yeux de nos lecteurs.

En France, au lieu de laisser le « filigrane » proprement dit faire tous les frais de l'ornementation, aussi bien que de la charpente du bijou, les artistes français ont appelé à leur aide les ornements brunis, les émaux, les ors de couleur, le guilloché, la gravure, les dessins de toute nature; aussi ils sont arrivés à embellir, à varier de tant de manières ce bijou, que partout on le préfère maintenant, quoiqu'il soit encore un peu moins léger que celui des Génois et des Chinois.

ÉPOQUE ACTUELLE.

L'époque actuelle s'est repris pour la sculpture d'une passion justifiée par les œuvres remarquables qu'elle a vu naître. Thorswaldsen, Schwantaler, Rauch en Allemagne, Canova, Pradier en France, ont, entre autres artistes, produit depuis le commencement du siècle des œuvres d'un grand mérite, et ont, à bon droit, passionné leur concitoyens.

Nous ne pouvons nous arrêter à une étude de l'art de la sculpture, qui offrirait un bien grand intérêt, mais qui exigerait des études toutes spéciales; elle nous ferait d'ailleurs sortir des sphères plus modestes de l'art industriel. Ce serait déjà un travail considérable que d'énumérer seulement les œuvres les plus remarquables des sculpteurs

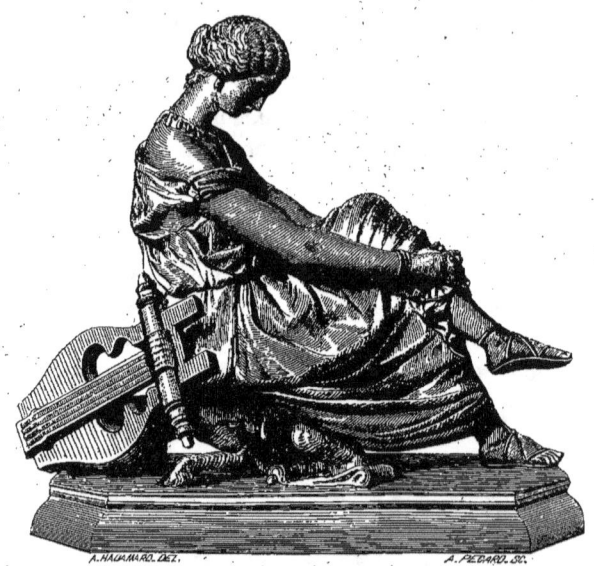

Sapho de Pradier.

modernes qui se distinguent par un beau sentiment de calme et de grandeur, comme la Madeleine de Canova, le lion de Lucerne de Thorswalden, cette image de la dignité dans la mort, ou celles qui représentent la force ou la joie; le danseur napolitain de Duret, ou le tueur d'aigles de Bell, que nous montre l'Exposition de Paris. En face de cette grande tâche, qu'il nous est impossible d'aborder, nous ne donnerons ici qu'un bel échantillon de sculpture moderne, la dernière œuvre justement célèbre de Pradier, ce grand sculpteur que la France a récemment perdu.

Si nous passons maintenant à la sculpture décorative, nous dirons qu'à l'époque actuelle on en est revenu à l'emploi presque exclusif des moulures, bandeaux, genre en rapport avec le mobilier. Ce n'est que dans des cas rares que la sculpture est appelée à orner les murailles à l'aide de sculptures, et encore est-ce le plus souvent à l'aide de dressoirs ou meubles plaqués sur celles-ci que l'on obtient cet effet. Toutefois le carton-pierre vient quelquefois provoquer l'emploi de la sculpture pour l'ornementation de grand luxe. C'est ainsi que M. Cruchet a décoré récemment le salon de Bade avec une richesse qui a quelque chose de féerique.

En général aujourd'hui, c'est le luxe des glaces, des tentures, des tapis qui brille dans les intérieurs, genre de décoration qui répond au grand nombre de fortunes de second ordre, et au petit nombre de fortunes princières de notre société; au reste, cette question de décoration ainsi posée, rentre dans l'emploi des couleurs dont nous parlerons plus loin.

Enfin nous devons parler ici des imitations d'objets naturels, des fruits, par exemple, à l'aide de cire et du carton-pierre, mais surtout des fleurs à l'aide des étoffes et du papier. La fabrication des fleurs artificielles, qui fournit un élément si gracieux de la toilette des dames, est devenue une importante industrie parisienne[1].

BRONZES[2].

L'industrie du bronze a pris en France une très-grande extension, qui s'explique par le développement de l'art statuaire, le goût de nos ouvriers pour ajuster les diverses parties fondues séparément, pour ciseler et réparer les imperfections de la fonte. Tous les chefs-d'œuvre de la statuaire ont été réduits pour fournir des ornements d'un goût pur; une foule de sujets de petite dimension ont été modelés par

---

[1] C'est d'Italie que vinrent les premières fleurs artificielles employées à la toilette des dames et à la décoration des appartements. Il y a environ un siècle, s'établit à Paris Séguin, natif de Mende en Gévaudan, véritable artiste qui avait étudié la botanique et qui s'appliqua le premier à copier scrupuleusement la nature dans l'imitation des fleurs. Ce fut vraiment lui qui dota Paris d'une industrie qui a pris tant de développement.

[2] Pour ce qui va suivre, nous ferons de nombreux emprunts au beau rapport de M. le duc de Luynes sur l'Exposition de Londres. Aussi bon juge qu'amateur éclairé et savant, M. le duc de Luynes a renfermé dans ce travail toute l'histoire de l'orfèvrerie, de la bijouterie, des bronzes dorés depuis le commencement de ce siècle. Il paraît encore d'une manière brillante à l'Exposition de 1855, comme promoteur et collaborateur de plusieurs des plus belles œuvres que ces industries aient produites : l'épée ciselée par les frères Faunière, la Minerve en ivoire et or de M. Simart. Une industrie serait heureuse et fière de conserver toujours des juges de cette distinction.

nos artistes. Dans ce genre de créations le gracieux, l'agrément dans les motifs est surtout recherché avec juste raison ; la statuaire de si petite dimension ne peut guère, comme nous l'avons dit, se proposer un but plus élevé.

L'influence du procédé Collas, qui a mis en circulation d'excellentes réductions des chefs-d'œuvre de l'antiquité, doit être surtout citée aussi bien que celle de Barye, qui par une étude exquise de la nature a fait faire un pas immense à la reproduction des animaux.

Dans ce qui précède nous parlons surtout du bronze d'art qui conserve la couleur du métal ; dans ce qui suit nous aurons plus souvent en vue le bronze doré, dont la fabrication moins artistique est, et surtout était plus spécialement il y a encore peu de temps, l'objet de l'industrie des bronzes.

C'est dans ce siècle, et surtout à partir de 1840, que l'art peut être considéré comme complet, grâce aux travaux antérieurs qui ont valu une juste réputation à Ravrio, Thomire, Denière, ceux-ci qui améliorèrent, en lui donnant une grande importance, la fabrication des petits bronzes qui tendait à renaître. Les artistes, devenus bientôt beaucoup plus nombreux, trouvèrent dans leur imagination et leur talent les ressources nécessaires pour tenir en éveil la curiositté et l'intérêt des acheteurs. Une foule de petites pièces de décoration et d'ameublement furent mises, par leur bon marché, à la portée des fortunes moyennes. Le plus souvent leurs ornements appartenaient au style Louis XV, qui offrait de magnifiques modèles de pièces d'un grand éclat, donnant des produits d'un goût en général douteux et assez fréquemment mauvais [1]. Nos meilleurs fabricants cherchèrent à contenir le goût public soit en lui offrant, à un prix modéré, de belles choses, même dans le style qu'il préférait ; soit en excitant sa fantaisie par des travaux ornés et variés, d'un caractère nouveau et curieux à la fois.

Si maintenant nous passons en revue les œuvres remarquables en bronze qui ont paru aux dernières expositions, nous citerons :

M. Vittoz, qui exposa à Londres une pendule dite « les Heures du Jour, » ornée d'Amours (en bronze) sur un nuage et reposant sur un socle en marbre blanc. Le style Louis XVI y était observé avec beaucoup de goût.

M. Matifat fit remarquer une coupe de vieux Sèvres avec sa belle monture en bronze doré. Nous avons donné à l'article *Céramique* un exemple du mélange de porcelaine et de bronze doré qui est assez à la mode, et que Sèvres paraît adopter pour les pièces de grande dimension.

M. V. Paillard avait exposé une grande pendule avec candélabres dorés, style de la fin du règne de Louis XIV, et des flambeaux Louis XV à fût tordu et pied orné d'écussons.

A l'Exposition de 1855, pour l'application industrielle la plus importante, pour la pendule, il n'y a que peu de travaux à citer en bronze doré ; celui-ci cède la place au

---

[1] Destinée à satisfaire les velléités de luxe de bien des modestes fortunes (la division des fortunes est le caractère principal de notre société, celui qui réagit le plus puissamment sur l'art industriel à notre époque) ; l'industrie des bronzes, se ramifiant dans une infinité de petits ateliers, produit des pièces d'un goût douteux ; le véritable progrès, celui qui, au reste, se réalise chaque jour grâce à l'épuration incessante du goût, consiste à faire entrer de plus en plus l'art dans la fabrication sans trop renchérir les produits.

bronze d'art placé sur un socle qui semble dissimuler le cadran de la pendule. C'est un résultat que l'Exposition démontre bien clairement. Tandis qu'elle offre quantité de magnifiques bronzes, il n'y a pas d'œuvres vraiment remarquables en bronze doré pour les garnitures de cheminée; il y a au contraire de beaux produits de ce genre pour décorer des meubles style Louis XVI (voir plus haut le meuble de M. Grohé, dont les bronzes ont été obtenus en galvanoplastie par M. Christofle), pour orner des cheminées du même style; enfin il est la base de magnifiques lustres de grandes dimensions.

L'industrie des bronze est toute française et toute parisienne : rien de comparable ne se fait à l'étranger comme importance industrielle et comme goût; aussi la fonderie de bronze est devenue une des plus belles industries de la France; elle n'a pris dans aucun autre pays un développement comparable, et à l'Exposition universelle de Paris on a pu compter vingt fabricants français pour un fabricant étranger.

FONTE ET ZINC.—La fonte de fer, le zinc sont venus récemment prendre place dans la décoration, ce dernier surtout depuis qu'on a pu le recouvrir de bronze par dépôt galvanique et qu'on a pu le mouler dans des moules métalliques, c'est-à-dire de manière à faire disparaître pour chaque pièce isolée la dépense du moulage. De magnifiques fontaines en fonte de fer ornent aujourd'hui nos places publiques. A titre de spécimen d'un travail digne d'être considéré comme un des beaux produits de la

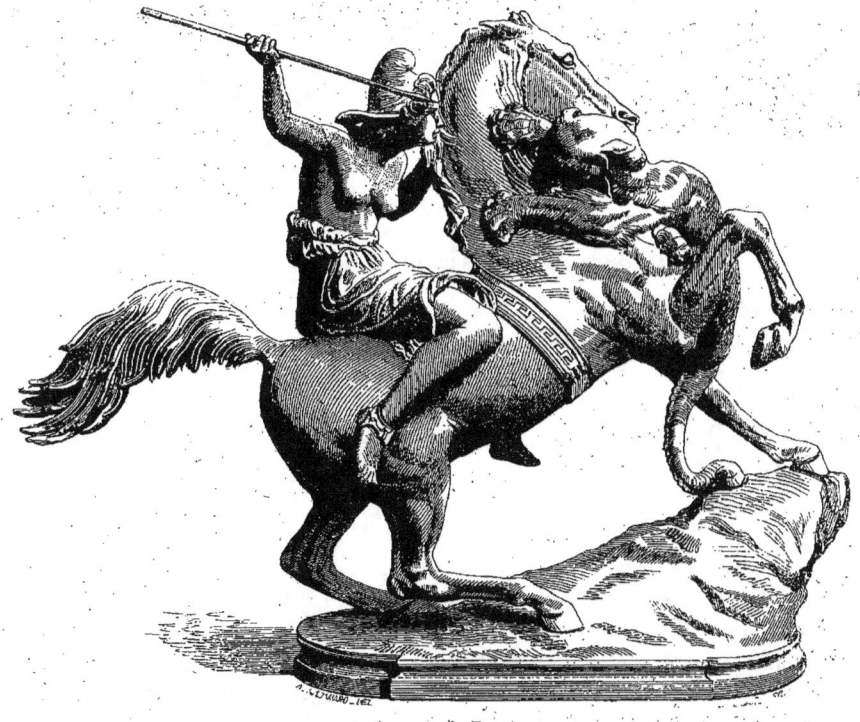

Amazone de Kiss.

statuaire allemande, nous représentons l'Amazone de Kiss, fondue en zinc par Geis, de Berlin, et qui a été justement admirée à Londres.

Nous citerons encore un produit très-estimé chez les Anglais, ce sont leurs belles

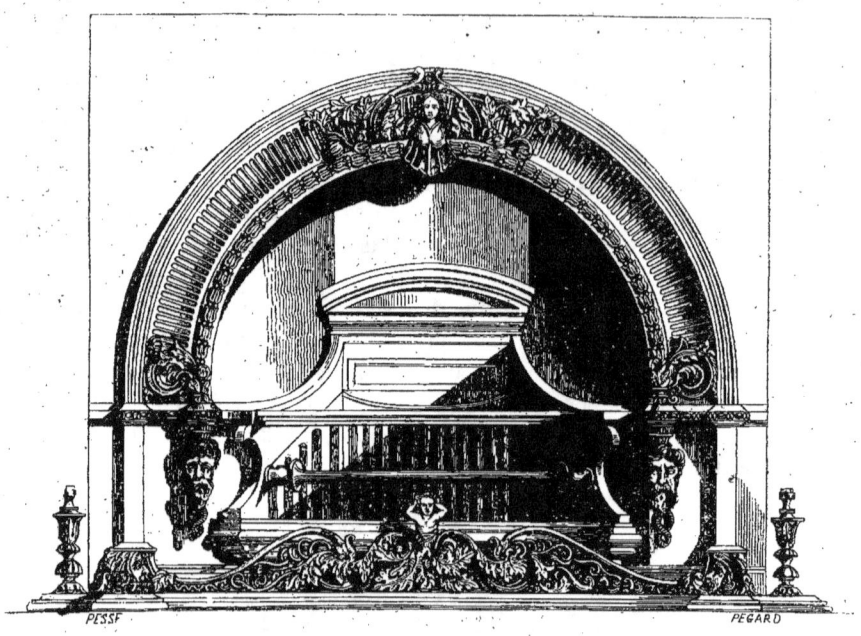

Cheminée anglaise.

cheminées de Sheffield, en fonte et acier, destinées à recevoir de grands feux de charbon de terre, et auxquelles ils donnent souvent des formes très-heureuses.

ORFÉVRERIE.

La révolution fit disparaître les belles œuvres d'orfévrerie; elles retournèrent à la Monnaie dans un temps où personne ne pouvait ni n'osait afficher de luxe, lorsque toutes les grandes familles étaient proscrites. Aussi, lorsque sous l'Empire on voulut de grandes pièces d'orfévrerie, la France avait oublié ses propres traditions, et si elle parut en retrouver quelques débris, c'est parce qu'elle avait inspiré autrefois les modèles qu'elle adopta alors, les produits demeurés à la mode en Angleterre. Les orfèvres eurent aussi à imiter les procédés perfectionnés d'estampage que leur entente de la mécanique et la prospérité de leur fabrication avaient fait adopter à nos voisins. A leur exemple, la fabrication française consista surtout dans l'application d'ornements estampés sur des pièces à contours gracieux.

Au commencement de l'Empire, Auguste, l'ancien orfèvre de Louis XVI, Odiot, Biennais, furent les orfèvres en réputation. Odiot surtout, nommé orfèvre de l'empereur, fut chargé de travaux considérables. Nous citerons comme exemple de ses compositions, le berceau du roi de Rome, pour lequel il fut aidé par Thomire, et dont les dessins furent fournis par Prudhon. Une élégante Victoire, à demi agenouillée sur un globe, dominait l'arcade du berceau et soutenait sur la tête de l'enfant impérial une couronne d'étoiles, d'où partait la draperie de dentelles qui servait de rideaux. Les génies de la Force et de la Justice étaient debout devant les pieds antérieurs et postérieurs du berceau, formés par des cornes d'abondance croisées.

Cette description permet d'apprécier le style de l'Empire dans les œuvres d'art; on cherchait l'imitation de l'antique avec quelque chose de l'inexpérience d'une génération qui avait conservé peu de traditions de procédés techniques, dans laquelle les artistes spéciaux, les ouvriers très-habiles étaient peu nombreux.

Sous la Restauration, la transformation qui tendait à se produire dans tous les arts se fit sentir immédiatement dans l'orfèvrerie. On ne faisait plus des imitations de l'antique, mais on conservait toujours les souvenirs classiques en cherchant plus de liberté et d'originalité. Fauconnier se distingua surtout à cette époque; non-seulement il produisit quelques belles œuvres dans le style classique, mais encore ce fut lui qui tenta les premières pièces d'orfèvrerie dans le style de la Renaissance. Ce fut dans son atelier que M. Barye fit ses premières études d'animaux, genre auquel il a su faire une si grande place. Il forma ses neveux, MM. Fannière, dont nous allons rencontrer les beaux travaux de ciselure.

Dans ces dernières années, les orfèvres français les plus célèbres furent d'abord: M. Odiot fils, fidèle en général au goût anglais, à la riche orfèvrerie; M. Lebrun qui se distingue par un grand talent de ciseleur; M. Durand, et enfin M. Wagner, qui vint en 1830 remettre en honneur le repoussé, le procédé par excellence de l'orfèvrerie d'art, celui qui lui est tout spécial, et qui avait cédé la place aux procédés plus industriels de la fonte et de l'estampage. Au lieu de se borner à l'exécution de pièces utiles, Wagner accusa franchement la tendance des orfèvres de premier ordre à constituer un art complet, à créer des pièces ayant seulement une valeur artistique. Disons tout de suite que cette voie est périlleuse et que les orfèvres ne doivent jamais oublier les conditions toutes spéciales qui font de l'orfèvrerie un art industriel, ce qui ne veut pas dire qu'ils ne puissent produire des chefs-d'œuvre, mais seulement que ceux-ci sont d'une nature particulière, d'un autre ordre que ceux de la statuaire.

En 1839 parut pour la première fois à l'Exposition un grand artiste que la France vient de perdre, M. Froment-Meurice. A une grande valeur personnelle, à un goût sûr qui le portait à trouver autre chose que l'imitation des siècles passés, c'est-à-dire, l'originalité et un caractère propre à notre temps, il joignait les qualités organisatrices qui permettent la production rapide et excellente exigée aujourd'hui, et qui ne peut s'obtenir que par la réunion des efforts des collaborateurs les plus distingués. En effet, aujourd'hui, pour les œuvres de premier ordre, le concours des premiers artistes ciseleurs, émailleurs est réclamé par les divers fabricants. Nous donnons ici un vase mis par lui à l'Exposition de 1844, offert par la ville de Paris à un célèbre

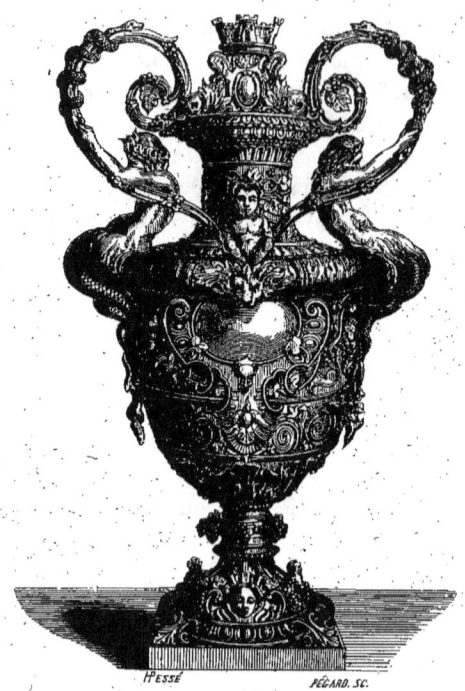

Vase de M. Froment-Meurice.

ingénieur, et son chef-d'œuvre, l'admirable toilette de la duchesse de Parme, qui recueillit tous les suffrages à l'Exposition de Londres, et lui valut la grande médaille.

Ce morceau capital consiste en une table à pieds d'argent richement décorés; la surface de la table est en argent niellé de fleurs de lis, encadrée d'une bordure en acier gravé. Le miroir richement garni d'argent est flanqué de deux candélabres en forme de lis, soutenus par des anges portant les armoiries de la princesse. Des coffrets de forme gothique ornés de figures émaillées et polies, une aiguière et un plateau complètent ce bel ensemble, où les lis, les formes gothiques, rappellent avec la plus exquise délicatesse à la fille de nos rois les vieilles traditions françaises, et où la brillante décoration des émaux, des décorations de tout genre, brille d'un éclat tout moderne.

Nous compléterons nos emprunts à M. de Luynes, en citant parmi les artistes les plus éminents de notre époque, comme un maître complétement digne d'être mis en parallèle avec les maîtres de la Renaissance, M. Vechte qui exposa en 1847 au Louvre un admirable vase, exécuté au repoussé (procédé qu'il a amélioré par l'emploi de creux en bronze obtenus en fonte par le moulage du modèle à exécuter, pour préparer et avancer le travail), dont l'ornement représentait le combat des Dieux contre

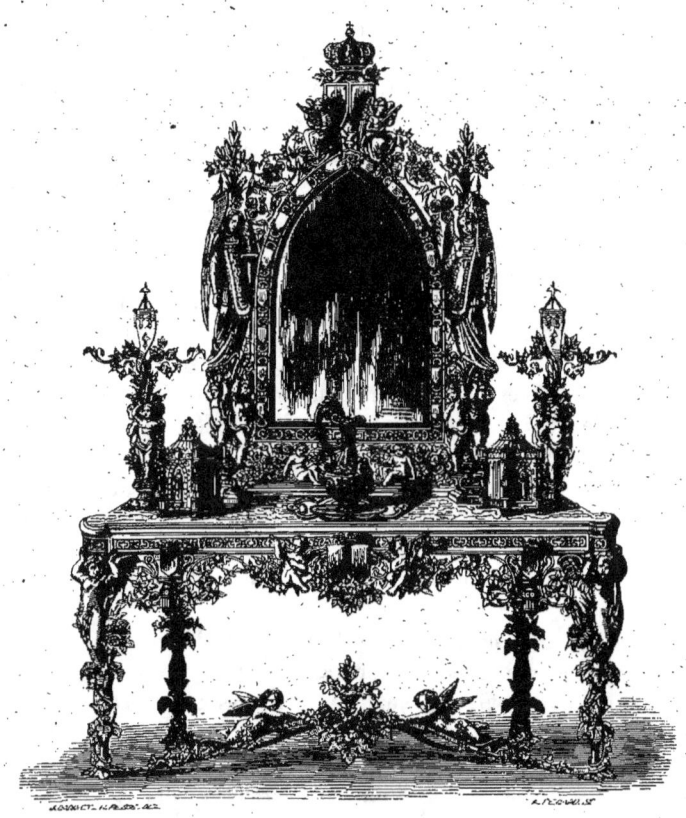

Toilette de la duchesse de Parme.

les Géants. Au sommet de cette amphore, et sur le couvercle, Jupiter, assis sur son aigle et tenant les foudres, va frapper ses adversaires ; les Géants, armés de troncs d'arbres et de rochers, escaladent l'Olympe, se groupent en bas-reliefs sur la panse du vase, en ronde-bosse sous les anses ; au pied, les passions de la Haine et de la Discorde se débattant, déjà renversées et frappées par les traits de Jupiter. Ce vase admirable a figuré à Londres, à l'Exposition de MM. Hunt et Roskell.

Ce qui précède montre assez clairement, ce nous semble, que l'orfévrerie française tend, dans ses œuvres d'art, à se rapprocher de la Renaissance par la richesse des compositions, tout en leur donnant un cachet propre à notre époque. Dans la décoration pure de l'orfévrerie de table, le style Louis XV tient cependant encore une assez grande place. Nous allons compléter cette revue en disant quelques mots des œuvres que nous offre l'Exposition de 1855, après un rapide examen des œuvres principales de l'orfévrerie étrangère.

ANGLETERRE.—L'Exposition de Londres a bien montré ce que nous avons déjà nommé le « goût anglais. » Son ornementation est en général mal conçue, confuse et peu raisonnée, mais la forme même des pièces de vaisselle de table est commode pour l'usage, bien appropriée aux différents besoins du service; elle possède cette perfection de formes d'articles usuels, pour laquelle les Anglais, qui ont presque inventé la chose, ont inventé le mot « confortable. »

Les grandes compositions, dues à MM. Hunt et Roskell, les successeurs de Mortimer, qui possèdent la plus importante fabrique d'orfèvrerie et bijouterie du monde entier, offraient à Londres, au dire de l'excellent juge que nous continuons à suivre, avec de nombreux défauts de compositions trop chargées, l'indication d'efforts évidents pour sortir d'une mauvaise voie ; comme chez plusieurs de leur rivaux, l'épuration du style se fait sentir et doit mener à une régénération assez prochaine du goût qui est l'aspiration de toute l'industrie anglaise. Ils tendent à transformer ces grandes pièces d'orfèvrerie avec force personnages en argent mat, qui sont tout-à-fait antipathiques aux ressources et à l'esprit de la bonne orfèvrerie, et qui sont cependant très-goûtées des Anglais pour leurs « testimonials. » Il faut dire que ces figures, ces arbres, ces végétaux et animaux, distribués sans pondération, sans beauté dans leur symétrie, sans grâce dans leur irrégularité, paraissaient souvent des jouets d'enfants plutôt que des objets d'art. On peut remarquer, dit M. de Luynes, dans tous les pays et dans tous les temps, que l'orfèvrerie et la fabrication des vases en terre cuite et en porcelaine suivent une marche à peu près identique et adoptent les mêmes formes avec une décoration du même genre. Les beaux produits de céramique du Straffordshire, notamment ceux de M. Minton, sont d'un heureux présage pour l'industrie anglaise.

L'exposition à Paris des produits de l'orfèvrerie anglaise confirme ces prévisions et elle montre, en dehors des œuvres hors ligne de M. Vechte, nombre de créations d'un très-bon goût. Les progrès accomplis en quelques années sont incontestables.

ALLEMAGNE.—En Allemagne, après Dinglinger, mort en 1731, l'orfèvrerie d'art cessa d'exister; le goût public s'attacha seulement à des ouvrages brillants, lustrés, très-finis dans leurs détails. Toutefois, la fabrication devint beaucoup plus considérable vers la fin du XVIIIe siècle, lorsque l'introduction de l'estampage rendit accessibles et à bon marché les produits de l'orfèvrerie.

L'imitation des procédés anglais fit adopter les formes anglaises, et encore aujourd'hui la mode s'attache en Allemagne à ce qu'on appelle le « genre baroque anglais. » Toutefois, de grands artistes dominent maintenant le goût public en produisant des œuvres qui ont un cachet artistique qui leur est propre et qui sont dignes du rang si élevé que la statuaire et la peinture allemandes occupent dans le monde des arts. On a beaucoup admiré à Londres une grande création de cet ordre due à M. Albert Wagner, qui formait la pièce principale d'un surtout de table.

Nous ne suivrons pas plus loin notre étude par pays. La Russie, où l'industrie des tissus d'or a été introduite par les Byzantins, en même temps que le christianisme ; l'Italie, l'Espagne avaient exposé quelques pièces remarquables à l'Exposition de Londres. Ce grand spectacle, la première et si éclatante manifestation du mouvement qui tend à la fusion des nations, a montré chez la plupart d'entr'elles d'assez belles œuvres pour prouver que les grands artistes ne sont le privilège d'aucun pays.

On ne voit pas, à l'Exposition universelle de Paris, d'œuvres d'orfèvrerie d'un caractère nouveau, de tentatives qui ouvrent une voie inexplorée; toutefois cet art s'y montre dans beaucoup d'œuvres très-brillantes.

Exposition de 1855. — Nous parlerons d'abord de l'orfévrerie d'église, exécutée ordinairement à bas prix, mais avec une perfection médiocre. L'Exposition de 1855, entre plusieurs pièces remarquables de cette fabrication, en offre une tout à fait hors ligne : c'est l'autel de style gothique exécuté par M. Bachelet sur les dessins de M. Viollet-le-Duc, le savant architecte de Notre-Dame. Il est impossible de voir une étude plus satisfaisante du style de cette époque, de mieux faire valoir la richesse des fonds métalliques de grande étendue, parsemés d'émaux de couleur, d'où se détachent des personnages exécutés en bas-relief. Il n'est pas d'ornement plus satisfaisant pour une cathédrale gothique, rappelant mieux la splendeur du catholicisme au moyen âge.

Comme chef-d'œuvre de ciselure, tout le monde a admiré la tasse de M. Lebrun. Cette tasse en argent épais, fondu et ciselé, a la forme d'un tronc de cône dont la petite section forme la base : sur la panse on voit les armoiries du propriétaire, M. le baron de Mecklembourg, accompagnées de deux figures d'une charmante exécution et d'un travail exquis.

Nous citerons aussi le grand surtout de table de M. Cristofle, la pièce centrale représentant la guerre et le commerce, des chevaux et des bœufs, et au milieu le Génie de la France est une riche composition.

Comme œuvre d'orfévrerie remarquable et bien étudiée, nous représenterons un thé (dit tête-à-tête) en argent poli incrusté d'or, dessiné et exécuté par M. Lecointe,

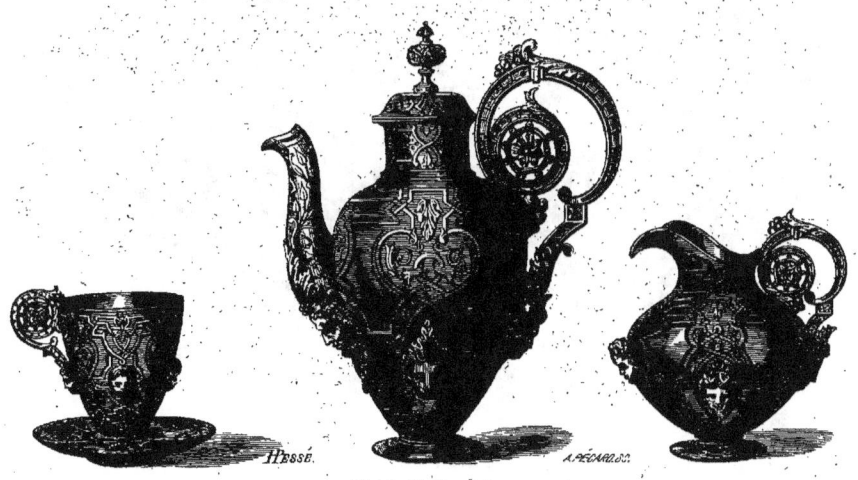

Thé de M. Lecointe.

surtout connu par ses beaux travaux de bijouterie. Nous profiterons de ce qu'il nous a été donné de le dessiner en détail pour le reproduire intégralement et faire apprécier tout le travail, tout le goût nécessaire pour mener à bien un travail sérieux d'orfévrerie.

Comme chef-d'œuvre de repoussé, c'est une œuvre de M. Vechte que l'on doit citer

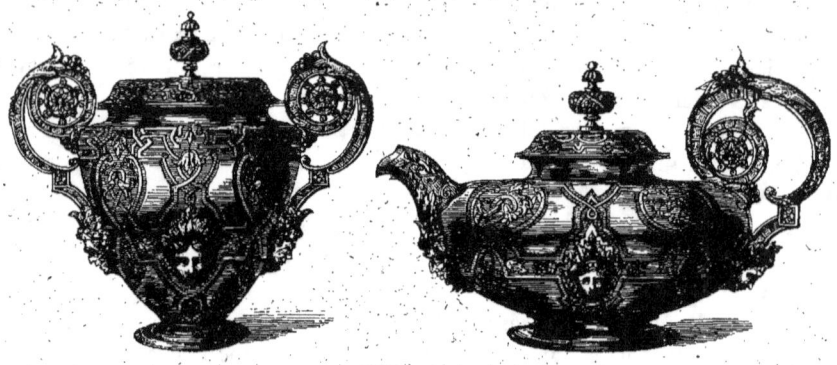

Théière, sucrier.

au premier rang. Le grand bouclier dit de Shakespeare, dû à cet artiste, que l'on voit

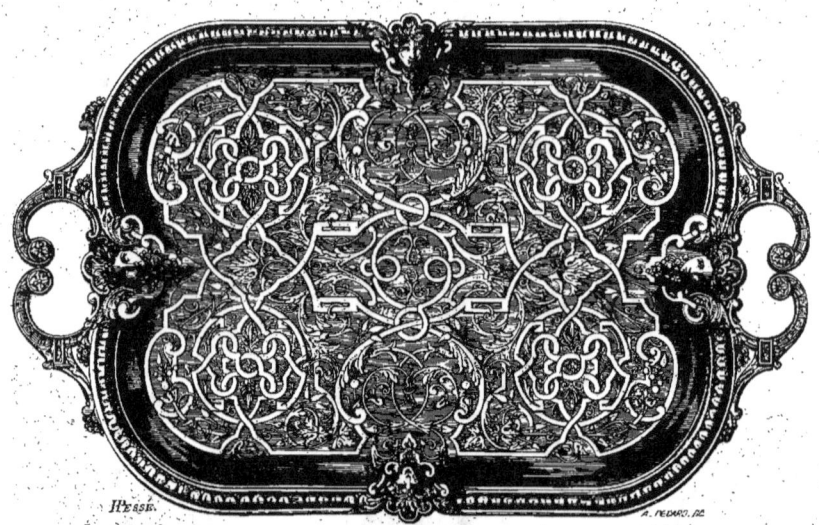

Plateau du thé de M. Lecointe.

dans la vitrine de MM. Hunt et Roskell, les riches orfèvres anglais, représente le dernier degré de la perfection que le repoussé puisse atteindre.

Dans l'impossibilité de donner idée d'une œuvre où les compositions sont surchargées peut-être à l'excès, nous offrirons une œuvre remarquable due à la collaboration d'artistes d'un grand talent, le sabre de M. de Luynes, dont la composition appartient à cet excellent appréciateur de l'art; dont les figures, la Victoire élancée placée sur la garde, ont été modelées par M. Klagmann, un des artistes qui ont le plus contri-

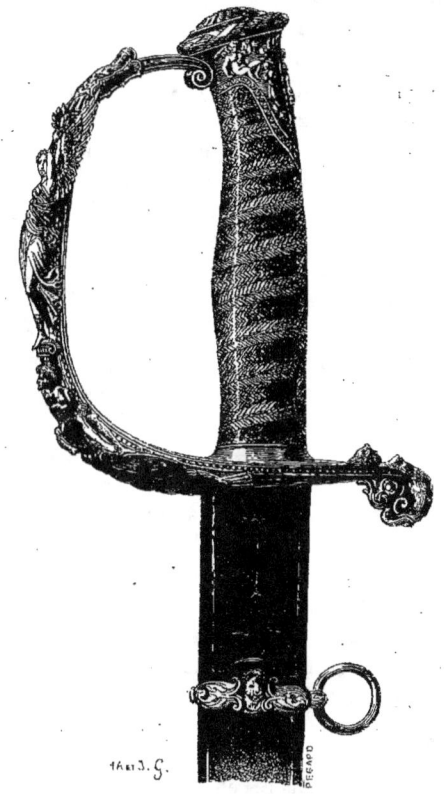

Sabre de M. le duc de Luynes.

bué à donner aux produits de notre industrie un caractère particulier d'élégance; enfin dont le travail d'orfévrerie est de MM. Fannière, artistes distingués qui ont travaillé à un grand nombre des pièces éminentes d'orfévrerie d'art de l'Exposition de 1855.

BIJOUTERIE.

La bijouterie, disparue à l'époque de la révolution, se ranima lentement sous l'Empire; on voulut d'abord imiter l'antique qu'on connaissait mal, on visait à une simplicité qu'on croyait classique. Des anneaux, des colliers de corail, des serpents, des scarabées, des camées constituaient les principaux bijoux.

A la fin de l'Empire, vers 1815, on commença à orner les bijoux en or mat de petits grains d'or soudés les uns à côté des autres, qu'on appelait *le grainti*. Sous la Restauration, les gros cachets, les chaînes à grosses mailles, les breloques, les chaînes de montre pour les hommes; pour les femmes des bandeaux, des coiffures, des colliers, etc., en or estampé, furent l'objet du travail des bijoutiers.

Ch. Wagner vint, en 1830, faire sortir la bijouterie française de la voie uniquement commerciale, pour lui donner une direction plus artistique. Il importa en France les nielles qui, accompagnées de ciselures, de dorures et d'émaux, donnèrent des effets extrêmement heureux. Il fit aussi des sculptures et gravures sur pierres dures très-remarquables, et ramena le goût public vers ces beaux et difficiles travaux.

Froment-Meurice vint, après Wagner, prendre dans la bijouterie une aussi belle place que celle qu'il occupa dans l'orfévrerie. Parmi nombre d'œuvres remarquables nous citerons le calice d'or du Pape, qui figurait à l'Exposition de Londres. La coupe était soutenue par des lis, des épis émaillés et des grappes de raisin en perles noires; sur le fût, « l'Ecce homo; » saint Joseph et la sainte Vierge en relief, séparés par des émaux représentant la Naissance de Jésus-Christ, la Présentation au temple et le Crucifiement; au pied, les trois Vertus théologales, ciselées en argent et en ronde-bosse, Abraham et Isaac, la manne et la Pâque.

MM. Marel, M. Morel, M. Rudolphi élève de Wagner, ont fait admirer des œuvres remarquables aux dernières Expositions. Nous parlerons de quelques-unes de ces œuvres et notamment de plusieurs remarquées à l'Exposition de 1855, qui montreront combien les procédés sont perfectionnés, combien peut obtenir de beaux résultats l'artiste capable d'aborder ces riches productions, encouragé par l'exemple de prédécesseurs qui ont obtenu de beaux succès en réalisant des fantaisies pleines de goût qui conviennent tout spécialement à la bijouterie.

M. Morel, qui s'est beaucoup distingué dans la bijouterie d'art, dans ces dernières années, avait mis à l'Exposition de Londres une riche série de coupes et de calices en matières précieuses ornées d'émaux. On remarqua notamment une coupe en agate orientale, dont la garniture en or se composait d'ornements émaillés et d'oiseaux de paradis; le balustre était orné de chimères émaillées en relief, entourant l'écusson. Le même artiste a mis à l'Exposition de Paris une magnifique coupe en jaspe, portant des figures émaillées, Persée délivrant Andromède. On comprend aisément toutes les difficultés d'une œuvre semblable et surtout de l'exécution de personnages en émail. Ce genre est adopté de préférence pour les œuvres de bijouterie d'art; c'est ainsi que M. Duponchel, aujourd'hui possesseur de la maison fondée par M. Morel, a exposé une coupe en cristal de roche, sur laquelle courent des émaux d'une grande finesse. Ces œuvres sont charmantes et exigent de l'émailleur un talent incroyable.

Malgré le mérite de bien grandes difficultés vaincues, nous croyons qu'un semblable travail dépasse bien souvent le but lorsqu'il se propose l'exécution de personnages entiers, tandis qu'il donne des effets ravissants quand il vient mélanger l'éclat des émaux colorés à celui de l'or, et que ceux-ci viennent se ramifier suivant tous les caprices de la fantaisie. Nous en prendrons pour exemple deux pièces émaillées que nous empruntons à l'exposition de M. Lecointe, l'un de nos plus habiles bijoutiers de Paris, savoir : une broche renaissance et une pendeloque qui rappelle le moyen âge, qui a quelque chose du style roman.

Nous donnerons encore un bracelet émail et pierres mis également à l'Exposition de 1855 par M. Lecointe, et qui représente l'heureux mélange, très-goûté de nos

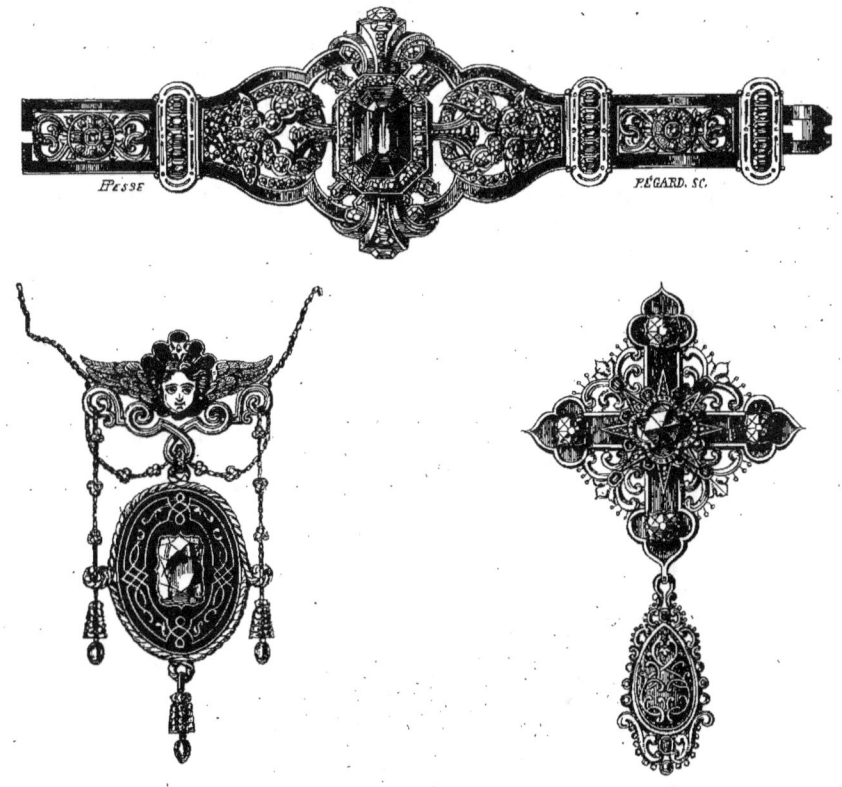

Bijoux Lecointe.

jours, des ressources de la bijouterie et de celles de la joaillerie, dont il nous reste à parler.

JOAILLERIE.

L'industrie qui a pour objet le montage et le sertissage des pierres précieuses a aujourd'hui un grand nombre d'éléments à sa disposition, parmi lesquels on doit distinguer, après les diamants : les corindons jaunes, verts ou blancs, les rubis, saphirs, émeraudes, bérils ou aigues-marines et topazes. On y joint les améthystes, les opales et les perles fines.

Depuis la moitié du xve siècle, les pierres précieuses ont été employées avec beaucoup de profusion. Les parures de diamants se transmettaient jadis dans les familles riches, et ce luxe continua sous Louis XV et Louis XVI.

Après la révolution, la joaillerie reprit un rôle important dans l'industrie; toutefois le goût des ornements laissait à désirer; toutes les montures étaient plates, c'est-à-dire sans pièces rapportées ou superposées. Sous l'Empire ce n'étaient que losanges, zigzags peu gracieux, grecques, etc. Ce n'est qu'à partir du temps de la Restauration que, les fortunes privées commençant à se reconstituer, on profita de nouvelles relations commerciales pour se procurer des cargaisons de topazes naturelles ou brûlées, d'améthystes et d'aigues-marines; toutes ces pierres de peu de prix étaient montées en grandes parures, dont l'apparence surpassait beaucoup la valeur.

Ce fut après 1830 que l'on adopta l'imitation des fleurs en diamants, et que les sertisseurs, employant beaucoup plus d'argent autour des diamants, en augmentèrent ainsi l'effet et la grosseur. La joaillerie gagna, sous le rapport de l'art et de la composition, une légèreté et une grâce qu'elle ne semblait pas devoir atteindre. La légèreté des montures dépassa toutes les limites et exigea chez les artistes une habileté de main incroyable. Les pierres étant souvent montées à l'extrémité de tiges métalliques, de parties mobiles toujours agitées, ces parures acquirent une extrême légèreté.

A l'Exposition de Londres, M. Morel a fait admirer un bouquet composé de rubis et de diamants, et représentant une rose, une tulipe et un volubilis, dont les fleurs avaient une forme naturelle et élégante. Mais ce qui excita surtout l'admiration,

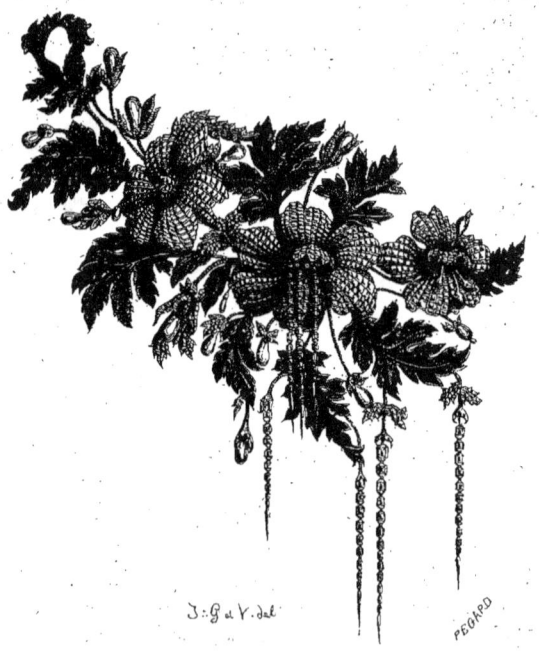

Parure Lemonnier.

ce fut l'exposition de M. Lemonnier, formée des parures de la reine d'Espagne. Le mélange de diamants, d'émeraudes et de perles pour représenter des fleurs et des feuilles était parfaitement entendu, et l'éclat de ces parures excitait l'admiration de la foule. Nous donnons ici la gravure d'une des pièces, composée de brillants à cœur de saphir, ornée de pendeloques, qui permettra de se représenter la légèreté de ce beau travail.

L'Exposition de Paris a montré que c'était dans la même voie que s'exécutaient les plus beaux travaux. Ainsi une rose exécutée en diamants par M. Froment-Meurice a été jugée une des plus belles œuvres que l'on pût admirer.

Si les joailliers français savent parfaitement atteindre le but que l'on doit se proposer dans l'exécution d'une parure, plaire et frapper les yeux et l'imagination, on ne doit pas passer sous silence les œuvres également très-brillantes de fabricants étrangers.

Au premier rang il faut citer les joailliers allemands et anglais, et parmi ces derniers, MM. Hunt et Roskell, qui avaient mis à l'Exposition de Londres des pièces d'un éclat et d'une richesse extraordinaire. Un bouquet de diamants représentant une rose, une anémone et un œillet était d'un éclat admirable. A Paris, ils ont exposé une parure en diamants et corail rose qui a enlevé tous les suffrages.

Il est fâcheux que les circonstances n'aient pas permis aux joailliers russes qui méritent une place d'honneur de figurer à l'Exposition de Paris. L'élément asiatique ou oriental du goût de cette nation lui a toujours fait rechercher le luxe des œuvres en métaux précieux, des productions enrichies de pierres précieuses. C'est ainsi qu'à l'Exposition de Londres, MM. Kaemmerer et Zeftigen, joailliers de la cour, avaient exposé, entre plusieurs œuvres remarquables, une berthe formée de bouquets de groseiller en diamants, avec leurs fruits en rubis cabochons suspendus de distance en distance sur une double rivière de diamants, et alternés avec des fleurons de brillants; l'effet en était excellent.

ANNEXES DES INDUSTRIES PRÉCÉDENTES.

Reliefs peu saillants. — Nous mentionnerons ici, comme étant du même ordre que les industries qui précèdent, et comme soumises aux mêmes lois, les sculptures peu saillantes, les gravures employées comme moyen de décoration; par exemple, le travail des camées, sculptures de petites dimensions faites sur coquilles; les cachets, médailles, pierres gravées, etc., les gaufrages et estampages des cuirs pour reliure.

Nous dirons d'abord quelques mots de cette dernière application, objet d'un véritable culte chez de nombreux amateurs. Les plus beaux effets de la reliure sont obtenus par deux procédés qui ne sont que des moyens mécaniques d'obtenir des gravures : les gaufrages par grandes plaques gravées qui rappellent de grands cadres, et les dorures par petits fers, résultat de la composition de petites vignettes, analogues à celles dont nous parlerons à l'article *Imprimerie typographique*. C'est rarement par estampage produisant un relief que les relieurs procèdent, c'est en général une simple impression en or qu'ils produisent; cette question rentre donc dans l'étude des procédés de cette nature dont il sera traité plus loin.

CAMÉES. — « Les anciens, dit M. Héricart de Thury, dont les chefs-d'œuvre en tous genres prouvent avec quelle perfection ils exerçaient et cultivaient la statuaire et la sculpture, nous ont laissé en agates, sardoines, onyx, jaspes, et autres pierres précieuses, des témoignages irrécusables de la haute supériorité à laquelle, dans les temps les plus reculés, était parvenue la lithoglyptique, l'art de graver les pierres dures en creux ou en relief, pour en faire ces précieux camées dans lesquels l'habileté des artistes savait profiter des accidents et des couleurs des pierres, pour produire les délicieux et charmants effets qui donnent une si haute valeur aux sujets, têtes, figures ou groupes représentés sur ces pierres, dont on voit de riches collections dans les musées de Rome, de Naples, de Paris, de Vienne, etc.

« Le prix élevé des camées, la rareté des agates onyx ou rubannées, leur dureté, la difficulté de répondre aux demandes des amateurs et des joailliers-bijoutiers, ont fait chercher, il y a déjà longtemps, les moyens d'imiter artificiellement les camées, et, après bien des tentatives, on a reconnu que la coquille marine « le grand casque des Indes orientales, » dont le test présente des couleurs blanches, roses, jaunes, brunes, etc., était la matière la plus favorable pour la confection des camées artificiels, cette belle substance étant par sa nature assez dure pour résister au frottement.

« Cette industrie a longtemps été exploitée avec succès à Rome, qui en fournissait les collections d'amateurs et tous les bijoutiers de France, d'Angleterre et d'Allemagne.

« D'après le succès des camées de Rome, quelques essais ont été tentés en France. Les plus remarquables furent ceux présentés aux concours ouverts par l'Académie des beaux-arts de l'Institut, sous l'Empire; mais bientôt les essais de nos artistes furent abandonnés, et les ateliers de Rome, de Florence, de Venise et de Naples continuèrent seuls à prospérer et à répandre partout les camées. Dans ces dernière années cependant, à la demande de quelques-uns de nos premiers bijoutiers, plusieurs jeunes graveurs ont tenté de nouveaux essais, en prenant pour modèles les plus beaux camées antiques, et les succès de quelques-uns d'entre eux ayant outre-passé leurs espérances, ils ont formé des ateliers de lithoglyptique. Ainsi, grâce aux efforts de MM. Michellini, Weiss-Muller, Lalondre, Salmsonn, etc., nous pouvons nous flatter de voir bientôt l'art de la gravure en pierres fines et pierres dures se relever parmi nous.

« Quant à la gravure des camées de coquilles, elle est aujourd'hui exercée en France avec le plus grand succès, et nous dirons même avec autant de talent et de perfection qu'en Italie. Ainsi les camées de MM. Albita-Titus, Reynaud, Lamant, Blanchet, de Grégory, Bertoux de Marseille, etc., soutiennent la comparaison avec ceux des plus habiles caméistes de Rome. »

Les camées français ont, du reste, dès ce moment, un avantage marqué sur les camées romains; ils sont sensiblement moins chers. Cette modicité de prix tient à l'introduction du tour à portrait dans cette fabrication; il permet de pousser rapidement, et à peu de frais, les ébauches jusqu'à un point extrêmement avancé; l'artiste n'a plus que le dernier fini à donner.

MONNAIES ET MÉDAILLES. — La gravure des monnaies et médailles, comme celle des coins et poinçons qui servent à obtenir par estampage des ornements en métal destinés à la décoration des pièces d'orfèvrerie, consiste en une véritable sculpture sur métal, qui ne diffère de la sculpture ordinaire que par les procédés techniques, dont nous n'avons pas à parler ici. Il faut tout le talent d'artistes fort distingués pour donner du charme à de petites compositions n'ayant qu'un faible relief, et qui sont d'une extrême importance, tant parce qu'elles sont destinées à rappeler à la postérité de grands événements sous forme de médailles, qu'à assurer, sous formes de monnaies, la loyauté dans les transactions.

Gravures en creux et en relief.—Nous devons dire ici quelques mots des moyens de décoration qui se rapportent à l'orfévrerie et à la bijouterie, et se rapprochent des procédés sur lesquels nous aurons à revenir plus loin.

La gravure est le moyen de décoration le plus général pour les métaux et les matières qui se travaillent avec les outils tranchants. Nous allons donner bientôt un curieux exemple de ce travail fait sur l'acier; le guillochage et la gravure pour les métaux précieux, les incrustations pour les métaux comme pour le bois, c'est-à-dire l'insertion dans des entailles convenables de substance différente de celle qui forme le fond, forment des moyens de décoration importants obtenus par des procédés qui consistent essentiellement en des gravures creusées dans la surface à décorer, en raison des dessins à obtenir. La question d'art, celle des lignes formées par ces gravures diverses, rentre dans les question de dessin dont nous allons bientôt traiter en détail. Nous ne nous y arrêterons donc pas ici. Il en est de même de la plupart des moyens de décoration dont il nous reste à parler.

Les nielles, formées par une incrustation de matière noire qui remplit une gravure en creux, donnent par suite des dessins noirs bien apparents; l'incrustation s'étendant par l'action chimique des substances incrustantes, produisent des effets très-heureux sur l'argent. Les nielles ayant plus de charme comme moyen de coloration que comme gravure, nous en traiterons en parlant des colorations et des émaux qui jouent un si grand rôle dans la bijouterie.

Décoration des armes. — Les hommes de tous les pays et de tous les temps, dit M. de Luynes, ont aimé les armes richement ornées; ce goût a été poussé plus loin en Orient que partout ailleurs. Les garnitures d'or et d'argent, les émaux, les pierres précieuses et de second ordre, les nielles et les filigranes, le repoussé, la ciselure, la dorure et l'argenture en feuilles, ont été prodigués sur les armes de luxe, et dans cette belle industrie, les Indiens, les Birmans, les Malais, les Persans, les Japonais, les Chinois, même les Géorgiens et les habitants de la Boukharie, héritiers du faste de l'antiquité asiatique, ont été et sont restés nos maîtres.

Plusieurs de ces moyens de décoration qui emploient d'une manière particulière la gravure et la ciselure comme procédés, sont restés spéciaux à la décoration des armes, ce sont : la damasquine, l'incrustation rasée et l'incrustation en relief. Nous parlerons ici des effets obtenus par ces mélanges de l'or et de l'acier.

Damasquine.—Le métal à damasquiner est haché finement dans les parties à décorer, et l'or refoulé sur ces parties chauffées y adhère très-fortement. C'est de Damas et surtout de l'Inde que nous viennent les pièces les plus remarquables. Cet art a été importé en Europe vers le XVIe siècle.

Incrustation rasée.—L'incrustation rasée est analogue à celle pratiquée dans l'ébénisterie. Le dessin gravé en creux profondément est rempli d'un fil d'or, qu'on y comprime fortement, puis la surface est polie. L'incrustation des métaux précieux était, dans l'antiquité, une industrie appliquée non-seulement aux armes, mais encore à la statuaire et à l'ameublement. On peut voir au musée du Louvre de petites statues égyptiennes en bronze incrustées d'or ; au musée de Naples, des statues et un candélabre de bronze incrustés d'argent ; au musée d'artillerie de Paris, un glaive de bronze avec des filets incrustés de même métal. Ce genre de travail est fort bien exécuté par les Indiens, et, à leur exemple, par les meilleurs armuriers français. Il donne en général aux armes un caractère oriental.

La fonderie royale de Berlin avait exposé à Londres un curieux essai de rénovation de cet art antique, consistant en des candélabres de fer à filets d'argent. A l'Exposition de Paris, une statue ainsi décorée et sortant du même établissement, possède un cachet tout particulier qui rappelle les productions de l'antiquité.

INCRUSTATION EN RELIEF. — L'incrustation en relief est une variété de celle qui précède. Au lieu d'araser l'or avec la surface, on le laisse en relief pour le modeler et le ciseler ensuite. Cet art est admirablement appliqué aux armes et à la bijouterie par les Japonais ; il fleurit en Europe vers le temps de Henri IV. Après avoir été abandonné, il est porté aujourd'hui aussi loin que possible, et l'Exposition de 1855 a montré de curieux produits de ce genre dus à nos artistes armuriers.

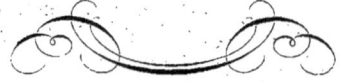

PEINTURE

ARTS INDUSTRIELS QUI RELÈVENT DE LA PEINTURE

DE LA PEINTURE.

Après avoir parlé de l'Architecture et de la Sculpture, il nous reste à traiter de l'application à l'industrie de la partie des beaux-arts qui utilise le dessin et la couleur; de celle qui, dans sa plus complète expression, éveille en nous des sentiments particuliers, et nous conduit jusqu'à l'idéal à l'aide de l'imitation; en un mot de la peinture.

Nous avons déjà dit qu'il y avait, comparativement à l'autre art d'imitation, à la sculpture, une observation importante à faire. Tandis que l'industrie emploie dans le cas des applications de la sculpture toutes les ressources de l'art, que la liaison de l'industrie avec celle-ci est intime, puisque le moulage, en multipliant toutes ses productions, en fait des objets de commerce; que les besoins des arts industriels, de l'orfèvrerie par exemple, exigent fréquemment des créations nouvelles et tout à fait artistiques; dans la peinture, au contraire, il existe une profonde séparation entre l'art et l'industrie. Sans doute, la peinture elle-même est employée avec toutes ses ressources pour la décoration, comme lorsqu'un appartement est orné des tableaux des grands maîtres, lorsque sur un vase de porcelaine un peintre habile peint une scène; mais il y a là emploi direct de la peinture, encadrement d'un produit artistique par des travaux industriels, il n'y a pas industrie. C'est lorsqu'on imprime du papier, des étoffes, suivant certains dessins et en certaines couleurs, avec un nombre de teintes limité (et l'on crée alors seulement des produits bien éloignés des œuvres de la peinture proprement dite), qu'il existe vraiment une industrie employant directement les ressources élémentaires de la peinture. Sans doute, il n'y aurait nul inconvénient à étudier en même temps les beaux-arts et les arts industriels; il serait même, sans contredit, fort utile d'enseigner d'abord la science complète du peintre pour en prendre ce qui serait applicable à l'art industriel; mais, outre l'insuffisance de nos connaissances qui ne nous permettrait pas de l'entreprendre, ce serait sortir de notre cadre. Nous croyons inutile de partir de l'étude complète des procédés de l'art pour apprécier ceux de l'industrie, qui se tient dans une sphère plus modeste, les procédés aussi bien que le but à atteindre étant différents.

Insistons un peu sur une considération que nous croyons importante, et demandons-nous sur quoi repose la séparation dont nous venons de parler.

La peinture se fait, comme chacun sait, à l'aide de couleurs que le peintre mélange sur sa palette et qu'il dépose sur la toile avec son pinceau. Le résultat de toutes ces teintes combinées, de leurs superpositions et juxta-positions qui en changent l'effet, constitue le coloris qui donne les résultats si admirés de tous, sous la main des grands maîtres. Il résulte de la multitude d'éléments qui concourent à une œuvre si complexe, si difficile à analyser, qu'elle n'est évidemment imitable (même imparfaitement) que par un très-habile artiste qui appréciera tout le travail du maître, sentira tous les contrastes de couleurs, et pourra, par un travail opiniâtre et seulement en employant les mêmes procédés, tenter de repasser par le même chemin. Mais un semblable résultat peut-il être obtenu industriellement? Peut-il exister pour la peinture un procédé qui, comme le moulage, l'estampage pour la sculpture, permette de reproduire et de multiplier l'œuvre primitive de l'artiste? On peut répondre non, à coup sûr. Il est évident qu'il y a, dans chaque coup de pinceau, dans l'effet résultant de la superposition des couleurs, quelque chose d'inimitable que les procédés industriels ne peuvent donner, si parfaits, si ingénieux, si compliqués qu'on les suppose, sans jamais pouvoir admettre qu'ils atteignent à la combinaison indéfinie de teintes que le peintre emploie. Bien des essais tentés dans cette voie ont fait apprécier combien la solution complète du problème est impossible, comment on ne peut dépasser une imitation assez grossière, dès qu'on cherche à atteindre des résultats pour lesquels un certain nombre de teintes plates est insuffisant. En effet, c'est essentiellement par superpositions de teintes uniformes, successives, qu'opère l'industrie, même pour obtenir des dégradations; ce n'est qu'en opérant ainsi que le travail d'application de la couleur peut cesser d'être artistique pour devenir mécanique; mais alors ce n'est qu'avec bien des efforts et par la répétition à l'infini des opérations, que l'on parvient à des résultats quelque peu comparables avec ceux de la peinture proprement dite. Ce n'est pas pour décourager les inventeurs que nous faisons ces observations; nous voudrions plutôt qu'on y vît le mérite qu'il y a à surmonter, même incomplètement, les grandes difficultés qui s'opposent à la reproduction des œuvres d'art.

Cette condition, qui fait du produit de la peinture une œuvre unique, non susceptible de reproduction par un procédé du domaine de l'industrie, ne permet pas de considérer l'œuvre du peintre comme rentrant dans l'art industriel; c'est un produit des beaux-arts, et il n'y a pas à en traiter ici autrement que comme d'un objet d'étude, comme d'un modèle placé dans une sphère plus haute que le produit d'art industriel, comme fournissant les lois fondamentales des harmonies des lignes et des couleurs qui ne doivent pas moins guider la main du plus obscur ouvrier que celle du grand artiste, du maître le plus éminent qui se livre à des travaux d'un ordre plus élevé, d'une difficulté plus grande.

Ce qui rentre dans l'art industriel, c'est d'abord l'emploi de toute la première partie de l'art du peintre, du tracé, du dessin en tout genre, produit de manière à pouvoir être multiplié par un procédé technique. En second lieu, c'est l'emploi des couleurs multiples, et pour cet emploi, comme pour le dessin obtenu à l'aide d'une seule couleur, on utilise les connaissances acquises par l'étude, les recherches faites par les maîtres de l'art dans les conditions les plus complexes; mais des procédés plus simples que ceux qu'emploie le peintre ne permettent toutefois d'en utiliser dans ce cas qu'une partie assez minime.

Nous distinguerons deux catégories dans les produits dont nous aurons à traiter au point de vue de l'emploi des colorations, produits dont l'importance industrielle est considérable.

1º Ceux qui sont obtenus par l'application de matières colorantes, au moyen de procédés de même nature que ceux qu'emploie la peinture, c'est-à-dire en déposant des couleurs sur des surfaces convenablement préparées.

2º Ceux qui sont dus à l'assemblage d'éléments de couleurs et de formes diverses, de telle sorte que leur ensemble constitue un tableau composé d'un plus ou moins grand nombre d'éléments différemment colorés. Ce procédé est tout spécial à l'art industriel et fournit le moyen de décoration des étoffes, tissus brochés, tapis, etc. Il élève dans quelques cas les produits à une valeur artistique incontestable, qu'*à priori* on ne croirait pas possible d'atteindre par des moyens dont l'emploi semble si difficile.

SECTION V

APPLICATION DE COULEURS

1. DESSIN

Les procédés du dessin, de la représentation des objets à l'aide d'une seule couleur, se divisent en deux genres bien distincts, que nous retrouverons dans les divers procédés de gravure, qui ne sont que des manières spéciales de dessiner offrant l'avantage de fournir des moyens de reproduction à l'aide de l'impression.

Le premier consiste à représenter les corps par la seule imitation des effets de la lumière qui éclaire ces corps et nous les rend perceptibles à la vue. Le dessin à l'estompe, le lavis sont les types de ce genre de dessin qui s'attache, comme on le voit, à une production de teintes plates ou dégradées, à rendre les oppositions de parties brillantes et de parties obscures; en un mot, à reproduire l'apparence du corps éclairé par la lumière qu'il s'agit de représenter.

Le second procédé doit être considéré comme supérieur au précédent. Au lieu de représenter simplement, par une quantité convenable de noir déposé d'une manière quelconque, le ton de la lumière qui éclaire la surface d'un corps, on cherche à figurer par le tracé des lignes les plus propres à donner, en même temps que l'effet de la lumière sur le corps, l'idée la plus exacte de la forme, le sentiment des lignes de courbure auxquels les artistes attachent avec raison tant de valeur. C'est ainsi que s'emploient les hachures.

Monge, dans son *Traité de Géométrie descriptive*, explique l'intérêt de ses belles recherches sur les lignes de courbure des surfaces, par l'utilité de leur emploi pour le dessin. Il a prouvé que les lignes de plus grande courbure passant par un point d'une surface étaient toujours au nombre de deux et à angle droit entre elles. Par conséquent, pour chaque objet, et pour chaque partie de la surface d'un objet, il y a des contours de lignes, de hachures (formées sur la surface du dessin par la projection d'un système de lignes de grande courbure) plus propres que tous les autres à donner une idée de la courbure de la surface, et ces lignes plus ou moins larges, plus ou moins rapprochées, produisent en même temps les teintes voulues pour représenter les effets de lumière. Les dessinateurs emploient ces deux systèmes de lignes, préférables à toutes les autres, lorsque, pour forcer plus facilement leurs teintes, ils croisent les hachures.

Après avoir établi les principes des modes de représentation des objets par le dessin, et avant d'en arriver à leurs applications dans les industries qui ont pour but la multiplication de ces représentations, nous allons étudier les lignes, les contours destinés à l'ornementation et qui offrent un grand intérêt au point de vue de cet ouvrage.

L'histoire du dessin en général, des enlacements des lignes, est impossible à présenter sous une forme systématique satisfaisante. Rien n'est plus capricieux, plus facile à varier que le tracé de quelques lignes, et la création du type original doit être réservée au domaine de l'art pur; toutefois il ne peut être douteux qu'aux diverses époques de l'art, les dessins qui plaisaient le plus aux yeux étaient d'un genre déterminé. C'est surtout pour l'ornementation qu'il en est ainsi; les éléments en varient moins, en effet, que la manière de représenter les objets et le mode de leur groupement; c'est là ce que nous allons chercher à indiquer en étudiant les contours de quelques motifs d'ornementation en eux-mêmes, c'est-à-dire tels que les reproduit l'industrie par l'impression en noir.

Nous passerons successivement en revue :

1º Les tracés et combinaisons géométriques, essentiellement immuables dans leurs éléments constitutifs, dont l'emploi ou l'exclusion peut seulement varier dans les divers styles.

2º Les dessins qui, sans être formés géométriquement et sans rappeler directement les formes des objets naturels, sont créés par les artistes et par suite varient suivant les styles. On les rencontre employés pour la décoration des produits industriels, notamment des édifices aux diverses époques de l'art. On en a vu un grand nombre dans les exemples donnés surtout en traitant de l'architecture, et reproduits à une échelle suffisante pour qu'on pût apprécier les détails de l'ornementation. Ces tracés sont soumis entièrement aux principes que nous avons indiqués en parlant du cas plus complexe des formes; c'est l'harmonie de leurs proportions qui en fait le charme. Bien que souvent créés par le caprice, plus souvent encore ils proviennent d'imitations altérées de formes naturelles dont on n'a gardé que l'esprit du contour, les harmonies linéaires. Ils ne représentent plus les objets, mais ils en ont conservé les proportions et le caractère; souvent, d'ailleurs, ils viennent se mélanger avec ces imitations dont il nous reste à parler.

3º Les dessins d'imitation d'objets pris dans la nature, de feuilles, de fleurs, etc., essentiellement produits par la fantaisie, rentrent dans l'art de la peinture; tout au plus peut-on les en séparer dans quelques cas où ils sont décoratifs plutôt que destinés à éveiller des sentiments. Cette partie est presque inséparable des couleurs; nous en traiterons brièvement ici pour y revenir en parlant des applications des couleurs.

Ce qui distingue essentiellement les deux premières divisions de la troisième, c'est que les éléments qui y sont compris sont nécessairement soumis à la répétition; de simples entrelacements de lignes qui ne tendent pas à l'imitation ne peuvent être remarqués qu'en se répétant; ne peuvent conduire à l'harmonie ou permettre d'éviter la confusion qu'en satisfaisant à cette condition rigoureuse.

1° LIGNES GÉOMÉTRIQUES.

Nous avons à traiter ici des figures obtenues par des lignes droites et des combinaisons diverses de lignes droites. On doit y joindre les lignes circulaires, le cercle, courbe régulière par excellence, devant comme nous l'avons vu en parlant de l'architecture, être considéré comme ayant la même régularité absolue que la ligne droite.

Les lignes droites de largeur plus ou moins grande constituent un élément souvent employé isolément. Des réunions de lignes droites parallèles, d'écart régulier ou variable, de même largeur ou de largeur différente, se rencontrent fréquemment dans l'application. Des coins circulaires viennent souvent compléter ce genre de décoration simple, mais presque toujours les lignes se reploient en équerre; quelquefois de petits entrelacements rectangulaires viennent en faire partie, comme nous le montrons par des exemples empruntés à la typographie.

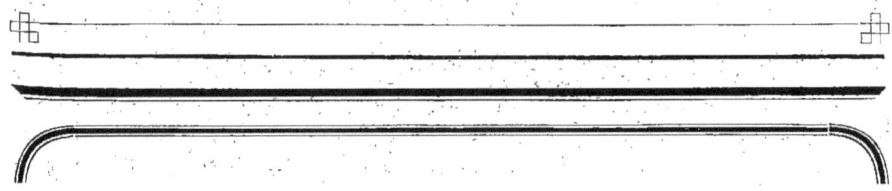

Une des dispositions le plus fréquemment employées est celle de lignes de largeur progressive allant successivement en se dégradant, comme dans la figure ci-contre.

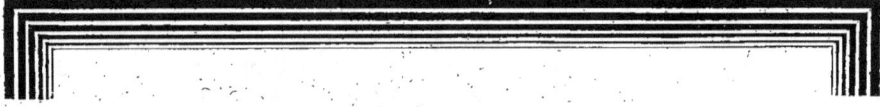

Lorsque les lignes forment deux systèmes de lignes parallèles entre elles, elles

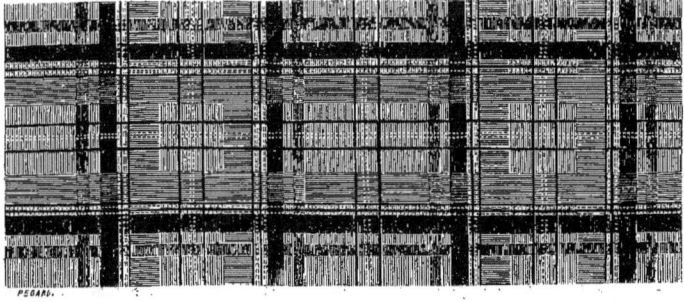

forment deux ou plusieurs systèmes de losanges, de rectangles d'étendue variable.

La figure représente une des dispositions les plus employées, un genre d'ornementation formée par des lignes de largeur et écartement variable se coupant à angle droit et qui, en couleurs brillantes sur étoffes, porte le nom d'écossais.

Lorsque les lignes ne sont pas réductibles à des systèmes de lignes droites parallèles, elles n'engendrent plus qu'un assemblage confus, si on les prolonge indéfiniment. Si on les suppose limitées à des polygones, la répétition d'éléments semblables, de petits carrés ou polygones divers, cercles, etc., forme un genre de décoration fréquemment employé en architecture, et qui entre pour une part importante dans le genre de dessins que nous allons étudier ci-après; nous reviendrons aussi plus loin sur cette question, en étudiant, à propos du parquet et de la mosaïque, les moyens de couvrir une surface donnée avec des éléments polygonaux répétés.

Lorsque les éléments ne sont pas nécessairement semblables, les formes irrégulières peuvent être variées à l'infini; mais les zigzags ont peu de charme, et ce n'est guère qu'en lignes courbes qu'on les applique à l'ornementation. Les décorations par parties de lignes droites réussissent parfaitement dans la grecque, dont le nom indique

assez l'origine, et qui est formée par des parties se joignant à angle droit. Ce système de décoration se marie très-heureusement avec les lignes rectangulaires de l'architecture grecque.

2° DESSINS VARIANT PAR STYLES.

La seconde série de lignes est celle qui, tantôt issue de la famille des lignes droites et circulaires, le plus souvent comprenant l'infinie variété des lignes courbes, en modifie l'emploi, les proportions en raison de tous les caprices de la fantaisie, ne reproduit pas les objets naturels qui les inspirent presque toujours, et se borne à emprunter seulement quelquefois à ceux-ci des contours généraux pour y puiser, en la faisant valoir, l'harmonie qui leur est propre.

C'est surtout dans l'architecture que nous trouverons un grand nombre de modèles de ce genre, qu'une foule de rosaces, de palmettes, d'ovales, fournissent des décorations nombreuses qui se mélangent souvent avec des lignes ondulantes affectant des mouvements gracieux de tout genre. Ces diverses combinaisons, ces éléments variés dont nous avons déjà reproduit bien des exemples dans les figures qui précèdent, se transforment et s'associent de différentes façons suivant les époques et les styles; au reste, ayant à les étudier en eux-mêmes, nous n'avons rien de mieux à faire que de les suivre dans un cas où elles sont reproduites à l'infini comme ornements; nous voulons parler de l'imprimerie et surtout de l'imprimerie typographique, qui, par la nature des procédés employés, produit avec facilité la multiplication identique des mêmes éléments et leur combinaison indéfinie.

VIGNETTES.

La typographie, en fixant d'une manière en quelque sorte indestructible chaque vignette une fois gravée, en en rendant la reproduction indéfinie, la vulgarisation certaine, grâce aux procédés de la fonderie, permet de les comparer, de les classer. Comme on a prouvé que les fables d'Ésope, et par suite celles de Phèdre et de La Fontaine, découlaient de fables indiennes, de telle sorte que ce qui paraissait inventé nouvellement n'était bien souvent qu'un écho d'inventions qui dataient pour ainsi dire des premiers jours du monde; de même on peut prouver que mille sujets de décoration qui semblent naître chaque jour sous les doigts de nos artistes et se répètent dans une multitude d'industries différentes, ne sont que des variations de types très-anciens, et que bien souvent les mêmes motifs diversement interprétés se retrouvent dans les diverses décorations. C'est pour cela que l'enseignement du dessin donne de si grands résultats, au point de vue de son application à l'ornementation; il grave dans la tête de l'élève des éléments qui lui permettent, même avec des dispositions médiocres, de produire, par une sage interprétation, des compositions assez convenables dans un style déterminé.

Il y aurait là une série de recherches fort intéressantes à faire sur les éléments primitifs de l'ornementation; on éviterait ainsi bien des mélanges hétérogènes qui déplaisent à l'œil exercé sans qu'il puisse s'en rendre compte. C'est que souvent deux vignettes qui viennent se placer à côté l'une de l'autre ont leurs types dans des styles tout différents, par exemple l'une dans l'art grec, l'autre dans l'art arabe.

Dans l'impossibilité de suivre tous les motifs d'ornements, d'entrelacements dans les diverses applications où ils se répètent; dans les colonnes, les moulures de l'architecture, de l'ébénisterie; sur les vases de la céramique, dans les ciselures de l'orfèvrerie et de la bijouterie, nous les étudierons dans quelques échantillons empruntés à une application spéciale, où le dessin seul est en jeu, dans la typographie. Nous en formerons une collection où l'on pourrait venir puiser, si elle était suffisamment complète, des motifs pour tous les cas et toutes les applications particulières.

Nous n'avons pas besoin d'insister pour faire apprécier toute l'importance, pour l'ornementation de tout genre de produits de l'industrie, de l'œuvre consistant à créer une importante collection de vignettes par styles et par époques, à l'aide des procédés définitifs en quelque sorte de la gravure en relief sur acier, de la fonderie en caractères et de l'imprimerie, dans laquelle on pourrait toujours trouver les éléments de décoration les plus convenables pour un style déterminé. Il faut de plus remarquer que c'est surtout à la typographie que peut s'appliquer le plus complétement l'observation que nous avons faite en commençant sur l'utilité fréquente, dans l'industrie, de l'imitation des modèles fournis par les anciens styles, pour des œuvres relatives à des idées qui ont passionné les siècles passés. La typographie, reproduisant surtout les chefs-d'œuvre des anciens, ne peut employer pour les décorer convenablement que des ornements appartenant à l'époque de leur production, afin que les ornements soient toujours en rapport avec le texte de l'ouvrage.

Il est douteux que l'opération consistant à graver sur acier ce vaste ensemble ait des résultats avantageux au point de vue lucratif et que ce soit une œuvre qui puisse se faire rapidement avec les ressources de la seule exploitation commerciale; mais son intérêt n'en est pas moins considérable, tant parce qu'elle fournit la seule base logique de la belle ornementation de la typographie, que parce qu'elle permet surtout de vulgariser à l'infini les éléments essentiels de tout genre d'ornementation propres à être utilisés également dans toutes les branches du travail industriel. Nous en donnerons des exemples tant par des gravures spéciales qu'en empruntant à la *Fonderie générale*, qui a entrepris la réalisation de ce projet, les types de quelques genres principaux.

Nous traiterons surtout ici des vignettes ne rappelant pas d'objet déterminé et dont l'élégance est facilement sentie grâce à la répétition qui est une condition presque constante de l'ornementation industrielle, et rarement de quelques motifs fournis par des imitations de formes naturelles très-simples, qui, dans certains styles, constituent toute l'ornementation. Ainsi, dans la décoration du style ogival, la sculpture reproduit les végétaux de nos pays, et surtout le lierre, la vigne vierge; de nos jours, l'emploi des rameaux, des fougères, des fleurs et des fruits a été souvent multiplié comme se prêtant à de gracieux motifs. Au point de vue spécial de la typographie, pour les encadrements, aussi bien que pour l'architecture, ils conviennent en général moins bien que ceux formés par des lignes combinées avec des œuvres qui tirent leur charme de l'harmonie de leurs proportions.

Pour ce qui est des sources où l'on peut trouver des types suffisamment authentiques, c'est surtout dans les œuvres des graveurs que l'on doit les chercher lorsqu'il s'agit d'époques qui ne sont pas très-éloignées de nous. Pour les époques antérieures, c'est dans les décorations de l'architecture, dans les produits d'art du temps qu'il faut les chercher, comme dans les vases étrusques pour le style grec, dans les ornements peints des momies égyptiennes pour le style égyptien.

STYLE ÉGYPTIEN.

Nous avons donné déjà les ornements des colonnes les plus riches que cet art ait produit. Nous ajoutons ici des exemples de répétitions de palmes, de feuilles et de fleurs de lotus, de triangles, qui étaient les principaux ornements artistiques de ce

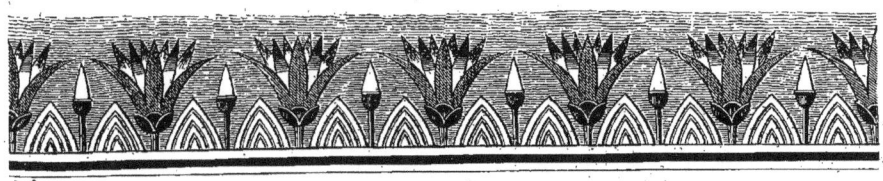

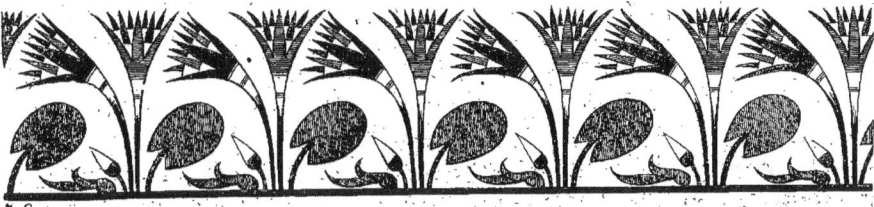

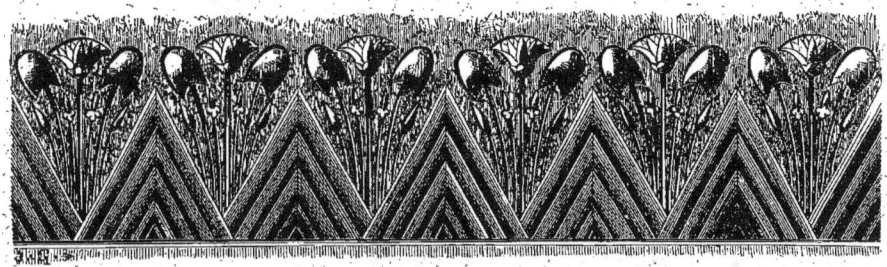

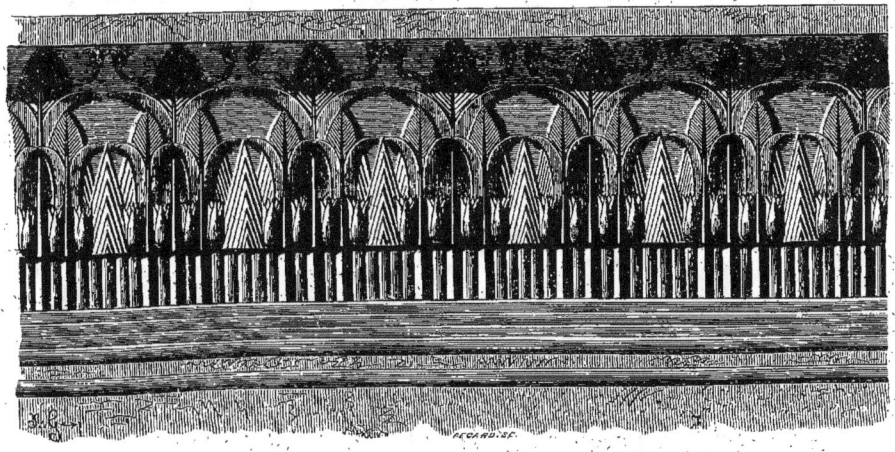

style conventionnel. Nous rappellerons ici que toutes les façades des temples égyptiens étaient couvertes d'hiéroglyphes qui parlaient à l'esprit plutôt qu'aux yeux.

STYLE GREC, ROMAIN, ÉTRUSQUE.

Les ornements de l'architecture grecque sont surtout les oves, les palmes, les feuilles d'acanthe qui jouent un si grand rôle dans la colonne corinthienne. Nous reproduisons ces éléments. La palme du troisième ornement est empruntée à Herculanum comme la quatrième ; cette dernière se rapproche de l'arabesque.

Il est une source plus féconde encore que l'architecture pour fournir à profusion des ornements grecs ; ce sont les vases étrusques, campaniens qu'appréciaient tant les Romains. Ils y trouvaient le genre d'ornements se détachant sur fond coloré,

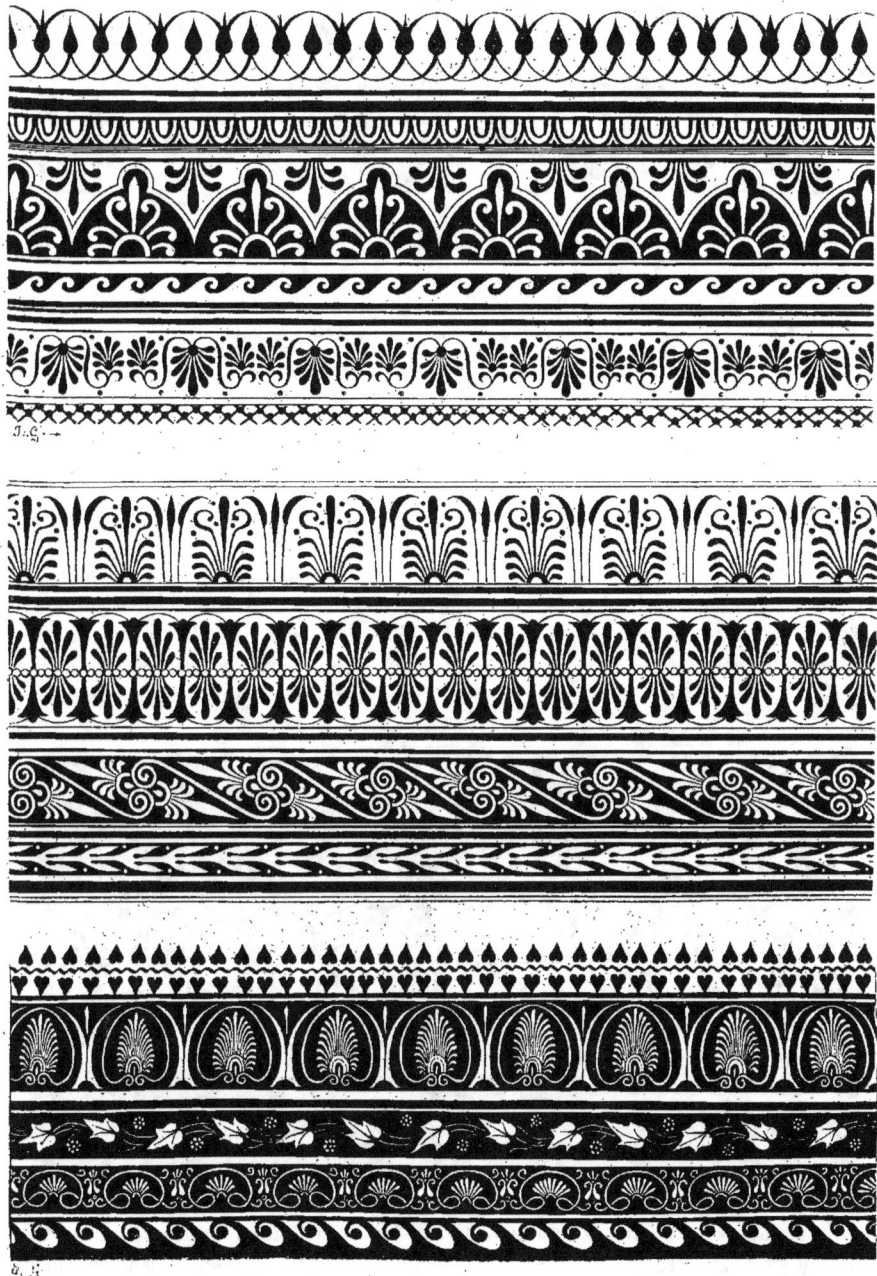

qu'ils préféraient à tout autre et qu'ils employaient fréquemment, notamment dans les mosaïques. Les quelques exemples que nous rapportons ici montrent avec

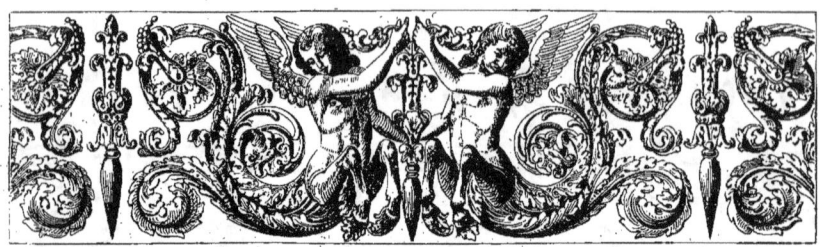

quelle profusion les artistes décorateurs employaient (aidés sans doute par des procédés de poncif) des méandres, des oves, des palmes, des feuilles, etc., etc.

La dernière vignette est un exemple du genre de décoration que l'on rencontre dans les édifices de l'époque la plus brillante de l'empire romain.

STYLE ROMAN, BYZANTIN.

L'ornementation du style byzantin-roman a pour cachet spécial la profusion de menus ornements tels que petits carrés, pointes de diamant, besans, étoiles, zigzags entrelacés. Cette décoration prend un éclat très-grand dans certains cas, tels que la mosaïque, les vitraux, dont nous parlerons plus loin, lorsque tous ces éléments multiples prennent des couleurs éclatantes. Nous reproduisons une vignette compre-

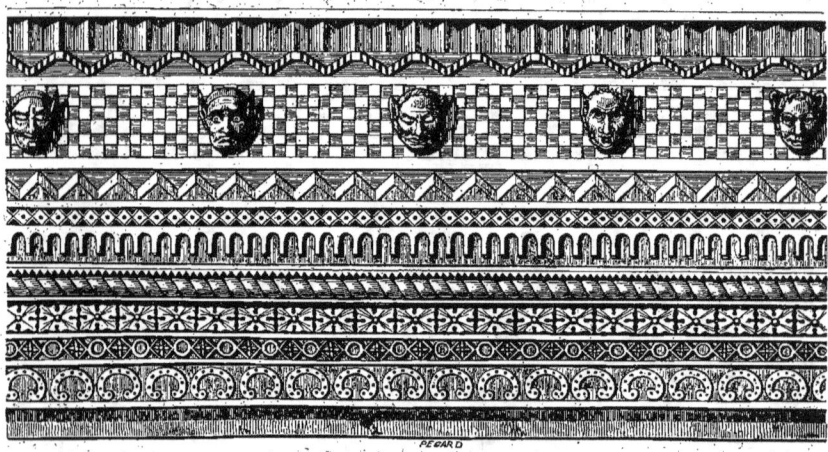

nant la plupart des éléments dont nous parlons ici. Toutefois ce serait une erreur de considérer le style roman comme borné à ce genre presqu'entièrement géométrique.

Bien souvent les ornements tendant à représenter des feuillages, des rubans, etc.,

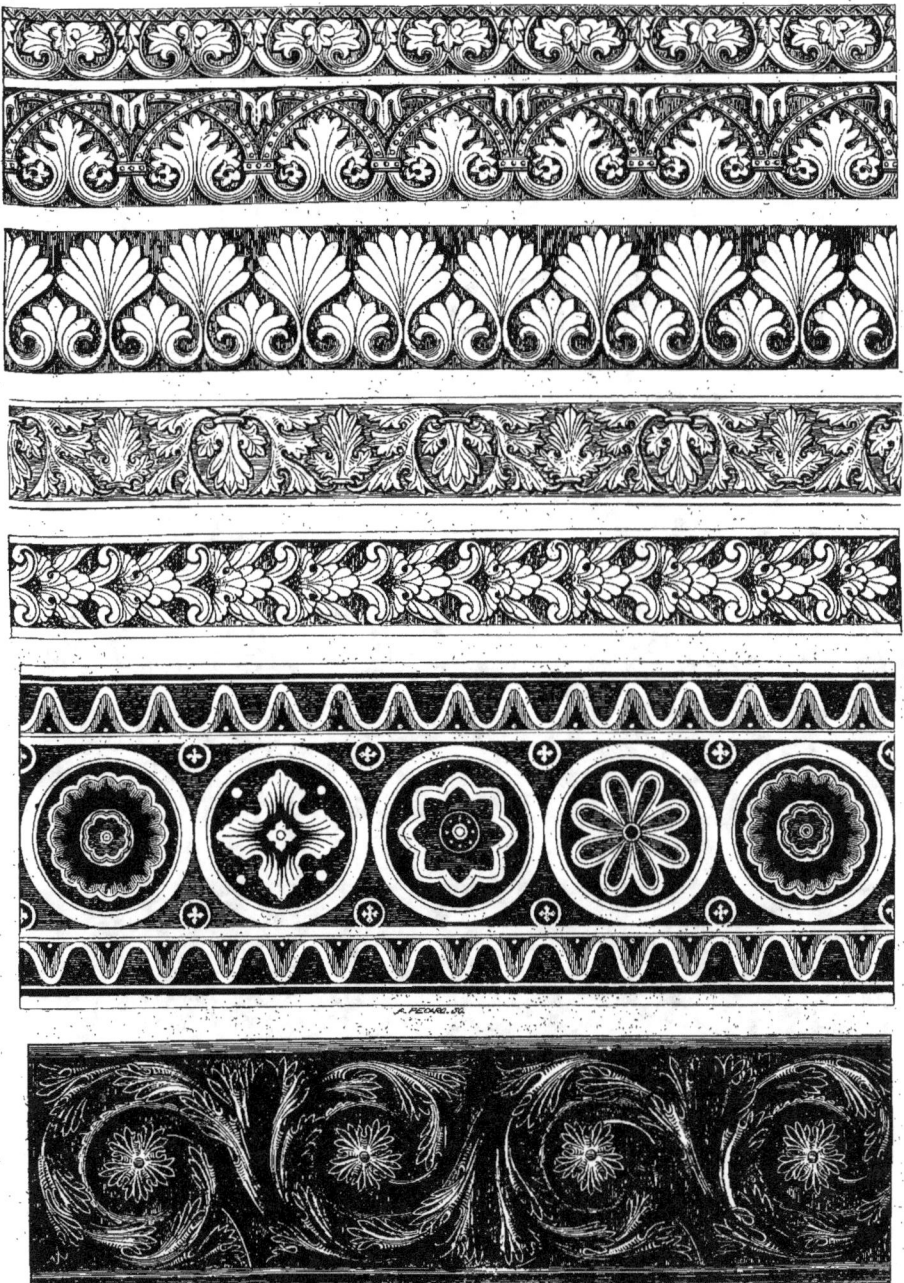

Rinceau du XIIe siècle

prennent un cachet très-remarquable; les dernières vignettes, dont plusieurs sont empruntées à un habile dessinateur, M. Sagot, en donnent une idée.

STYLE GOTHIQUE.

Nous avons dit déjà quelques mots, à propos de l'architecture gothique, des orne-

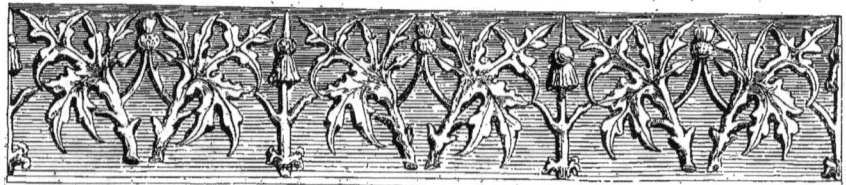

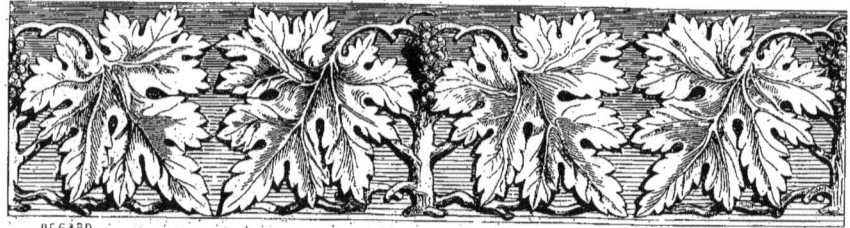

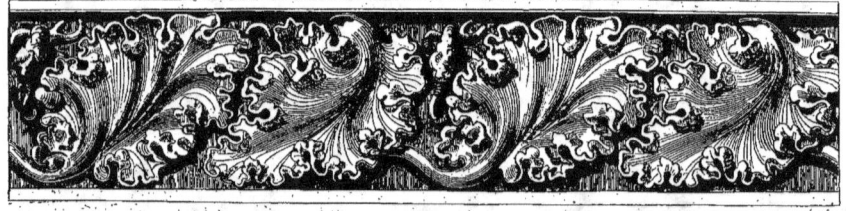

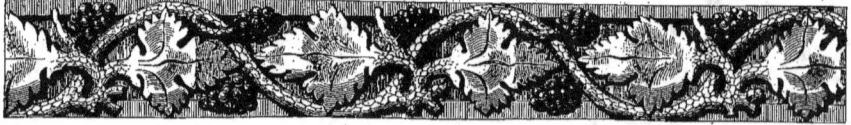

ments propres à ce style. La vigne vierge, le trèfle, le chardon sont souvent employés comme décoration, et viennent se mélanger aux roses, aux flèches élancées, aux

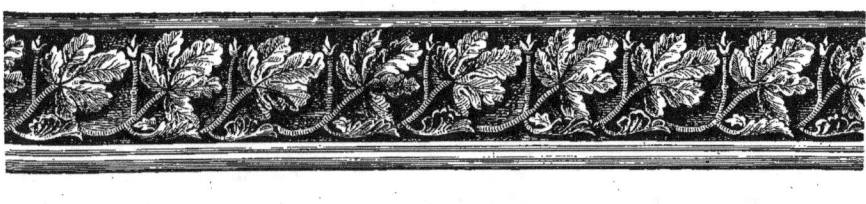

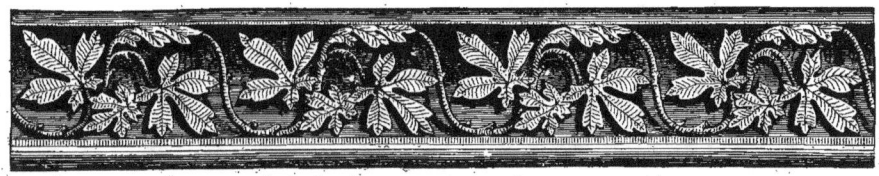

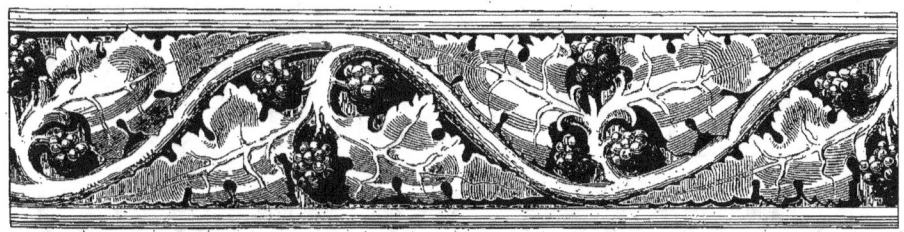

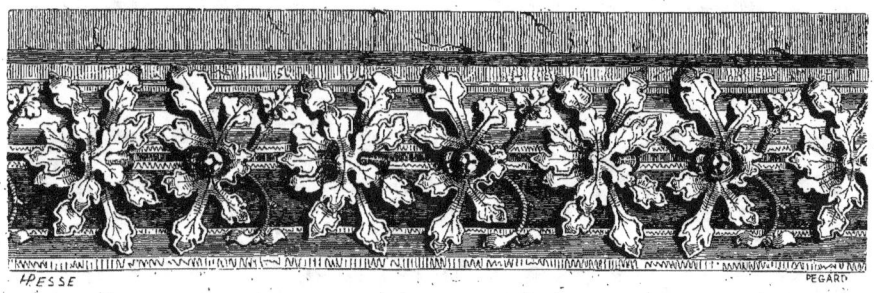

découpures semblables à de la dentelle, qui se répètent dans les moindres produits comme dans les grandes constructions de ce style.

STYLE RENAISSANCE.

Les ornements de cette époque sont extrêmement variés, comme tous les produits de l'art dans cette brillante période de création artistique d'une admirable fécondité. On en trouve à profusion dans les œuvres des graveurs du temps. On doit remarquer spécialement des enroulements de tout genre, des ornements gris, blancs sur fond noir

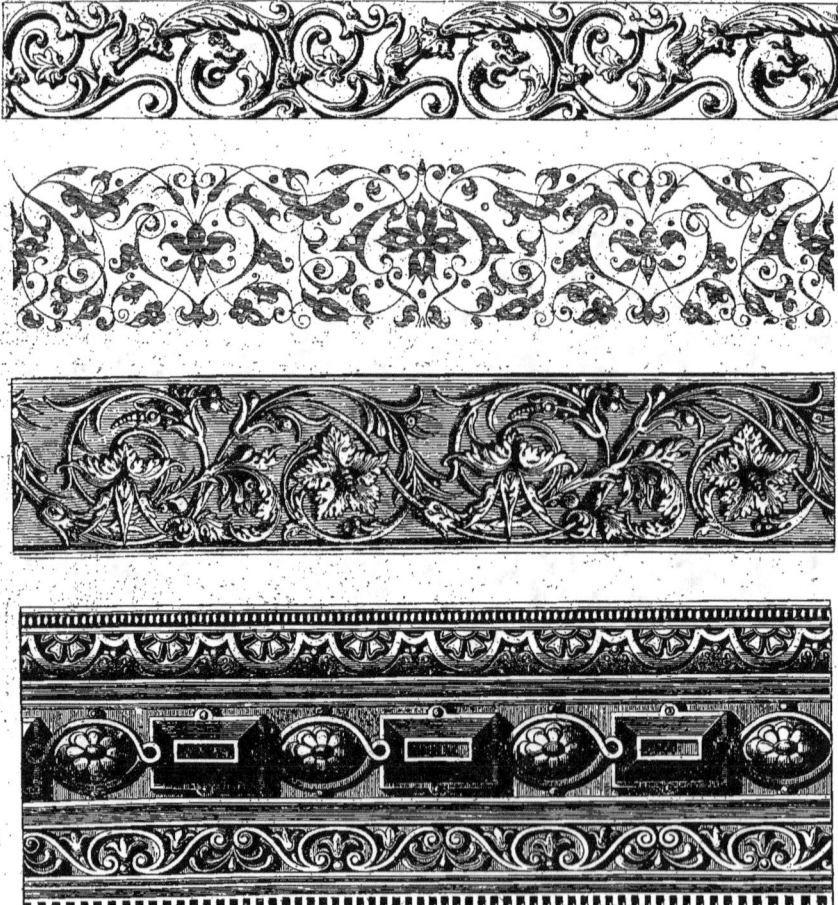

qui ont surtout été fréquemment répétés dans l'Ecole allemande); des formes rappelant les enroulements des branches, du serpent; d'autres rappelant les panneaux, les

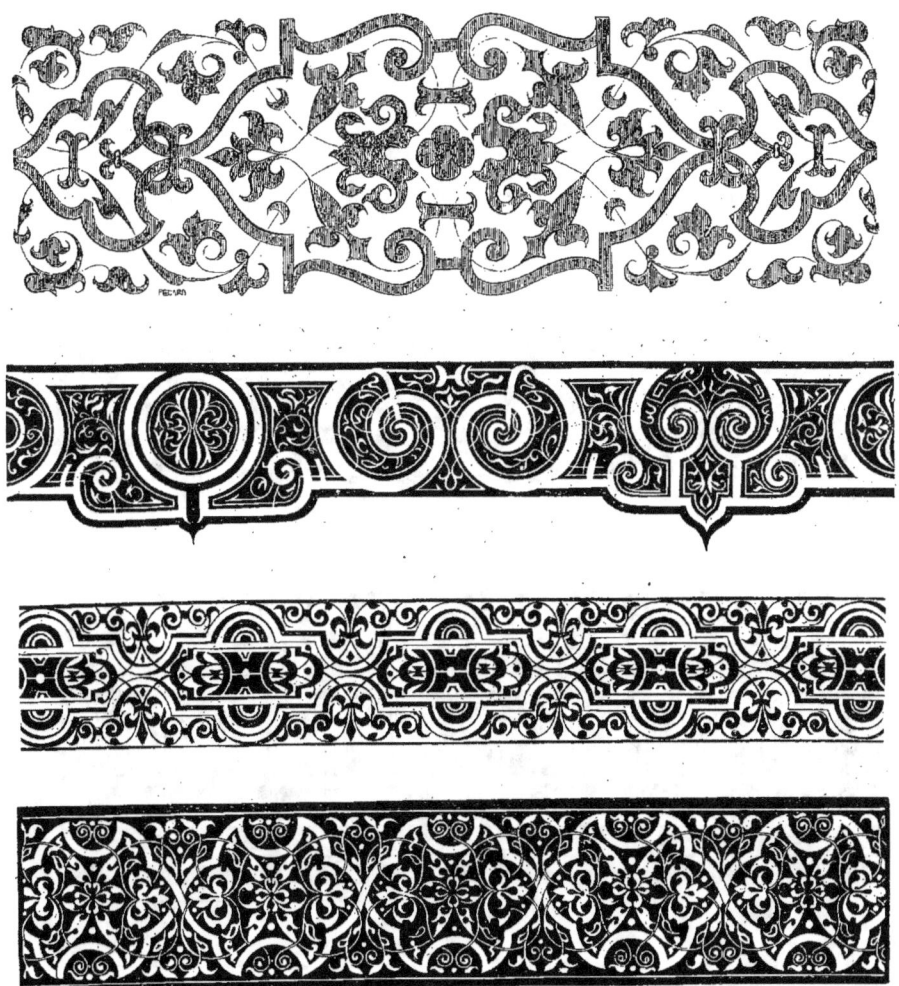

frontons coupés des constructions de l'époque. Les types sont ici variés à tel point qu'ils défient l'analyse, même en laissant de côté l'imitation des objets animés, qui ont été admirablement employés à cette époque comme moyen de décoration. Aussi les collections des graveurs de la renaissance sont-elles aujourd'hui les plus précieuses que l'artiste industriel puisse consulter. Grâce à l'invention de la gravure en taille-douce, faite à cette époque, elles sont heureusement en nombre considérable.

STYLE LOUIS XIV.

Les ornements du style Louis XIV consistent surtout en grands enroulements, en

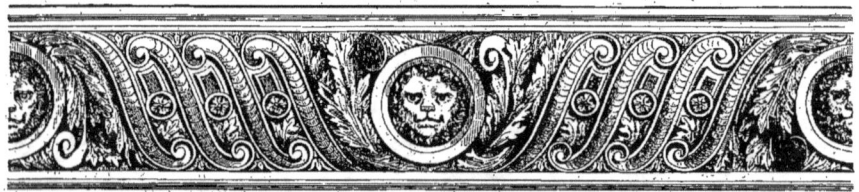

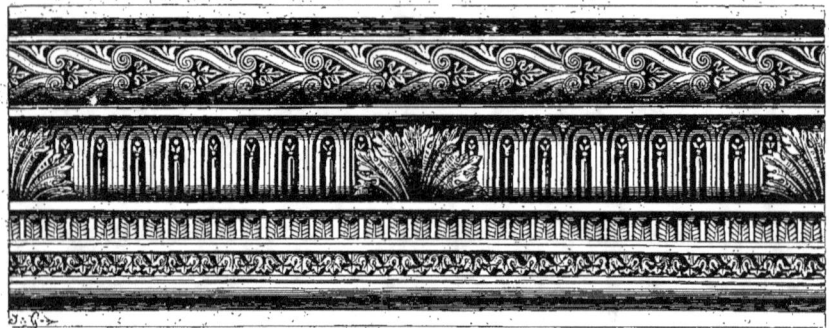

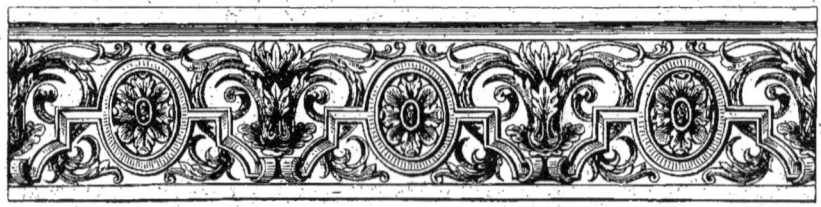

palmes d'un grand développement, seules ou mélangées avec des modèles d'ordre architectural, des médaillons, des trophées, etc. Nulle part plus que dans la décoration variée de ce style on ne retrouve la pompe, le grandiose de cette époque.

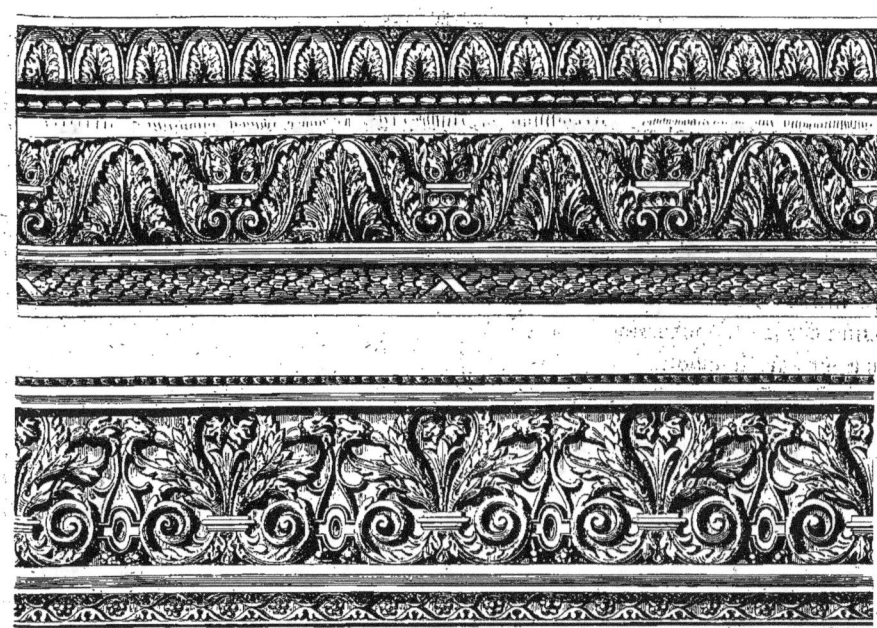

Nous en rencontrerons plus loin encore plusieurs exemples.

STYLE LOUIS XV.

Nous avons déjà donné nombre d'exemples de la décoration de ce style. On peut établir comme son cachet caractéristique l'emploi tout nouveau des coquilles. Ainsi fréquemment, dans les rinceaux, les extrémités des feuillages contournés à l'extrême vers la fin de Louis XIV y furent réunies par des coquilles ou autres lignes inspirées par les contours de celles-ci.

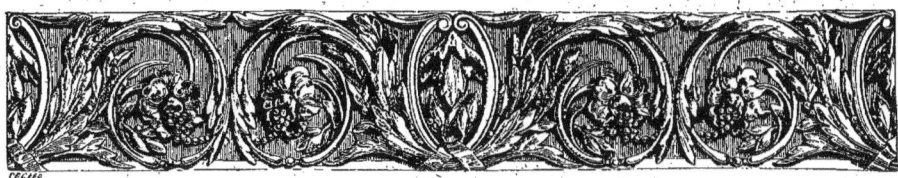

STYLE ORIENTAL, — MAURESQUE, — PERSAN.

Les Orientaux ont multiplié les entrelacements de lignes dites arabesques, dont nous avons déjà donné des exemples très-brillants. Ces arabesques sont formées de lignes irrégulières qui s'enlacent sans autre loi que la fantaisie, en produisant des harmonies toutes spéciales que nous ne pourrions mieux comparer qu'à une variation de piano, à une vocalise. A ces lignes, produit direct du caprice et du goût de l'artiste, se mêlent des fleurs de l'Orient imitées plutôt des tissus que de la nature même, et enfin des inscriptions arabes en caractères qui, ayant des formes de même nature, s'y marient parfaitement.

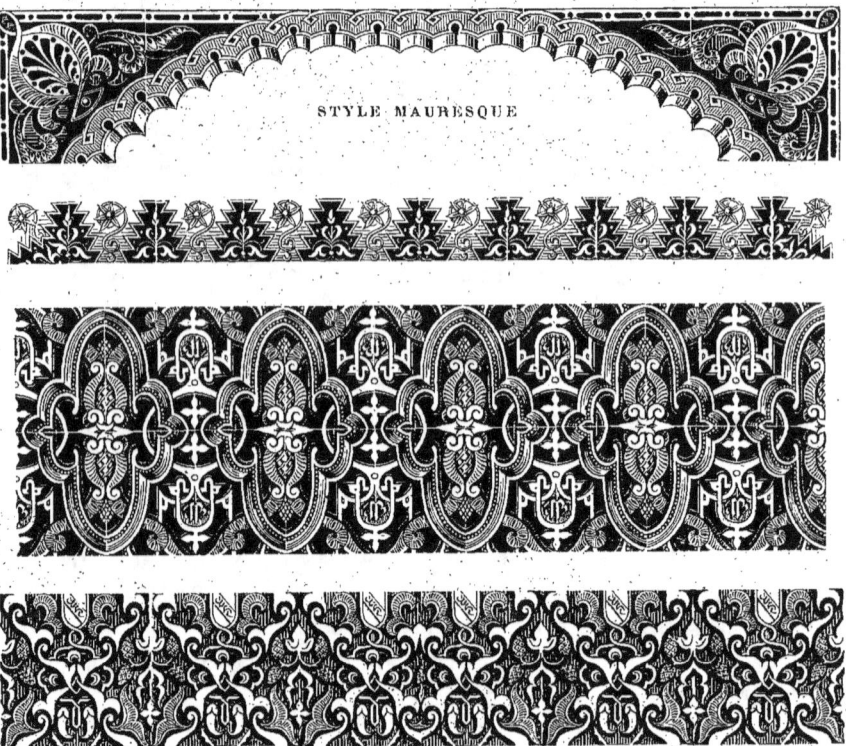

STYLE MAURESQUE

Les arabesques furent apportées d'Egypte et introduites à Rome dès le temps d'Auguste et de Mécène, comme nous l'apprennent Vitruve, Apulée et Claudien.

Vitruve s'éleva vivement, mais infructueusement, contre ce genre nouveau qui lui paraissait contraire aux principes de l'art, autant qu'au but moral qu'il doit se proposer, les arabesques offrant des dessins de fantaisie, et non des imitations exactes de créations de la nature.

STYLE PERSAN.

Les Persans occupent une très-grande place dans l'ornementation orientale, soit à cause de leurs traditions propres, soit à cause de leurs relations avec l'Inde. Les vignettes que nous donnons ici sont empruntées à des modèles originaires de la Perse et nous paraissent bien montrer la richesse de ce style.

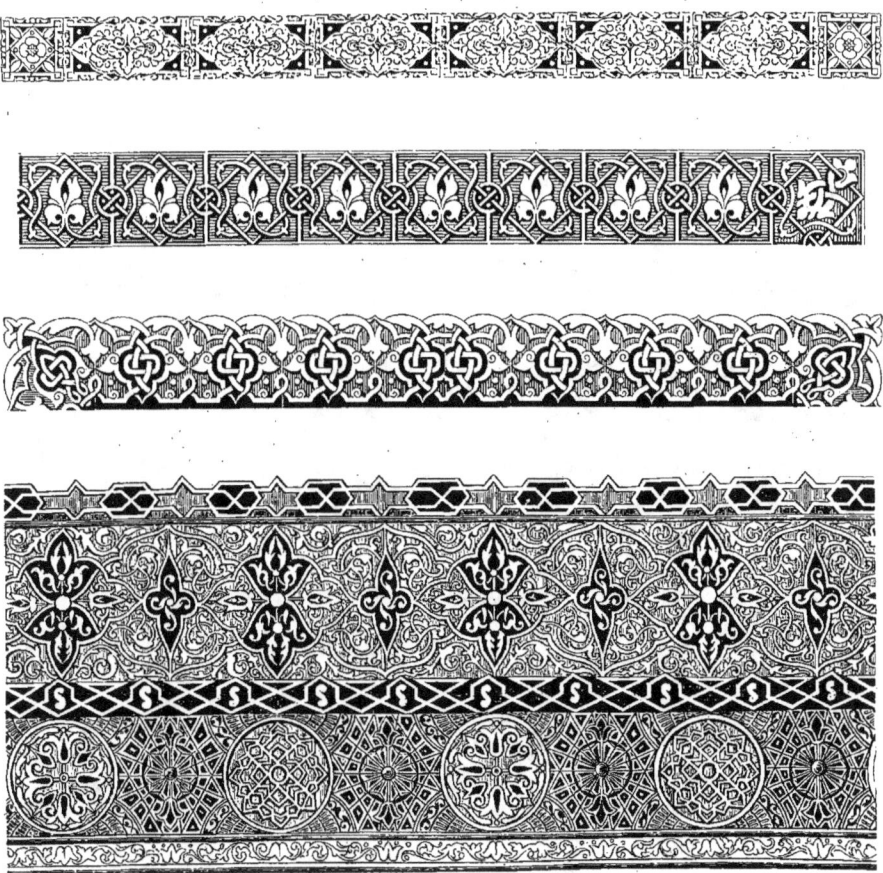

ÉPOQUE MODERNE.

La décoration de l'époque moderne puise ses éléments dans tous les styles antérieurs, comme l'industrie y cherche ses modèles pour les diverses fabrications. Il serait difficile de préciser les voies que suit la fantaisie par quelques échantillons peu nombreux; toutefois, on peut dire que le souvenir de bien des décorations de la renaissance se retrouve fréquemment dans l'ornementation moderne, mais avec une interprétation différente. On peut faire rentrer dans cette division assez bon nombre des exemples qui suivent

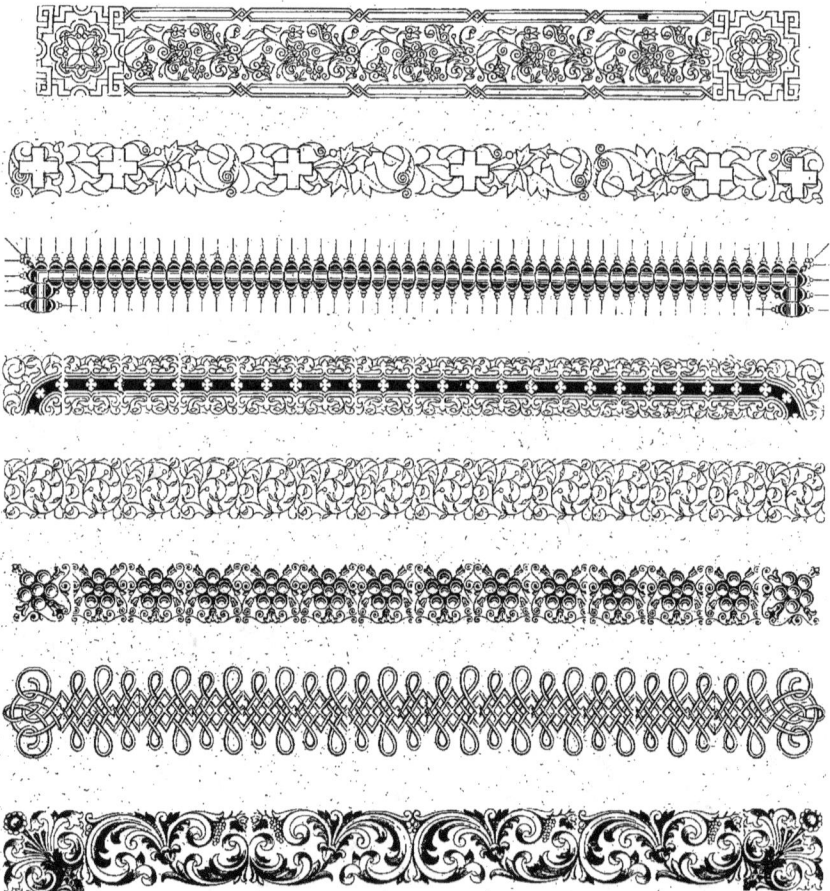

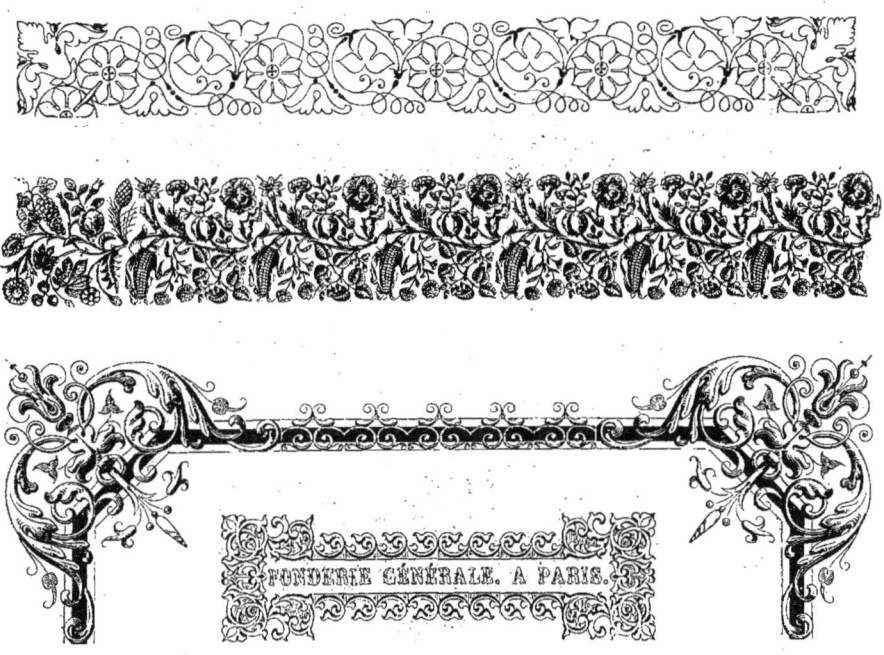

On doit aussi noter l'imitation assez fréquente des fleurs, rameaux, etc., dont nous donnons ci-dessus un exemple, et qui, comme nous l'avons déjà dit, convient peu au cas plus particulièrement considéré ici, à la typographie.

3° DESSINS D'IMITATION D'OBJETS ANIMÉS.

Les dessins formant un tout plus complet, ayant une signification plus précise que les vignettes précédentes, qui ne se multiplient pas par des juxtapositions, au moins le plus souvent, ont bien un cachet d'époque en ce sens que la manière d'employer les éléments de décoration obéit à une loi déterminée; mais ces travaux varient complétement en raison du goût de l'artiste et des objets à représenter. Nous n'avons pas à nous y arrêter longuement, car nous arrivons aux limites que nous avons dû nous poser, et la question, dans toute sa généralité, rentre dans l'histoire de la peinture, dont toutes les ressources sont souvent employées pour produire l'ornementation.

Cependant à plusieurs époques, de petites compositions souvent répétées méritent une mention spéciale, car elles occupent une part importante dans la décoration.

Ainsi le Scarabée sacré, figure emblématique des Égyptiens, se retrouve sur les enve-

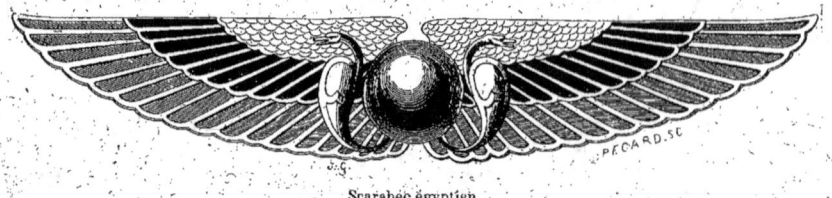

Scarabée égyptien.

loppes des momies, comme il fait partie de la décoration des temples.

Les Grecs et les Romains nous offrent une foule de sujets analogues à l'espèce de trophée de vendanges que nous donnons ici.

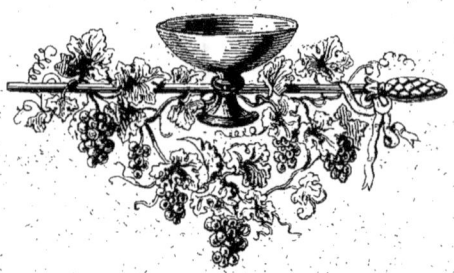

A l'époque byzantine, des saints, la tête garnie d'auréoles, se rencontrent fréquemment.

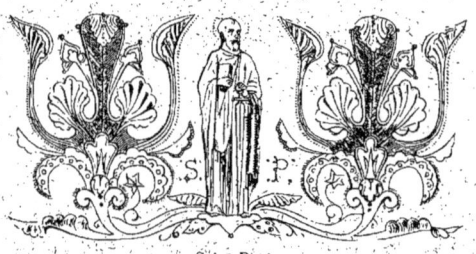

Saint Pierre.

A la renaissance, les syrènes, les animaux fantastiques de tout genre, les nymphes, les naïades forment la base de décorations élégantes dont on va voir un exemple.

C'est principalement dans l'œuvre de décoration si magnifique et si célèbre à juste titre des accessoires dits arabesques du Vatican (nous en donnerons plus loin un échantillon), que le génie de Raphaël, inspiré avec tant de bonheur par les riches matériaux, les débris de fresques antiques trouvés dans les fouilles de Rome, réussit à réaliser tout un système de combinaisons les plus audacieuses et les plus heureuses.

Ce curieux assemblage de figures, d'animaux chimériques, d'enroulements; ce dévergondage raisonné de l'imagination produit, grâce à un harmonieux enchaîne-

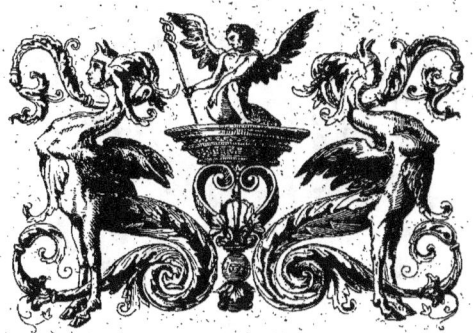

Sirènes.

ment, des effets tellement bien cadencés, que l'œil ne peut se lasser de les étudier, le talent d'y puiser d'excellents modèles. C'est l'exemple du développement le plus complet de la fantaisie. Nous donnerons, comme rappelant quelques ornementations

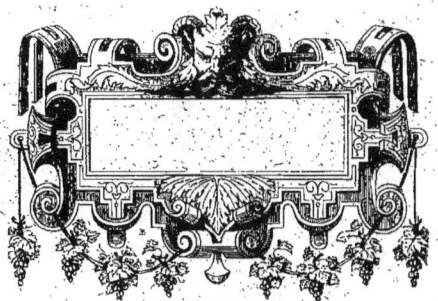

Cadre renaissance.

de cette époque, deux dessins, l'un qui représente un encadrement, l'autre une frise, qui rappelle les décorations du Primatice.

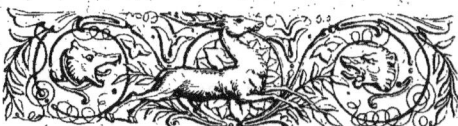

Frise renaissance.

Dans le style Louis XIV, les trophées de tout genre se répètent à l'infini, trophées d'armes en général, qui, sous Louis XV, deviennent des trophées de houlettes, de tambourins, etc.

Quant à l'époque actuelle, il est impossible, au milieu de la multitude indéfinie de décorations qui sont engendrées par nos artistes, de tous les croquis auxquels leurs crayons donnent naissance, d'indiquer le genre des petites créations que le goût moderne sait multiplier. La profusion de fleurs est un des caractères les plus communs,

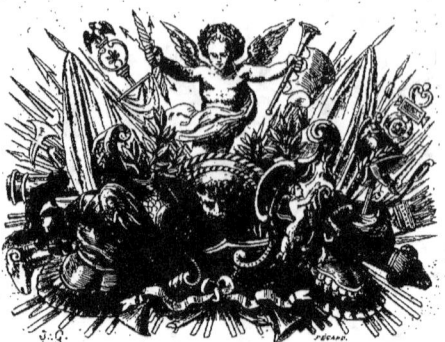

Trophée Louis XIV.

et nous donnons ici un brûle-parfum sur fond de fleurs qui représente bien ce genre élégant d'ornementation moderne.

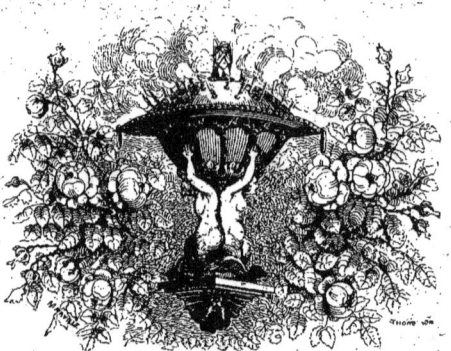

Brûle-parfums.

En dehors de ces petits sujets, les représentations de scènes animées, les ensembles plus complets, l'éveil des sentiments à l'aide de l'imitation, c'est l'art, ce n'est plus l'industrie : le but, les moyens d'action, les ressources, tout est différent.

Ce n'est, en général, que combinées avec des couleurs, que l'industrie emploie fréquemment les ressources de l'art, les imitations pour la décoration; nous y reviendrons en traitant des colorations. Il s'agit ici de l'intercalation d'un produit d'art dans un produit industriel, et non de la simple création de celui-ci. Toutefois il est une limite déjà fort reculée, en deçà de laquelle l'industrie atteint à une reproduction parfaite : c'est quand on se propose seulement la reproduction du dessin par plusieurs procédés que nous allons passer en revue, en commençant par nous placer au point de vue de ce qu'on est convenu d'appeler l'illustration. Cette question doit intéresser le lecteur, à qui ce livre offre un exemple de toutes les ressources que fournit la gravure en relief pour multiplier à l'infini le nombre des épreuves.

GRAVURE EN RELIEF.

Dans la gravure en relief, on creuse, par un moyen quelconque, toutes les parties qui ne sont pas recouvertes par un dessin tracé sur une substance convenable. Cette substance est l'acier pour la typographie, le bois pour les illustrations, le cuivre dans quelques cas où une finesse et une résistance intermédiaires entre celles du bois et celle de l'acier est convenable, et pour quelques procédés dans lesquels on a cherché à remplacer plus ou moins imparfaitement le travail du graveur par l'action des acides pour produire des reliefs. Nous laisserons ici la parole à M. Pégard, l'artiste qui a dirigé l'exécution artistique de cette publication. (Extrait du *Dictionnaire des Arts et Manufactures*.)

« Le rôle de chacune des gravures en relief est bien distinct : la gravure sur acier, plus lente et permettant des retouches multipliées, convient bien pour la gravure des lettres, des vignettes, des traits d'écriture ayant des parties d'une grande finesse, quand même l'obligation de frapper des matrices en cuivre ne ferait pas une nécessité de la gravure sur acier. En effet, la résistance de la matière sur laquelle on grave fixe la limite de la ténuité des fins; et il est bien évident qu'on pourra amener les traits d'une partie saillante d'acier à un degré de finesse, auquel on ne pourrait amener un bois sans risquer de l'égrener. De son côté, la gravure sur bois bien plus hardie, bien plus rapide, a permis de faire entrer dans l'impression des ouvrages de luxe des figures, qui, tirées en même temps que le texte, en facilitent singulièrement l'intelligence, sans en augmenter démesurément la valeur. Le présent ouvrage en est un exemple.

« La gravure sur bois fut inventée ou introduite en Europe vers le commencement du xve siècle (1390-1430) : il y eut à son apparition un grand cri de douleur et de scandale parmi les amis exclusifs de l'art. On était arrivé, à cette époque, au plus haut degré de perfection dans la miniature et dans l'écriture. Les Bibles étaient ornées de petites peintures fines, où resplendissaient les plus riches couleurs; les lettres, les mots, les lignes élégamment dessinés sur la chair délicate du parchemin semblaient vraiment vivre et parler aux yeux. Les cartes, inventées près d'un siècle avant, sous le règne de Charles VI, n'étaient pas moins admirables; mais les livres de dévotion et les cartes étaient rares, hors de prix, et seulement à l'usage des communautés religieuses, des châteaux et de quelques riches habitants des villes. Tout à coup on vit se répandre avec profusion, dans la bourgeoisie et parmi le peuple, de grossières images de saints rudement esquissées, aux figures contournées et barbares; des rois, des reines de cartes grotesquement croqués et dépouillés de leurs éclatantes robes; c'était la gravure sur bois qui faisait descendre l'art à la portée du plus grand nombre. Bientôt des légendes imprimées à l'aide de lettres taillées en relief, comme les figures sur les blocs de bois, accompagnèrent les gravures pour les expliquer, et de là le besoin de la lecture, se propageant peu à peu, mena insensiblement à l'invention des caractères mobiles, et, enfin, à l'imprimerie perfectionnée, qui commença pour la popularité de la science la révolution que la gravure sur bois avait commencée pour la popularité de l'art.

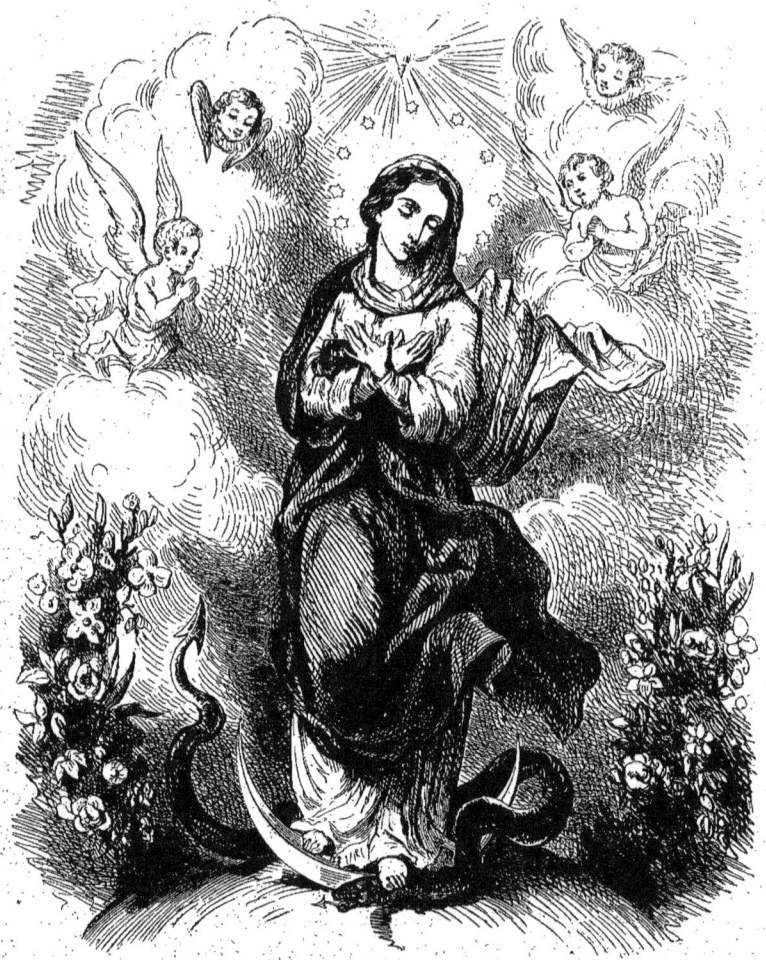

Vierge (gravure en fac-simile).

« La gravure sur bois, consacrée jusqu'alors à des représentations grossières, devint cependant un art entre les mains d'Albert Durer, né en 1471 à Nuremberg. Ce grand artiste, ami de Raphaël, grava des planches d'une admirable beauté; son estampe de la « Mélancolie, » ses « Vierges » font toujours l'admiration des artistes.

« La France a possédé quelques artistes distingués qui se sont livrés avec succès à ce genre de gravure : tels furent Joliet le Suisse, l'Allemand Businck, Boutemont, les Lesueur, et en dernier lieu les deux Papillon. Depuis 1760, époque à laquelle vivait le dernier de ces artistes, la gravure sur bois, pratiquée par des artistes de peu de mérite, fut peu estimée. Elle se faisait sur bois de fil, à l'aide de pointes tranchantes, procédés qui se prêtaient mal à l'exécution de sujets de gravure très-fine, comme doivent être ceux à intercaler dans les livres pour les éditions de luxe. Son emploi

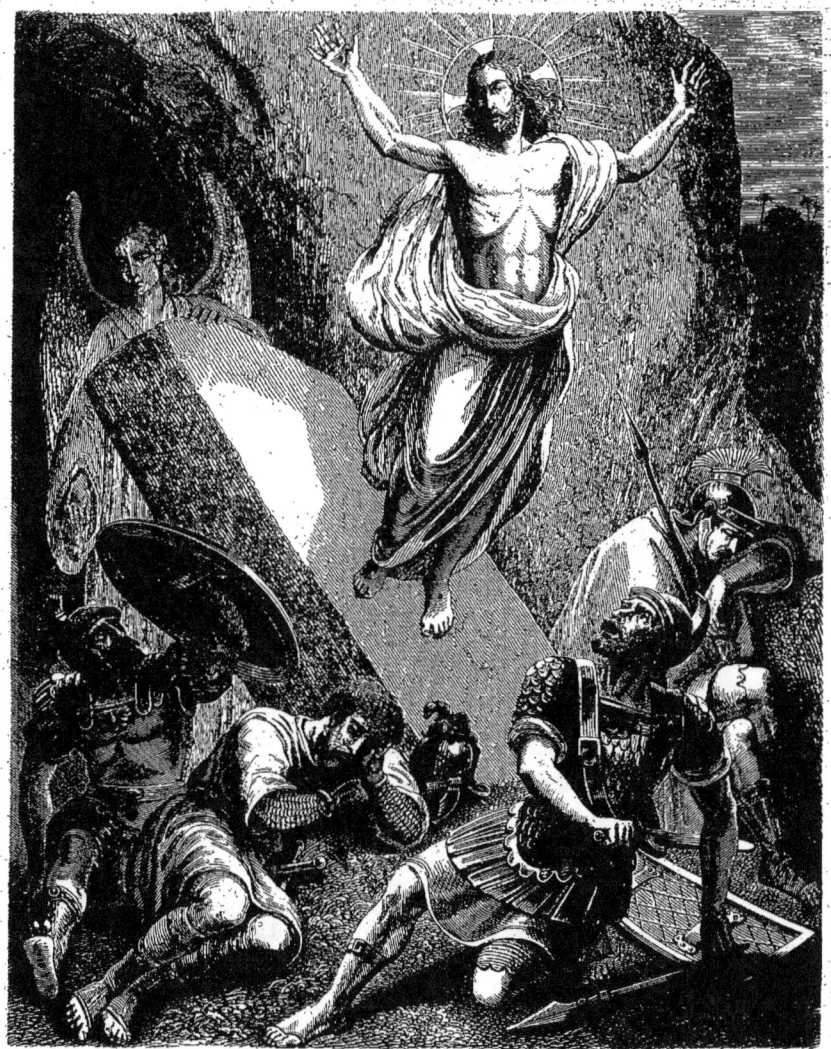

Résurrection (gravure classique).

diminuait chaque jour, lorsque Thompson introduisit en France, vers 1815, la nouvelle gravure sur bois inventée par Bervick en Angleterre, et montra tout le parti qu'on pouvait tirer de son emploi pour obtenir les sujets les plus délicats. Ce procédé consistait à graver sur le bois debout par des procédés tout à fait analogues à ceux de la gravure en taille-douce sur cuivre, en profitant de la résistance des fibres dans le sens de leur longueur pour obtenir des traits fins, résistants [1]. »

Deux procédés de gravure sur bois correspondent aux deux genres de dessin dont nous avons parlé plus haut.

Le premier consiste à imiter le dessin exactement en enlevant, à l'aide de burins, les parties blanches. Ce travail, dit « fac-simile, » s'appliquant le plus souvent à des dessins très-chargés, rentre dans la première classe, c'est-à-dire que le burin produit plutôt des teintes que des lignes courbes.

Le second, dit « classique, » dans lequel le graveur a souvent à interpréter des parties lavées ou estompées, se fait avec des outils à faces presque parallèles et en déterminant des lignes de courbure continues, de largeur variable (on n'emploie en général qu'une seule série de ligne de courbure, la plus caractéristique), pour les surfaces convexes; des teintes formées par des lignes parallèles, pour les surfaces plates, les ciels, etc.

Nous donnons ici deux exemples de cette gravure employée pour des représentations de personnages, pour montrer toute l'étendue du procédé; le présent ouvrage est, nous l'espérons, un spécimen qui sera jugé satisfaisant de tout point, du second genre de travail appliqué à la représentation des œuvres d'art.

IMPRIMERIE TYPOGRAPHIQUE.

Nous allons compléter maintenant ce qui a rapport au plus important procédé de reproduction du dessin, à l'imprimerie typographique, dont nous avons étudié en partie les productions dans ce qui précède.

L'imprimerie typographique n'a, dans le cas général, à sa disposition qu'une couleur, le noir; mais elle offre l'avantage, au point de vue artistique, de pouvoir, par la nature de l'encre qu'elle emploie, rendre des gravures extrêmement délicates et fines, et en même temps de donner des tons noirs très-vigoureux. De plus, les ressources de la fonderie permettent de multiplier, et le principe de la mobilité des types dû au génie de Guttenberg conduit naturellement à juxtaposer, à varier à l'infini les combinaisons des vignettes et éléments divers dont l'imprimerie dispose. Cet avantage n'existe qu'à un moindre degré dans l'impression des étoffes et des papiers peints, où le dessin élémentaire, le cachet, n'est reproduit que par des

---

[1] On doit citer, parmi les graveurs sur bois les plus estimés de nos jours, Thompson, Jackson, Orren Smith, Godard, Quartley, Brevière, etc.

moyens trop imparfaits pour que sa multiplication exagérée n'engendre pas de nombreux défauts, ce qui force à le faire d'une certaine grandeur en rapport avec la largeur de l'étoffe ou du papier.

L'étude artistique des caractères typographiques, comme celle déjà indiquée ci-dessus des vignettes qu'elle peut employer, est très-intéressante, et n'a jamais, que nous sachions, été essayée. C'est ce qui nous autorise à compléter une esquisse qui, au moins, ouvrira la voie, et donnera peut-être, à quelque artiste plus compétent que nous, connaissant mieux quelques-unes des industries que nous passons en revue dans cet ouvrage et pour lesquelles nous avons négligé bien des questions, l'utile idée de les traiter avec le développement qu'elles comportent.

DES CARACTÈRES TYPOGRAPHIQUES.

Nous nous garderons d'entrer ici dans des développements relatifs à la découverte de l'imprimerie; et, nous bornant à ce qui rentre dans notre cadre, nous dirons seulement quelques mots sur les modifications successives que le goût a apportées à la forme des caractères, afin de mieux faire comprendre l'évolution historique qui s'est produite dans tous les éléments d'une industrie que l'on est peu habitué à considérer au point de vue de l'art.

Chacun sait que c'est la gravure sur bois, l'imprimerie tabellaire appliquée aux cartes, aux légendes, qui a conduit de la reproduction des textes gravés joints aux figures à l'idée de rendre les caractères mobiles, découverte éminente par ses résultats, que sut réaliser le génie de Guttenberg.

Au moment de la découverte de l'imprimerie le type fut fixé d'une manière définitive, où au moins les modifications devinrent plus lentes, plus difficiles qu'aux époques où les manuscrits régnaient sans partage, où l'action d'un artiste écrivain pour modifier le goût pouvait être très-grande. Malgré cela, si on passe en revue quelques monuments des diverses époques célèbres, après comme avant la découverte de l'imprimerie, on voit reparaître d'une manière très-tranchée, bien que non remarquée jusqu'ici, les modifications du goût, les divers styles, qui, en effet, doivent être aussi sensibles dans l'écriture que dans toutes les autres manifestations de l'activité laborieuse.

La moindre inspection fait reconnaître qu'au point de vue de l'art le caractère des inscriptions grecques, tout géométrique, composé seulement de parties rectilignes et de parties circulaires, répond au style grec; celui des manuscrits romans, d'abord altération simple des inscriptions grecques, prend bientôt un aspect tout particulier correspondant non-seulement au nouveau moyen de production, à la calligraphie, mais encore au goût régnant; on sent quelque chose au plein-cintre de l'architecture de l'époque. Plus tard on voit l'écriture se transformer et, suivant les changements du goût, prendre les formes du caractère gothique, genre d'écriture adopté généralement au moment de la découverte de l'imprimerie, rappelant évidemment, par la recherche des pointes, les flèches des constructions adoptées partout, et qui répond tout à fait au style gothique, si naturel à l'Allemagne.

Montrons par quelques exemples la vérité palpable de ces propositions :

XPHTHI ΑΔΕΛΦΗΣ ΕΜΝΗϹΘΗ ΟΝΗϹΙΜΑ
Inscription grecque.

UINTRISMEANDROS
Écriture capitale du IVe siècle.

Ce type est formé par l'altération des caractères des inscriptions.

INFINEMPROPULO
QUIASANCTISION
FACTUSESTDAUIDIN
Psautier de Saint-Germain-des-Prés (VIe siècle).

La forme des lettres s'arrondit dans le goût dominant dans le style roman.

causa frangatur oratio
Écriture minuscule de 819.

Injllotepr
Erat homo ex pharisæis nichodemus
nomine princeps iudæorum
Bible latine du IXe siècle.

La calligraphie modifie de plus en plus les formes et donne naissance aux lettres dites *bas de casse*, entièrement différentes des capitales.

Écriture minuscule de 1373.   Écriture italienne du XIVe siècle.

Les formes aiguës sont recherchées pour l'élégance des lettres. — C'est le style gothique qui prend sa forme.

Donnons maintenant une copie du type gothique le plus estimé de l'époque qui vit la découverte de l'imprimerie.

Et pluraliter docеamur docemum do,
reantur. Futuro docetor tu doceto: il/
le. Et pluraliter doceamur docemmor

Grammaire latine de Donat (édition xylographique attribuée à Faust et Guttenberg).

Enfin nous donnerons un exemple de la forme la plus élégante conservée par les premiers graveurs sur acier.

Les Publicains et les pecheurs vindrent a Jesus affin
quilz oyssent sa parole et sa predication/

Gothique du XVIe siècle en typographie.

Le caractère gothique, naturellement adopté pour les premiers monuments de la typographie, subit bientôt une radicale transformation pour donner nos types actuels, à l'époque de la renaissance; ce fut l'œuvre de Jenson, graveur de la Monnaie de France, envoyé en 1462 à Mayence par Louis XI pour apprendre les secrets de l'imprimerie, et qui, retiré à Venise, grava les beaux types de caractères romains que Garamond prit ensuite pour modèles au siècle de François Ier. Il y réintroduisit les éléments classiques des inscriptions romaines, et cette réforme, cette renaissance est bien de même ordre que toutes les transformations qui ont été alors produites dans toutes les directions de l'art aussi bien que dans l'écriture. Le type romain fut créé à l'aide de la réunion dans un même alphabet des minuscules des manuscrits et des capitales romaines, en modifiant en outre quelques formes traditionnelles pour obtenir une facile lecture, une grande régularité, débarrasser les lettres d'accessoires inutiles et les réduire à la combinaison la plus simple possible de parties droites et de parties circulaires. Ce fut Alde Manuce, imprimeur de Venise, qui, bientôt après, grava le caractère italique dit quelquefois « lettres aldines, » complétant ainsi le mouvement de la renaissance.

Au XVIe siècle, Garamond perfectionna la gravure et donna aux lettres des formes qui font encore l'admiration des amateurs de vieux livres, à tel point qu'aujourd'hui ils en arrivent à nier, à tort suivant nous, tous les progrès accomplis depuis cette époque et les déclarent des altérations d'un type parfait. C'est dire que le goût ne se transforme pas continuellement dans cette application de l'art industriel, ce qui n'est soutenable dans aucun cas.

Passons maintenant à l'étude des types des époques plus rapprochées de la nôtre, aux conditions de leur perfection pour notre goût.

Pour beaucoup de personnes, tous les caractères typographiques de même grandeur se ressemblent; ce sont toujours, dit-on, des *a*, des *b*, etc. Si toutefois on met sous les yeux de ces personnes un volume sortant des presses d'Elzévir, ou de quelque autre imprimeur justement célèbre, elles sont frappées de la netteté, de l'élégance des types, à ce point que beaucoup en font collection, non pour les lire, mais comme d'estampes, d'objets d'art. Il y a donc un certain charme, une certaine harmonie dans l'ensemble d'un caractère, dans une page, indépendamment même de l'élégance qui peut appartenir à chaque lettre, car c'est l'ensemble de la page qui paraît admirable aux amateurs : c'est la considération principale de chacun de ces éléments qui a fait la réputation des deux principales écoles qui ont acquis une juste célébrité en typographie : celle des Elzévirs, dont les types ont été imités en grande partie dans les caractères anglais les mieux réussis dans ces dernières années ; celle des Didot et de Bodoni, dernier terme des progrès accomplis en typographie à la fin du dernier siècle, et qui a été célèbre au commencement de celui-ci ; aussi ces types ont-ils d'abord servi de guides à la majorité des graveurs français modernes.

Le principe des caractères Didot était de faire les fins des lettres extrêmement minces, ce que permet la gravure sur acier ; de rendre continu le passage des fins aux pleins, en arrondissant les formes ; en donnant ainsi à la lettre typographique, autant que possible, l'élégance de l'écriture.

Les Elzévirs, et à leur imitation les Anglais, notamment Baskerville qui, au siècle dernier, améliora les types et indiqua la voie qui a été suivie avec succès, ont sacrifié la forme de la lettre, quand il était nécessaire, à la netteté de la ligne, tenant très-fortes les parties horizontales des lettres, soutenant les empattements qui donnent le sentiment net de leur alignement.

On jugera bien de ces effets en opposant deux caractères de ces deux écoles : l'une cherchant l'élégance de chaque lettre, l'autre la netteté, le brillant de la page.

Dix Didot.	Dix Anglais.
Ego multos homines excellenti animo ac virtute fuisse, et sine doctrina, naturæ ipsius habitu prope divino, per seipsos et moderatos, et graves exstitisse fateor : etiam illud adjungo, sæpius ad laudem atque virtutem naturam sine doctrina, quam sine natura valuisse doctrinam. Atque idem ego contendo, cum ad naturam eximiam atque illustrem accesserit ratio quædam conformatioque doctrinæ, tum illud nescio quid præclarum ac singulare solere existere. Nam cæteræ neque temporum sunt, neque ætatum omnium, neque lo-	Ego multos homines excellenti animo ac virtute fuisse, et sine doctrina, naturæ, ipsius habitu prope divino, per seipsos et moderatos et graves exstitisse fateor : etiam illud adjungo sæpius ad laudem atque virtutem naturam sine doctrina, quam sine natura valuisse doctrinam. Atque idem ego contendo, cum ad naturam eximiam atque illustrem accesserit ratio quædam conformatioque doctrinæ ; tum illud nescio quid præclarum ac singulare solere existere. Nam cæteræ neque temporum sunt, neque ætatum omnium, neque lo-

Le problème à résoudre aujourd'hui consiste à donner les avantages de ces deux systèmes aux nouveaux caractères, en faisant dominer toutefois tout ce qui peut contribuer à la netteté de la typographie, à l'éclat de l'impression, car cette condition doit passer avant toute autre. Nous donnerons ici, comme exemple d'un essai tenté pour atteindre ce but, une des dernières gravures de l'ancienne fonderie Didot, du bel établissement connu sous le nom de « Fonderie générale, » où sont réalisées les conditions ci-dessus indiquées. On a emprunté aux Didot une certaine légèreté des fins, mais surtout on a imité des Anglais l'épaisseur des parties horizontales, les traits soutenus. Ce qui est surtout nouveau, c'est la tendance à donner aux lettres, dans les limites

Nouveau caractère de la Fonderie générale.

Ego multos homines excellenti animo ac virtute fuisse, et sine doctrina, naturæ ipsius habitu prope divino, per seipsos et moderatos, et graves exstitisse fateor : etiam illud adjungo, sæpius ad laudem atque virtutem naturam sine doctrina, quam sine natura valuisse doctrinam. Atque idem ego contendo, cum ad naturam eximiam atque illustrem accesserit ratio quædam conformatioque doctrinæ, tum illud nescio quid præclarum ac singulare solere existere. Ex hoc esse nunc numero, quem patres nostri viderunt, divinum hominem, Africanum : ex hoc C. Lælium, L. Furium, moderatissimos homines et continentissimos : ex hoc fortissimum virum, et illis temporibus doctissimum, M. Catonem

fixées par le goût, une forme rectangulaire tout à fait favorable à l'alignement du haut comme du bas, qui contribue singulièrement à la netteté dont nous venons d'analyser les principes. On reconnaîtra facilement que ce caractère n'est autre que celui de cet ouvrage, dont nous avons cherché à faire un curieux spécimen de ce que peuvent produire les divers ateliers de la Fonderie Générale et les habiles artistes qui les dirigent.

Les questions dont nous avons parlé plus haut ne sont pas les seules qu'on puisse traiter au point de vue de la gravure des caractères, mais ce sont les plus importantes. Nous dirons seulement quelques mots des autres.

La fabrication des journaux, des éditions à bon marché a fait naître, en France, les caractères compactes, c'est-à-dire dans lesquels les courtes *m, o*, etc., ont grandi relativement aux longues *b, d*, etc. Après avoir exagéré ce résultat, qui permettait d'employer pour une page un caractère plus gros à l'œil sans changer le nombre de lignes, on s'est arrêté à un accroissement réel des lettres courtes, à la limite qu'on ne peut dépasser sans amener la confusion, le blanc devenant insuffisant entre les lignes.

La nécessité de faire tenir des vers dans une ligne, avait fait créer depuis longtemps des caractères dits poétiques, dans lesquels l'*o* et les rondeurs étaient allongées, contrairement au principe paraissant inviolable autrefois, par on ne sait trop quelle prétention à une détermination mathématique des formes des lettres, que l'*o* d'un caractère devait être un cercle parfait. L'œil s'est habitué à cette forme, plus gracieuse que la circulaire, et on a pu ainsi obtenir les formes inscrites dans un rectangle dont nous avons indiqué les avantages.

Enfin, l'adoption des poétiques compactes eût rendu la page trop noire, si on n'eût en même temps amaigri toutes les lettres des caractères.

Nous ne parlons pas ici des caractères allemands. Par amour de la tradition, le type de style gothique a été conservé jusqu'à ce jour en Allemagne; nous croyons que c'est un tort; c'est, par un patriotisme exagéré, nier le progrès accompli depuis le xve siècle dans tous les arts, et nous faisons des vœux pour que les essais tentés par divers savants, et notamment par les frères Grimm, pour faire adopter à l'Allemagne les types du reste de l'Europe soient couronnés de succès.

Quant aux Orientaux, qui possèdent d'admirables manuscrits, la forme de leurs caractères, toute différente de celle des nôtres, ne nous permet pas de les apprécier; toutefois on sent en eux le style oriental, la similitude avec l'arabesque et l'ornementation orientale avec laquelle ils se mélangent si bien.

Ce résumé montre combien de questions d'art et de goût se rattachent à la gravure des caractères; c'est ainsi que dans une industrie qui paraît la plus simple aux personnes qui y sont étrangères, il y a lieu à appliquer toute la capacité des personnes de goût et toujours de nouveaux progrès à effectuer.

INITIALES ET LETTRES DE FANTAISIE.

Pour compléter ce qui est relatif à la typographie, nous devons dire quelques mots des initiales qui servent à faire les titres, et quelquefois sont placées au commencement des chapitres, comme les majuscules qui ornaient les manuscrits. Ces initiales, provenant directement de la tradition des inscriptions romaines, ont été variées à l'infini quant aux proportions de graisse, de largeur relative aux lettres. Nous donnons ici deux des types les plus justement appréciés.

MONTAUBAN
BOURGUIGNONS

Les types ci-dessus appartiennent à la pure tradition classique, c'est-à-dire qu'on n'a pas sacrifié, dans leur gravure, à la fantaisie qui règne pour la création des lettres employées pour des œuvres de goût, des actions, des factures, etc. On a, pour ces cas divers, créé nombre de types, qui ne sont pas tous de bon goût, il s'en faut, mais qui, lorsqu'on sait les employer, donnent une grande variété et un grand charme aux produits de la typographie.

Ne relevant que de la fantaisie, les créations de ce genre ne peuvent pas être considérées comme assujéties à des règles quelconques. Pourtant il est une série assez notable qui peut être classée à part, à savoir celle des caractères dont on rend l'épaisseur des pleins très-grande, pour les employer à faire des lignes de titre extrêmement saillantes à l'œil. Telles sont les Normandes (dont nous donnons ici

Les monuments égyptiens portent gravés sur les murailles une foule de scènes, et, par suite, différentes formes de meubles.

deux lignes), dans lesquelles les parties habituellement fines sont également rendues épaisses. Inversement, des lettres très-maigres tranchent sur les caractères ordinaires; telles sont les Capillaires, dont ci-joint un échantillon.

La Belgique est une partie de l'ancienne Gaule. Les Belges, Germains pour la plupart, étaient fiers, accoutumés à braver les fatigues et les périls; ils furent les derniers qui purent être soumis à leurs vainqueurs.

Parmi les lettres de fantaisie proprement dites, nous donnerons un certain nombre d'exemples pour faire apprécier, par un choix suffisant, toutes les variétés que nos

Lettres blanches.
TRAITÉ ÉLÉMENTAIRE DE COMMERCE.
HISTOIRE DE LA FRANCE MARITIME MILITAIRE ET AGRICOLE
HISTOIRE DU NOUVEAU MONDE. LA JÉRUSALEM DÉLIVRÉE, POEME
DISCOURS SUR LES BEAUTÉS DU CHRISTIANISME

Antiques ornées.
EMBARCADÈRE DU CHEMIN DE FER DE ROUEN

Allongées ornées.
REVUE MUSICALE ET ARTISTIQUE

Ottomanes.
LES MONARCHIES
LE CHEMIN DE

Prismatiques.
HONORABLE

graveurs ont créées. Nous montrons des lettres blanches, ombrées, antiques ornées, ottomanes, etc. Le champ est évidemment indéfini.

CALLIGRAPHIE.

L'écriture est de la nature du dessin, et constitue un produit artistique qui a subi des transformations multiples bien plus nombreuses qu'on ne peut l'imaginer, telles enfin, que les connaissances nécessaires pour la lecture des chartes et anciens manuscrits constituent une science spéciale dite « paléographie. »

Il nous est difficile de parler des anciens manuscrits au point de vue de l'art, d'ajouter des détails à ce que nous disons ailleurs ; nous nous contenterons de rappeler que les derniers progrès dans l'exécution des manuscrits avaient conduit à une netteté plus ou moins voisine de celle qu'on a obtenu par la typographie, perfection qui ne sera plus jamais recherchée à l'aide de travaux de cette nature, puisqu'ils ont cessé forcément le jour où l'imprimerie a été inventée.

Il serait oiseux de nous étendre beaucoup sur les œuvres de nos calligraphes modernes ; il faudrait étudier des fantaisies calligraphiques prétentieuses qui n'ont aucune valeur artistique. Nous ne nous occuperons ici que de l'écriture courante, que depuis les derniers progrès on appelle « anglaise » dans notre pays. C'est dans la régularité de la pente, dans le passage graduel du plein au fin, que s'obtient la grâce de cette écriture. Nous en donnerons un exemple par une ligne d'anglaise Firmin Didot, chef-d'œuvre de la typographie moderne tant par l'élégance de sa gravure que par l'heureux système de sa composition.

Ministère d'état des Affaires

Depuis quelques années on a essayé quelques caractères plus droits ou plus penchés qui ne manquent pas de grâce. Nous donnerons ici un exemple d'un des plus élégants.

Nouveaux Caractères d'Écriture

TRAITS D'ÉCRITURE. — Les calligraphes, en prenant l'habitude de créer des lignes agréables à l'œil, ont tenté de les encadrer de petites compositions à la plume, dites traits d'écriture. La typographie, qui a fixé les premiers types en les soumettant à des procédés de reproduction indéfinis, vient de rendre le même service aux traits d'écriture, en surmontant de grandes difficultés de fabrication toutes spéciales pour permettre le mélange des caractères et des traits. Il y a là quelqu'intérêt à voir ainsi fixer des compositions passagères, dont il est juste de dire, toutefois, que la gravure

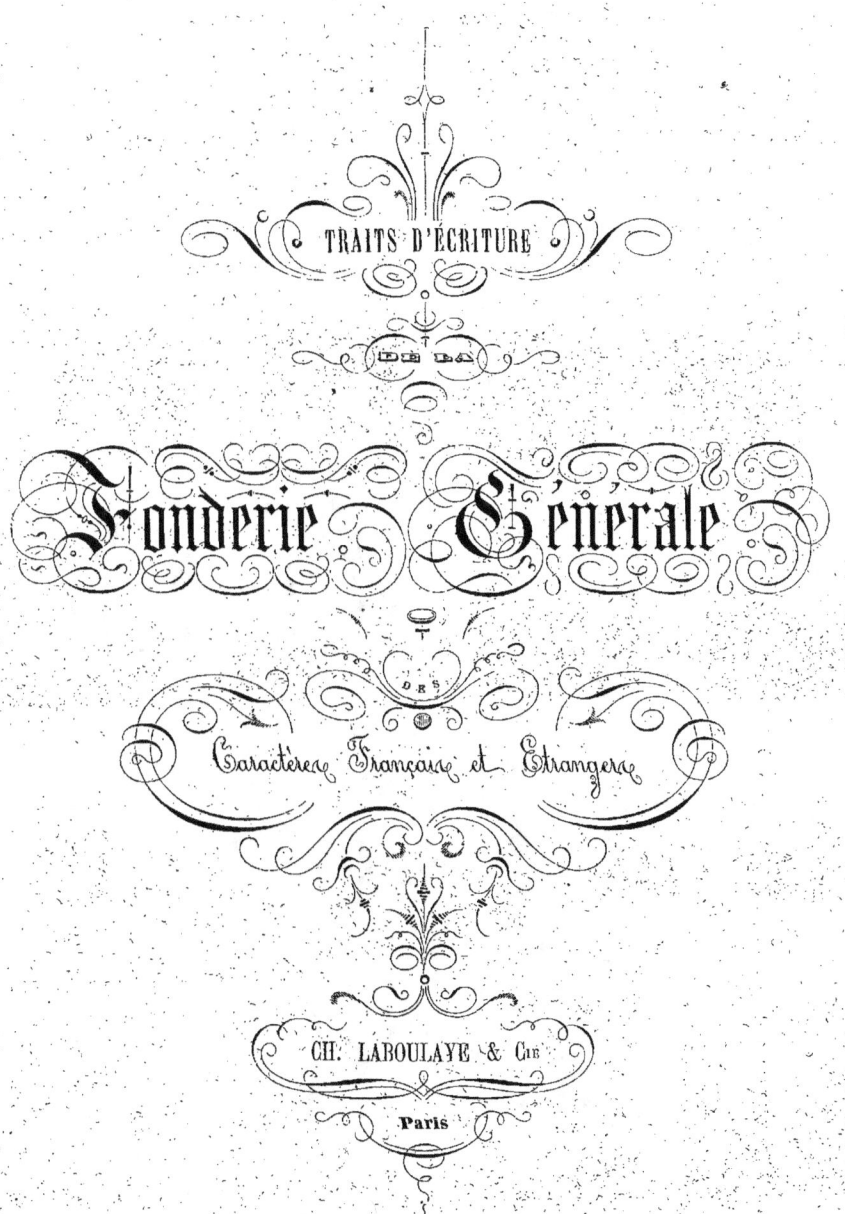

en taille-douce avait déjà multiplié les modèles. Nous en donnerons un exemple emprunté à la Fonderie générale, qui vient, par cette création, de compléter heureusement un type célèbre connu sous le nom de *gothique ornée*.

INITIALES D'ANCIENS MANUSCRITS.

Les manuscrits anciens et même les premiers livres imprimés étaient illustrés à l'aide d'initiales dessinées en général sur un fond bleu ou un fond d'or; quelquefois avec des compositions formant de petits tableaux, des miniatures dont nous parlerons plus loin, en traitant de la peinture aux diverses époques, car ces compositions très-étudiées étaient les véritables tableaux de la peinture du moyen âge.

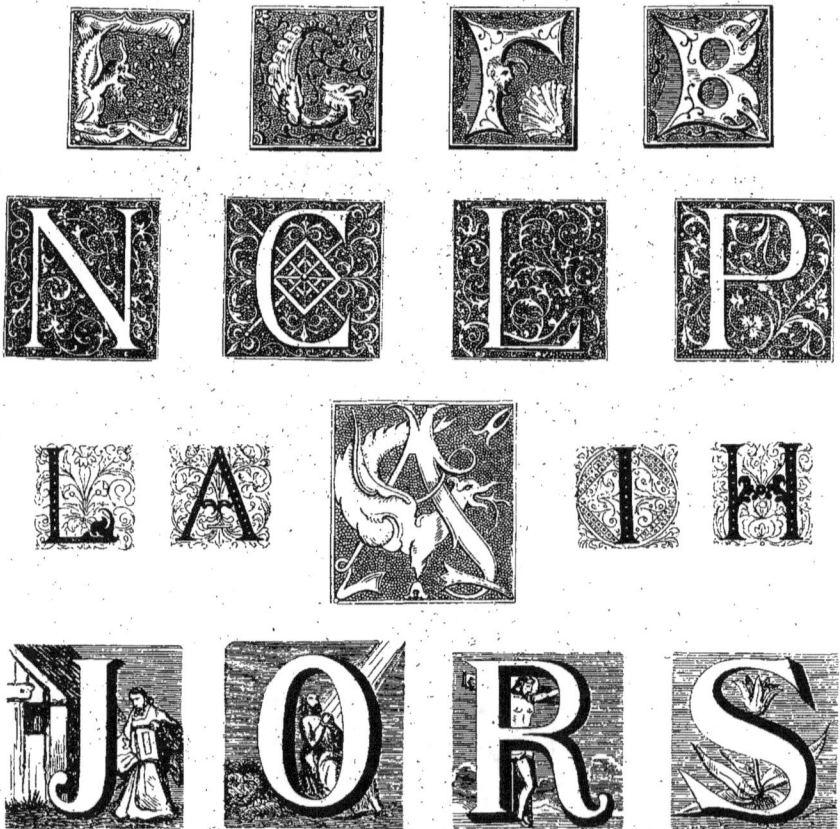

Nous ne reproduirons ici que quelques lettres choisies parmi les plus simples qui ornent des têtes de chapitres, tant des manuscrits que des premiers livres où l'on essaya de remplacer les miniatures par des gravures. Elles ont tellement varié aux diverses époques qu'on pourrait classer les manuscrits par les types principaux des initiales placées en tête des chapitres. Sans doute les artistes calligraphes dans ces créations obéissaient à leur fantaisie, mais sous l'influence du goût, du style de l'époque où ils vivaient.

De nos jours, on emploie rarement des initiales ainsi ornées; ce n'est que pour quelques ouvrages illustrés qu'on en voit quelquefois. Elles se détachent alors en général sur un petit dessin qui est une véritable composition ayant plus ou moins de rapports avec le texte de l'ouvrage. Quelquefois elles empruntent leurs ornements soit à des fleurs, soit à des personnages de fantaisie, comme dans les exemples ci-après.

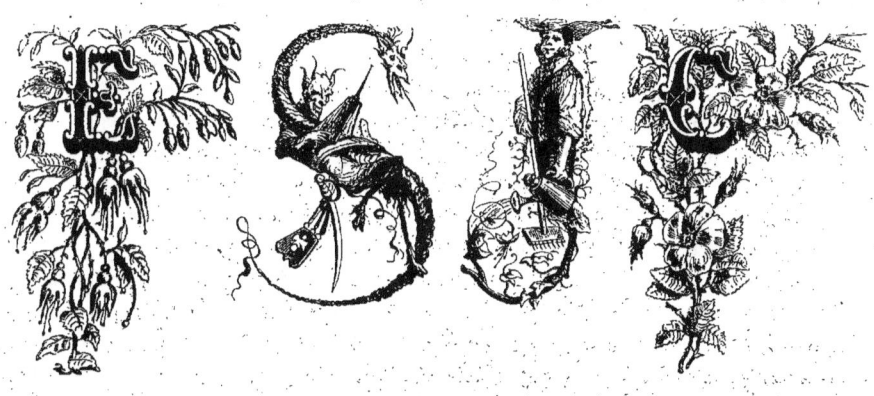

GRAVURE EN TAILLE-DOUCE
ET LITHOGRAPHIE.

Nous parlerons bientôt, en traitant des nielles employées dans la décoration de la bijouterie, de l'invention de la gravure en taille-douce; laissant de côté la question historique, nous dirons que le travail des planches de cuivre ou d'acier pour y creuser les lignes d'un dessin comprend deux procédés correspondant aux deux genres de dessin dont nous avons parlé.

Le premier est la gravure à l'eau-forte, dans lequel on fait creuser le métal par la morsure d'un acide qui attaque les parties découvertes à l'aide d'une pointe qui a tracé le dessin, sur une planche préalablement couverte d'un vernis adhérent. Cette action de l'acide, toujours quelque peu irrégulière, formant un trait de largeur constante, n'est évidemment pas convenable pour créer des lignes nettes et fortement accusées par des largeurs variables; mais ce procédé convient essentiellement pour produire des teintes.

Le second constitue la gravure au burin conduit directement par la main de l'artiste;

c'est ainsi qu'ont été produites les œuvres des maîtres; c'est dans leurs travaux que peut se reconnaître l'avantage de l'emploi bien entendu des lignes de grande courbure pour reproduire de la manière la plus satisfaisante des corps de toute forme, par un mode de représentation mieux saisissable que tout autre et qui assurera toujours la supériorité des œuvres bien comprises sur les plus admirables résultats de la photographie et autres procédés qui ne peuvent fournir que des teintes [1].

Les moyens d'obtenir des gravures rentrant dans l'une ou l'autre des séries ci-dessus indiquées sont nombreux; nous n'avons pas à nous y arrêter longuement. Nous citerons dans la première catégorie la gravure à la manière noire, et dans la seconde la gravure numismatique, qui offre de si curieux résultats par la projection des lignes courbes successives de la surface à représenter, coupée par des plans parallèles; mode de représentation moins parfait que celui que peut donner l'emploi des lignes de grande courbure, mais cependant bien remarquable.

La gravure sur cylindres, base de la belle industrie des toiles peintes, doit être citée ici, car ses produits, si remarquables au point de vue des procédés techniques employés, ont souvent une valeur artistique qui est loin d'être négligeable.

La lithographie est venue, dans ces dernières années, fournir un moyen simple et facile de multiplication des dessins, en offrant cet avantage que c'est l'original même, le travail de l'artiste qui est déposé sur la pierre, et que l'impression rend directement, sans passer par l'intermédiaire d'un traducteur souvent peu fidèle.

Disons toutefois que la lithographie, dont les dessins ne peuvent être tracés sur pierre qu'avec un crayon gras et mou, dont les noirs sont d'une apparence grenue, ne convient pas pour les travaux qui demandent une grande netteté, une grande précision, et ne peut présenter que des effets de la nature de l'estompe. La gravure en creux sur pierre est venue, sous ce rapport, au secours de la lithographie.

On peut dire que l'extrême facilité de la reproduction du dessin sur pierre a fait remplacer par celle-ci, pour les œuvres communes, la gravure au burin réservée aujourd'hui aux œuvres d'art pour lesquelles on recherche la pureté des lignes. La lithographie est, de nos jours, un moyen puissant de vulgarisation des œuvres d'art sur une échelle très étendue et doit avoir une bien heureuse influence sur l'éducation générale du public en fait d'art. Malheureusement cette action ne peut être qu'élémentaire, ne peut dépasser des sphères assez peu élevées, à cause de la difficulté d'exécution par les procédés de la lithographie des œuvres artistiques d'une grande valeur.

La lithographie à deux teintes appliquée, dans ces dernières années, à des sujets de genre, à des études de fantaisie, produit des effets séduisants, en rehaussant singulièrement l'éclat de la lumière. Nous verrons bientôt ces effets considérablement accrus par l'emploi des couleurs.

---

[1] A la renaissance, Albert Dürer, Lucas Kilian, en Allemagne, publièrent des gravures admirables. L'Italie offre l'œuvre de Marc-Antoine Raimondi, qui, guidé par Raphaël, produisit des chefs-d'œuvre. Si la France entra plus tard dans la lice, elle produisit beaucoup de célèbres graveurs en taille-douce: Callot, Audran, Bervic, qui, par la grandeur de ses lignes, rappelle bien le siècle de Louis XIV auquel il appartient; Nanteuil, Cochin, Duret, etc., et, de nos jours, Desnoyers, Forster, Calamatta, Henriquel Dupont, etc. En Angleterre, Finden, Lekœur ont dans ces dernières années brillé par l'exécution de vignettes d'une grande finesse.

PHOTOGRAPHIE.

Un nouveau et merveilleux procédé, la photographie, est venu, dans ces dernières années, fournir le moyen de représenter des objets de tout genre, sans nécessiter en rien l'intervention de l'artiste. Tout le monde connaît aujourd'hui le principe de cette admirable découverte, qui repose sur les changements de composition de certains corps exposés à la lumière et par suite de réactions différentes en divers endroits d'une surface sur lesquelles les parties obscures ou les parties éclairées d'une image de la chambre noire sont venues se produire. Les images photographiques dues à l'action de la lumière ne peuvent donner que des teintes, ne sauraient indiquer des lignes de courbure; elles rentrent donc dans la première classe de dessins, la moins parfaite au point de vue artistique. Mais la facilité de leur production, l'avantage de pouvoir les créer après un court apprentissage, ce qui permet aux voyageurs de rapporter des épreuves incontestables des monuments des pays étrangers, font que cette belle découverte est un progrès immense pour la vulgarisation des éléments indispensables aux progrès des arts et de l'industrie. Mettre à la portée de tout le monde la représentation de tout objet intéressant, sans crainte de fausse interprétation sous l'influence d'idées préconçues, obtenir tout de suite sous forme de dessin le résultat d'un groupement de sujets, c'est un bien important résultat. Disons cependant que cet art, qui a déjà accompli de si grands progrès, a encore beaucoup à faire pour éviter les déformations qui se produisent fréquemment, bien souvent à cause de l'imperfection des lentilles et des appareils.

Nous devions d'autant plus citer ici la photographie que sa pratique n'est pas purement technique. En effet, l'expérience a démontré que la pratique industrielle est insuffisante pour obtenir de bons résultats, et des personnes initiées aux beaux-arts ont pu seules se faire une belle réputation par l'exécution d'œuvres difficiles. C'est que la disposition des objets, le choix du point de vue, le sentiment de l'intensité des teintes, etc., tout cela est de l'art, et tout cela est indispensable pour créer des œuvres remarquables en photographie.

Nous devons citer parmi les compléments d'une découverte qui fait si grand honneur à notre siècle, la gravure directe des images photographiques, qui a déjà fourni quelques beaux résultats, et pourra très-probablement dans beaucoup de cas servir de point de départ pour le travail de l'artiste.

APPLICATION DES COULEURS

II. COLORATION

DES COULEURS.

On sait que les couleurs fondamentales, indépendamment du noir et du blanc, qui correspondent à l'absence de lumière et à la lumière éclatante, sont au nombre de trois, le *jaune*, le *rouge* et le *bleu*. Avec ces trois couleurs, auxquelles ils ajoutent le noir et le blanc, les peintres reproduisent tous les contrastes de tons et d'effets lumineux, toutes les teintes possibles, toutes les *notes* enfin des *gammes*, que l'on peut former avec des couleurs.

On doit remarquer que parmi ces couleurs, à égalité de teintes, en les prenant dans un même spectre solaire, le jaune est le plus lumineux (après le blanc, bien entendu), puis vient le rouge, et enfin le bleu, qui est en partie sombre comme le noir; ainsi en allant de la lumière à l'obscurité, on suit l'ordre : blanc—jaune—rouge—bleu—noir. C'est en raison de cette loi fondamentale, fidèlement observée par les grands peintres, que les parties qui dans leurs travaux retiennent l'œil sont en première ligne celles où le jaune prédomine, et ensuite les rouges appliqués d'ordinaire aux draperies; les bleus et le gris déterminent les dégradations de la perspective aérienne. Les noirs servent de repoussoirs; les blancs sont toujours rompus de jaune et parfois, dans les dessous, de préparations rougeâtres qui en soutiennent l'effet. (Voir les Titien, les Rembrandt, les Corrège, etc., etc.) C'est ce qu'explique, dans son style brillant, l'écrivain adopté par l'école romantique moderne, Stendahl, dans son Histoire de la peinture en Italie:

« Le jaune et le vert, dit-il, sont des couleurs gaies, le bleu est triste; le rouge fait
« venir les objets en avant; le jaune attire et retient les rayons de la lumière; l'azur
« est sombre et va bien pour faire les grands obscurs. — Toutes les « gloires » des
« grands peintres, et entre autres du Corrège, sont jaunes. »

Avant de parler des applications des couleurs, il importe de passer en revue les principes qui président à leur emploi; à cet effet, nous dirons quelques mots des gammes des couleurs, des moyens de les définir, puis nous indiquerons une belle théorie due au savant M. Chevreul; elle offre un beau modèle d'analyse scientifique appliquée aux phénomènes les plus insaisissables en apparence.

DES GAMMES DES COULEURS.

C'est à M. Chevreul que l'on doit la détermination la plus satisfaisante des gammes de couleurs, c'est-à-dire d'avoir donné les méthodes pratiques permettant d'obtenir les teintes de couleurs équidistantes, soit franches, soit rabattues par des proportions égales de noir, de manière à pouvoir définir nettement les éléments à l'aide desquels on peut établir les harmonies des couleurs comme on calcule les harmonies des sons dans la musique.

Voici comment il a disposé ce cercle chromatique dont la page coloriée, donnée à l'article CONTRASTE du *Dictionnaire des Arts et Manufactures*, peut donner une idée.

« Supposons, dit-il, 72 couleurs simples ou binaires disposées circulairement sur une table ronde, de manière qu'il y ait 23 couleurs entre le rouge et le jaune, 23 entre le jaune et le bleu, 23 entre le bleu et le rouge; supposons en outre que chaque couleur soit à égale distance de ses deux voisines, vous aurez 72 types. Si vous supposez la couleur de chaque type allant du blanc, qui occupe le centre du cercle, au noir qui occupe la circonférence, par gradation équidistante, vous formerez 20 tons, je suppose, d'une même couleur, dont l'ensemble est ce que je nomme la gamme de cette couleur, dont des points correspondront à des points déterminés du spectre solaire, et par suite n'auront rien d'arbitraire.

Supposons maintenant que l'on intercale entre chaque type du premier cercle et le gris normal, c'est-à-dire le gris du noir qui représente une ombre dépourvue de couleur, 9 types formés par la couleur de ce type terni par $\frac{1}{10}, \frac{2}{10}, \frac{3}{10}, \ldots \frac{9}{10}$ de noir; qu'on réunisse ensuite, dans un même cercle, toutes les couleurs ternies par la même fraction de noir, de manière à avoir :

Un second cercle dont les gammes sont ternies par $\frac{1}{10}$ du noir,
Un troisième — — $\frac{2}{10}$ —

Un dixième — — $\frac{9}{10}$ —

on obtiendra ainsi 720 types, lesquels, divisés chacun en 20 tons, donneront 14,400 tons. En y ajoutant 20 tons de gris normaux, nous aurons 14,420 tons pour l'ensemble de la construction chromatique hémisphérique.

Au moyen de ces 10 cercles, on peut se représenter toutes les couleurs, car on définit la gamme le ton ou l'intensité, et le noir qui peut ternir la couleur. Ainsi l'expression 3 rouge 12 $\frac{3}{10}$ signifie la couleur correspondant à la gamme 3 rouge, 12 ton, terni par $\frac{3}{10}$ de noir; c'est la couleur garance des uniformes français. »

CONTRASTE SIMULTANÉ DES COULEURS.

Les effets, savamment analysés par M. Chevreul, et qui résultent de ce qu'il appelle le contraste simultané des couleurs, se résument surtout en ceci :

Le contraste simultané des couleurs est un phénomène qui se manifeste en nous toutes les fois que nous regardons en même temps deux objets différemment colorés placés à côté l'un de l'autre. La différence de ton et couleur qui peut exister entre les deux objets est augmentée de telle sorte :

1° Que si l'un des objets est au point de jonction plus foncé que l'autre, celui-ci nous paraît plus clair, moins lumineux, et le premier plus foncé qu'ils ne le sont réellement ; c'est ce que rend sensible une juxtaposition de teintes plates, comme le représente l'exemple ci-joint, et montre bien l'impossibilité d'obtenir des succes-

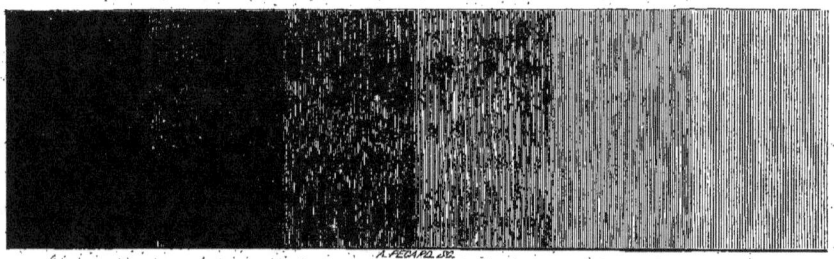

sions parfaites de tons, sans un très-grand nombre de tons intermédiaires ; comment l'emploi de teintes plates successives en nombre très-limité, ce qui est le procédé employé par l'industrie, ne peut jamais qu'approcher du but.

2° Que les couleurs de deux objets juxta-posés sont elles-mêmes modifiées, pour l'œil de l'observateur, dans leur nature optique, chacune d'elles éveillant pour les parties voisines de celles colorées le sentiment de la couleur complémentaire. (Celle qui, dans le spectre solaire, résulterait de la réunion des rayons autres que ceux qui produisent la couleur considérée, et qui, dans les cercles de M. Chevreul, se trouvent à l'extrémité opposée du diamètre passant par la couleur considérée.) C'est ainsi qu'une tache verte sur un papier blanc, par une vive lumière, éveille un sentiment de rose sur son contour. Ainsi encore si on place une feuille de papier bleu à côté d'une feuille de papier jaune, ces deux feuilles, loin de nous paraître tirer sur le vert, comme on pourrait le présumer d'après ce qu'on sait de la reproduction du vert par le mélange du bleu et du jaune, semblent prendre du rouge, de telle sorte que le bleu paraît violet et le jaune orangé.

Nous avons donné nombre d'exemples d'applications de cette théorie à l'article

Contraste du *Dictionnaire des Arts et Manufactures*; nous n'y reviendrons pas ici. Nous ajouterons seulement une observation qui résulte de la nature des couleurs complémentaires, c'est que le mélange de celles-ci forme du gris, qu'en ajoutant à une couleur sa complémentaire, on la noircit, on la « rabat. »

M. Chevreul a également analysé les variations d'éclat des couleurs selon la manière dont sont placées, relativement à l'œil de l'observateur et à la direction des rayons lumineux, des parties convexes colorées; nous donnerons une idée de ses travaux en parlant des étoffes, seul objet de ses recherches, mais nous noterons seulement ici que, dans tous les cas de la pratique, on doit tenir compte, en même temps que de la couleur, de l'éclat et de la forme de la partie sur laquelle elle est appliquée : qu'il faut avoir soin de considérer, par exemple, si elle est déposée sur une partie rentrante et obscure, ou sur des surfaces planes ou convexes où se trouvent des points brillants plus ou moins multipliés, suivant la forme et la position de ces surfaces.

DE L'EMPLOI DES COULEURS.

Dans l'emploi industriel des couleurs, on doit distinguer deux cas : celui de l'emploi des couleurs en teintes plates, sans dégradations, qui correspond tout à fait aux harmonies d'ordre géométrique; et celui des teintes et tons multiples qui est fait par l'art pur, par la peinture et par l'utilisation de cet art dans l'industrie.

Passons en revue les diverses natures de produits déjà étudiées pour apprécier l'importance des colorations dans chacune d'elles [1].

ARCHITECTURE.

COULEURS EMPLOYÉES A L'EXTÉRIEUR DES MONUMENTS.

Dans l'architecture moderne, on n'emploie ordinairement les matériaux de construction qu'avec leurs couleurs naturelles; il n'en a pas toujours été ainsi. On sait que les Grecs appliquaient des couleurs vives en teintes plates sur leurs monuments, principalement sur les fonds qui étaient ornés de moulures saillantes. C'était l'application des mêmes idées qui les poussaient à colorer leurs statues.

---

[1] Nous eussions voulu pouvoir ici reproduire les colorations dont nous allons parler; malheureusement, les procédés dont nous pouvions disposer sont insuffisants et très-coûteux. Nous nous efforcerons, par le travail de la gravure, d'indiquer l'éclat relatif des couleurs; mais il faudra que le lecteur se reporte aux produits eux-mêmes pour en acquérir la connaissance complète.

Comme les législateurs de la Grèce, en fait de politique aussi bien qu'en fait d'art, dit M. Ziégler, avaient coutume de visiter l'Égypte, la vue des monuments colorés de Thèbes et de Memphis ne pouvait manquer d'exercer une influence sérieuse sur l'art grec. Les peintures de l'enveloppe sculptée des momies préparaient la vue aux cheveux d'or et aux chairs de cinabre dont les chefs-d'œuvre de la statuaire grecque étaient rehaussés. D'autre part, les murailles entaillées d'hiéroglyphes peints inspiraient le sentiment de la couleur dans l'architecture religieuse; sur les murailles grises, les teintes « rouge, jaune, bleue et verte » indiquaient les chairs et les draperies.

Nous ne donnerons pas ici de détails sur l'emploi de la couleur dans l'architecture grecque, question sur laquelle il reste un certain doute à cause du petit nombre d'éléments qui sont parvenus jusqu'à nous. Comme accessoire tout au moins, la coloration de certains fonds ornés de vignettes a produit un effet excellent dans quelques monuments, notamment dans plusieurs de ceux dont le roi Louis de Bavière a naguère décoré la ville de Munich.

Sous Arcadius et Honorius, on commença dans l'empire d'Orient à revêtir les églises de fresques, de mosaïques, de dorures.

Charlemagne fit, par une loi, une obligation de revêtir de peintures les murs des églises. Cet usage dura jusqu'à la fin du xe siècle. Mais ceci rentre dans la décoration des intérieurs, dont nous allons traiter ci-après.

On doit faire rentrer dans cette section l'emploi de colonnes en porphyre rouge et en marbre qui décorent plusieurs basiliques célèbres, et dont la belle couleur et le poli font surtout le prix.

La décoration architecturale par coloration la plus remarquable est sans contredit celle des monuments mauresques telle que celle de l'Alhambra, obtenue à l'aide de poteries colorées et qui avait été imitée à la renaissance, notamment au château de Madrid. Ceci rentre dans la coloration des poteries dont nous allons parler, mais nous devions rappeler ici l'éclat, la durée de ces colorations vitrifiées, formant des surfaces brillantes et réfléchissant la lumière. L'emploi des couleurs vives dans la décoration rappelle toujours le style oriental qui seul les a conservées, car, à l'Occident, les décorations peintes le sont toujours en couleurs peu éclatantes.

En dehors de ces cas, et presque exclusivement depuis l'époque romaine, c'est pour décorer l'intérieur des appartements que la peinture a été employée. Toutefois elle le fut assez souvent à l'extérieur par les Romains; et l'usage s'en est conservé sous le beau ciel de l'Italie.

DÉCORATION DES INTÉRIEURS.

Les décorations des intérieurs ont une relation intime avec l'architecture et varient nécessairement avec les divers styles. Elles se produisaient chez les Romains :

1º Par l'emploi de stucs, de marbres de tout genre, de mosaïques, de fresques, de peintures à la cire.

Nous donnerons quelque idée de ce genre de décorations chez les Romains par les gravures ci-jointes : le dessin était en général clair sur fond noir ou coloré. Les

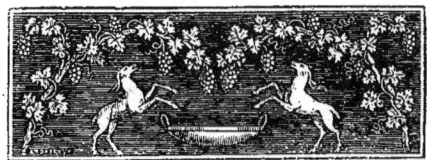

mosaïques, destinées tant aux planchers qu'à orner les murs des appartements, seront

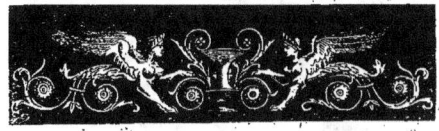

étudiées dans la section suivante, dans laquelle nous traitons des juxta-positions d'éléments colorés.

2º Dans le style byzantin-roman : la répétition des petits ornements de couleurs diverses était, avec les fonds bleu d'azur et d'or et les carreaux émaillés, le grand moyen de décoration. La peinture à la fresque y tenait aussi une place importante.

Le goût d'un autre genre de décoration se mêla, au VIIIe siècle, à celui de la peinture qui, jusque-là, couvrait les voûtes. Entre les années 628 et 638, Dagobert, ayant ordonné la reconstruction de l'église de Saint-Denis, s'abstint de faire peindre l'intérieur de cet édifice ; on couvrit les murailles et même les colonnes de draperies tissues d'or et brodées de perles, et ce genre de décoration devint de plus en plus commun dans les églises de France, au grand préjudice de la peinture.

3º Le style gothique ogival avait gardé, du style roman, la coloration d'azur des voûtes des églises ; mais, comme nous l'avons déjà dit, c'était surtout le sculpteur sur bois qui décorait les chœurs par ses riches produits.

4º A la renaissance, la peinture à la fresque vint se multiplier sur les murs des églises, et tous les grands noms de cette brillante époque ont produit des chefs-d'œuvre plus directement liés à la décoration des édifices que ne peut l'être la peinture à l'huile, de dimensions généralement moindres. Il nous suffira, pour le rappeler, de citer le Jugement dernier peint par Michel-Ange dans la chapelle Sixtine.

Dans un ordre plus voisin de la tendance laïque de l'art moderne, nous rappellerons les célèbres décorations du Vatican citées plus haut, dues à Raphaël, qui sont restées le type harmonieux de ce genre de décorations, encore usité dans les habitations riches de l'Italie.

L'étude de l'application directe du travail d'un artiste plus ou moins éminent, excéderait les limites de notre cadre ; nous dirons seulement qu'à l'exemple du maître, la décoration doit le plus souvent se borner à de simples arabesques. Dans les décorations de grand luxe, ce sont des sujets gracieux rehaussés de peu de couleur qui doivent former la base de semblables décorations. Nous donnons un panneau du Vatican, modèle de ce genre raphaëlesque.

212 ART INDUSTRIEL.

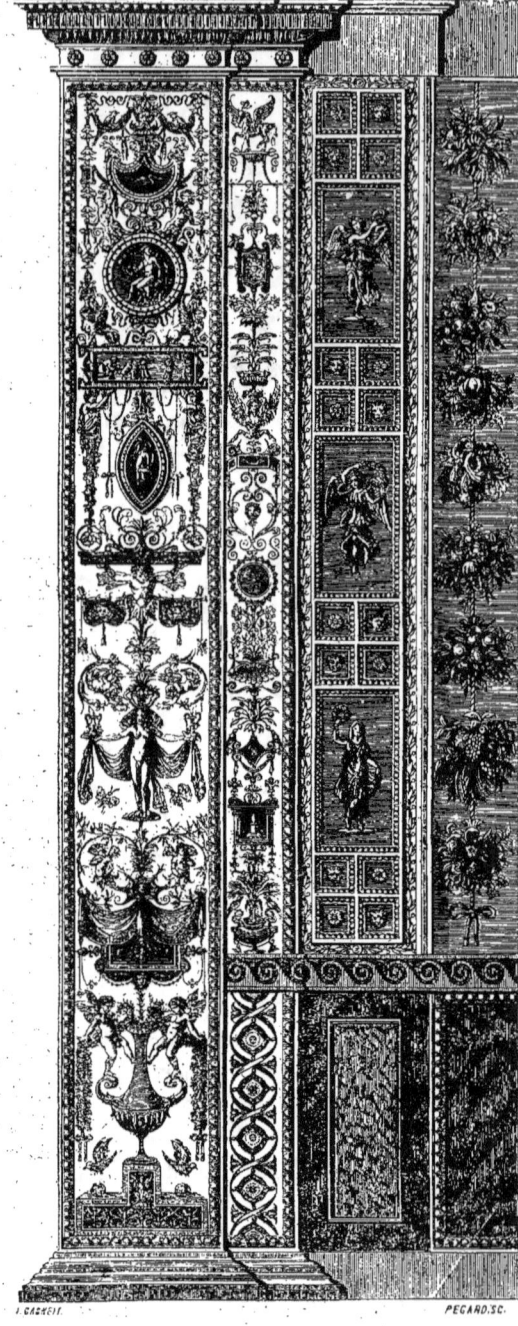

Panneau du Vatican.

5° Sous Louis XIV, on fit un fréquent emploi des trophées, des marbres plaqués sur

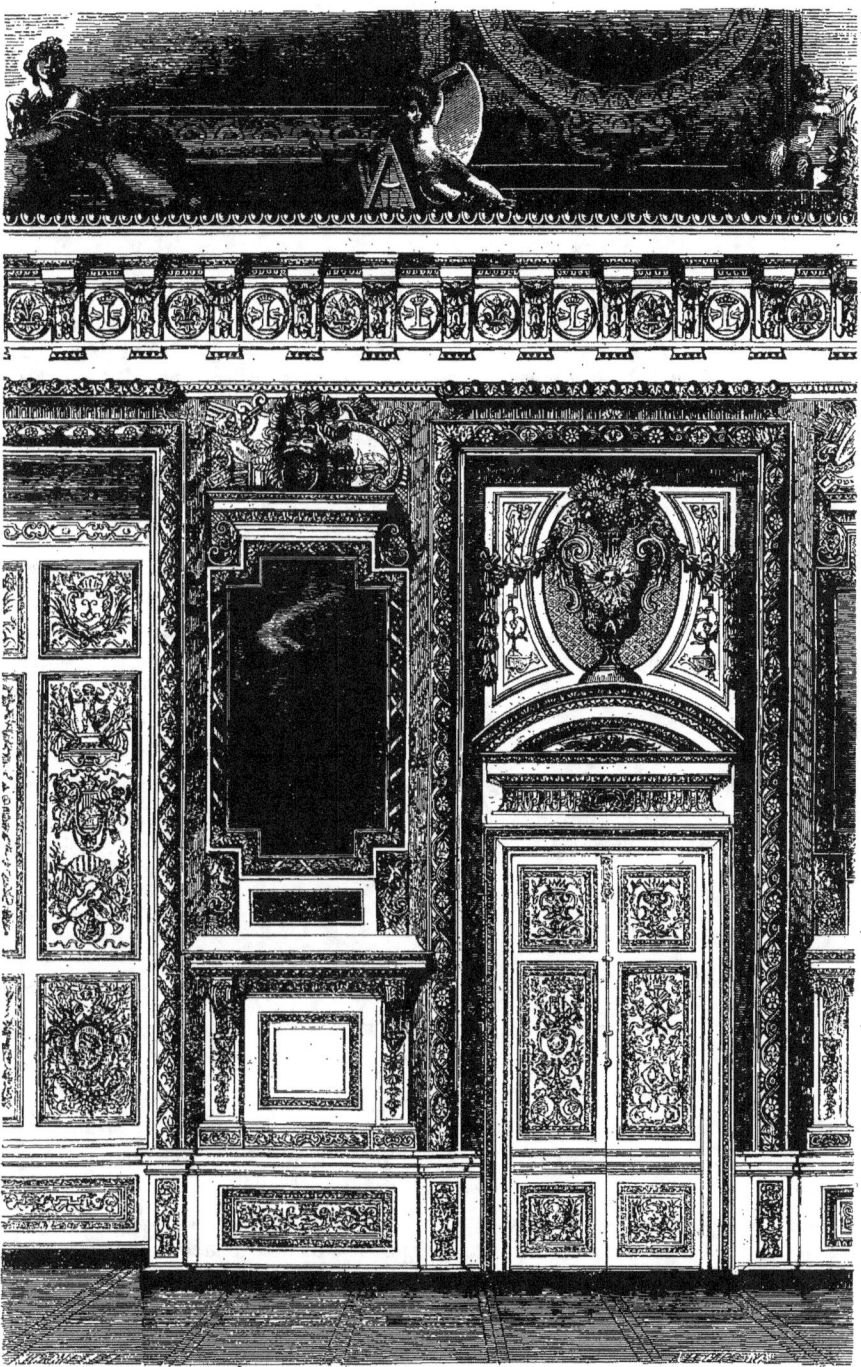

Salon d'Apollon.

les murailles, encadrés par des moulures; toutefois les peintures et les dorures jouent un grand rôle dans les riches décorations intérieures. Nous en donnons pour exemple un panneau de la célèbre galerie d'Apollon au Louvre.

Les moulures prirent sous Louis XV plus de relief et un caractère spécial dont nous avons déjà dit quelques mots à propos de la sculpture.

6° De nos jours, le plus souvent ce sont des moulures rappelant celles de l'architecture, des boiseries plus ou moins sculptées encadrant des tableaux, et dans les habitations des particuliers, des panneaux de bois, le tout peint en couleurs unies souvent rehaussées par des filets d'or, qui sont la base de la décoration de la plupart des habitations élégantes.

Citons les glaces étamées comme moyen de décoration, grâce à l'éclat et à la lumière qu'elles répandent dans les appartements, genre de luxe si apprécié à notre époque.

Ce n'est que dans les palais, les musées que se voient, dans nos pays (bien plus fréquemment en Italie, où la décoration à la fresque est restée en grand honneur), les riches décorations peintes. On emploie alors en général des arabesques, des représentations de plantes et de fleurs qui encadrent des médaillons portant la représentation de sujets ayant quelque rapport avec la destination des salles à orner.

Les étoffes drapées fournissent la décoration la plus en rapport avec le *confortable*; l'étude de ces étoffes rentre pour nous dans celle de la décoration des tissus, sauf l'emploi de l'art du tapissier, pour faire jouer la lumière dans des plis harmonieusement distribués. Les tapisseries richement tissées sont, pour cet usage, employées avec succès dans les palais; les étoffes de soie chez les particuliers riches; enfin, dans la masse des habitations de nos contrées, c'est le genre de produits dont nous allons parler qui est devenu le moyen essentiel de la décoration. Nous voulons parler de ceux fournis par l'industrie des papiers peints, presque née de nos jours, et qui est venue offrir un procédé économique et élégant de décoration. Nous entrerons plus loin dans des détails sur la partie artistique de cette intéressante fabrication, quand nous aurons épuisé ce qui nous reste à dire de l'emploi des couleurs aux parties de l'art industriel dont nous avons traité en premier lieu, lorsque nous nous sommes placés au point de vue des formes.

COULEURS DANS LA CÉRAMIQUE.

Les vases grecs, dit M. Ziégler, se divisent en trois classes, selon les époques de leur fabrication. La couleur rouge pâle, avec figures noires et blanches, indique ceux de la première époque; ils remontent à 700 ans avant l'ère chrétienne. Les vases de la seconde époque sont fond noir avec figures jaunes. Enfin, ceux de la troisième époque sont de deux couleurs seulement, figures jaunes et fond noir; la perfection des peintures et leur extrême légèreté les distinguent particulièrement.

On voit que les colorations étaient déjà bien connues dans l'antiquité; toutefois ce n'est en général que par des superpositions de terres que les couleurs étaient produites. Ce n'est que depuis la renaissance, depuis la découverte de la faïence, que la palette du peintre en poteries a été créée, et qu'on a pu produire tous ces tableaux émaillés extrêmement remarquables, malgré toutes les difficultés que présente leur exécution.

Déjà, à partir de cette époque, les ressources de la coloration furent considérables ; on peut en juger par la richesse des couleurs des majoliques italiennes et celle des plats de Palissy qui représentent des poissons, des coquilles, etc. Toutefois ce n'est que depuis les grands progrès de la chimie que la palette du peintre en porcelaine a acquis une richesse suffisante pour rivaliser avec celle de la peinture à l'huile.

Nous répéterons ce que nous avons déjà dit : sauf quelques pièces analogues à celles en porcelaine tendre, style Louis XV, faites pour orner les boudoirs, et décorées de scènes de bergerie ou autres de même genre, les tableaux ne nous semblent pas en général le mode de décoration propre aux poteries, au moins quand on n'emploie pas seulement les poteries à porter des tableaux de porcelaine, comme c'était autrefois le cachet de la fabrication de Sèvres. Leur vrai style nous paraît devoir être celui qui se rapproche du genre oriental dans lequel sont employés en proportions convenables, avec la couleur du fond, les couleurs des décorations et l'or, qui, placé sur des parties saillantes, acquiert beaucoup d'éclat. Nous avons été contraint à traiter ces questions au chapitre III (Céramique) ; nous n'y reviendrons ici que brièvement.

Nous dirons d'abord que l'étude séparée des décorations et des formes est tellement naturelle, qu'elle correspond à une division fréquente dans l'industrie. Ainsi, il existe à Paris un nombre considérable d'ateliers de décoration pour lesquels on achète les pièces de forme convenable en porcelaine blanche et où on les revêt de brillantes décorations. Il y a là une division du travail parfaitement naturelle et très-favorable à sa perfection, vu la différence profonde qui existe entre ces deux natures de travaux. Toutefois il ne faut pas que le consommateur néglige de faire la différence de valeur et de solidité qui existe entre les couleurs au grand feu cuites avec la porcelaine et les couleurs de moufles formées avec des émaux quelquefois trop fusibles et pas assez résistants.

Le premier résultat qu'ait montré l'Exposition de 1855, c'est l'élégance du style de Sèvres dont nous avons parlé à la Céramique, qui, par une réaction sur ses anciennes méthodes, ne décore plus sa belle porcelaine blanche que d'ornements légers, peu serrés, ne détruisant pas l'éclat du fond. Ce style a été adopté par l'un des premiers fabricants d'Angleterre, M. Minton.

Un nouveau genre de décoration s'appliquant parfaitement aux couleurs grand feu et au fond céladon est celui produit par peinture et relief combinés. Ces ornements, formés par une partie transparente faite au pinceau venant rejoindre de hauts reliefs sculptés, sont d'un grand éclat.

Un genre de décoration qui n'est pas entièrement nouveau a été employé avec un grand succès par M. Copeland, habile fabricant anglais, célèbre à juste titre par la beauté de ses statuettes en parian ; nous voulons parler de la décoration de la porcelaine par des pastilles, des perles en émail qui ont beaucoup d'éclat. Des buires de forme et décoration style indou ont été admirées à l'Exposition par tous les connaisseurs. Une pièce semblable fond bleu et parsemée de pastilles blanches est ravissante, et fait comprendre, par son éclat, le nom de porcelaine-bijou qu'on a donné à ces produits.

L'Exposition de 1855 a aussi fait connaître quelques teintes grand feu, à tons rouges et verts, obtenues par M. Regnault, le savant directeur de Sèvres, en faisant naître à volonté une atmosphère réductrice ou oxydante, progrès technique important.

Enfin, nous rappellerons l'emploi de fonds vermicellés, pointillés, formés par une dorure très-fine, qui donnent sur porcelaine et surtout sur cristal des effets très-heureux.

COULEURS EMPLOYÉES DANS LES MEUBLES.

Les couleurs qui servent à la décoration des meubles sont principalement celles mêmes des bois employés dans leur construction. C'est le poli du bois qui fait ressortir ces couleurs et donne aux œuvres de l'ébénisterie leur plus grand charme.

Le chêne était le bois usité jadis pour la confection des meubles, et on sait que le chêne ciré est encore fort estimé aujourd'hui pour les antichambres, les salles à manger, etc. Son ton frais l'a remis à la mode et le fait préférer au noyer, qui, malgré la richesse de ses veinures, n'est guère admis aujourd'hui que pour les mobiliers des personnes peu fortunées, si ce n'est toutefois pour de grandes pièces sculptées.

L'ébène, qui prend un si beau poli, était le bois de luxe par excellence de nos pères. Sa couleur noire fait ressortir admirablement l'éclat des pièces riches déposées dans des armoires construites avec ce bois. On peut admirer, au Louvre, de superbes armoires de ce genre qui renferment les émaux, les faïences précieuses. Construites par M. Fourdinois, elles ne portent que des moulures en bois et les glaces sont encadrées dans un simple filet d'acier.

Nous avons rapporté plus haut comment l'introduction de l'acajou était venue transformer le mobilier et fournir des ressources bien précieuses à l'ébénisterie. Le procédé du placage a permis de donner aux meubles de prix très-modéré les belles teintes rouges de l'acajou ; d'utiliser, pour une production immense, les belles variétés de dessin formé par diverses espèces, telles que l'acajou moucheté, les loupes, etc.

Sous Louis XV et Louis XVI, les belles laques de la Chine décorées d'or et les meubles en bois de rose de couleur claire furent fort à la mode. Ces deux genres ne s'emploient guère aujourd'hui que pour articles de fantaisie; le dernier surtout est apprécié pour d'élégantes tables à ouvrage pour dames.

Depuis vingt ans, un nouveau bois est venu fournir de précieuses ressources à l'ébénisterie ; nous voulons parler du palissandre, que l'on peut considérer comme intermédiaire entre l'acajou et l'ébène; plus foncé que le premier et de ton rouge-noir, il est moins foncé que le second.

Enfin, l'Exposition de 1855 nous a révélé une ressource fournie à l'ébénisterie par l'Algérie, le bois de Thuya, dont les loupes sont d'une élégance de ton admirable, et qui, employé pour de petits meubles, est d'une grande richesse.

Nous avons déjà parlé de la plupart des substances qui se mélangent souvent au bois pour rehausser l'éclat des meubles; nous ne ferons guères que les rappeler ici en parlant de la décoration des meubles au point de vue de la couleur, après avoir cité d'abord l'emploi des glaces, des marbres, etc., nécessaires pour beaucoup de meubles :

1° L'incrustation en cuivre, élément de décoration essentiel du genre Boule, du style Louis XIV, mélangé avec des figures en bronze doré qui, dans le style Louis XVI, sont seules conservées et viennent s'appliquer sur les faces mêmes des meubles.

2° Le bronze, avec sa couleur propre, mélangé avec l'ébène et le chêne. L'essai fait à l'Exposition par M. Barbedienne, qui y a mis un meuble remarquable autant par la beauté des lignes que par la valeur des bronzes employés, n'a pourtant pas eu le succès qu'on devait espérer. Le meuble en chêne a paru terne et sans éclat à côté du bronze.

3° Enfin, les émaux, les surfaces métalliques gravées, les pierres, la porcelaine peinte, qu'un exposant de 1855 a incrustés dans le bois avec une grande perfection, doivent être employés avec une grande modération et en évitant avec soin des tons criards qui se marient mal avec le bois.

4° Enfin, nous devons citer les peintures, qui ne sont pas, à proprement parler, des décorations de meubles, mais des mélanges de tableaux avec ceux-ci, qui, en général, ne sont pas heureux, l'huile n'ayant pas assez de brillant pour bien se mélanger avec le poli du bois. La peinture sur porcelaine, les émaux pourraient mieux convenir dans quelques cas rares où ce mélange est possible. Nous devons citer aussi les fonds d'or, pour des ornements de style byzantin, employés dans quelques œuvres d'art, mais rarement avec succès.

COULEURS EMPLOYÉES DANS LA DÉCORATION DES PIÈCES D'ORFÉVRERIE ET LA BIJOUTERIE.

ARGENTURE. — DORURE.

L'art de couvrir d'or ou d'argent les surfaces de cuivre, de laiton, etc., est une des grandes ressources des industries que nous avons étudiées section IV, pour donner à ces substances l'apparence et l'éclat de l'or et de l'argent.

On distingue deux dorures, l'une mate et l'autre brillante; la seconde, réfléchissant la lumière, possède un éclat que n'a pas la première.

Le bronzage ou procédé pour donner au laiton fondu l'apparence de bronze antique, ou celle du bronze florentin d'une riche teinte rougeâtre, est un procédé analogue.

ÉMAUX.

Les émaux sont de véritables verres colorés, formés par la fusion de plusieurs oxydes colorants, mêlés en général avec l'oxyde d'étain, qui rend cette vitrification opaque;

ils sont de couleurs diverses en raison de la nature des oxydes employés; ils adhèrent au métal relativement infusible sur lequel ils sont appliqués, et forment une des ressources les plus utiles de la décoration de la bijouterie, car l'éclat de ces vitrifications, se mariant parfaitement avec celui de l'or et de l'argent, est seul assez brillant pour fournir des colorations convenables[1].

L'art de l'émailleur repose sur une application particulière de la vitrification colorée. Il doit donc, à ce point de vue, être très-ancien, et, en effet, sans s'arrêter aux poteries égyptiennes, les Grecs avaient déjà inventé de se servir d'un excipient métallique. Les émaux anciens sont tous de la nature des émaux incrustés; ce sont des espèces de mosaïques fondues, séparées par du métal et coulées en juxta-position, procédé employé jusqu'au XIVe siècle; ces produits ont en général le caractère oriental.

Dès le XIIIe siècle, l'art de l'émailleur fut inséparable de celui de l'orfévrerie.

A partir du XIVe siècle, on trouve les émaux en apprêt, c'est-à-dire une coloration très-superficielle du métal par les émaux.

Enfin, on arrive à la peinture en émail sur émail, depuis la fin du XVe siècle jusqu'à nos jours.

Dès le temps de saint Éloi, la tradition fait exister des émailleurs à Limoges; dès le XIIe siècle, les émaux de cette ville ont occupé le premier rang dans l'art. Léonard de Limoges fit, sous François Ier, des œuvres admirables qu'on peut visiter dans les collections du Louvre. Il fut le directeur de la manufacture d'émaux que rétablit ce roi, et où l'on exécuta, d'après les dessins de Raphaël, Jules Romain, Léonard de Vinci, etc., ces plateaux, ces aiguières, ces portraits qui font l'admiration des connaisseurs [2].

C'est la légèreté de la feuille de métal sur laquelle s'appliquent les émaux, la facilité de lui donner des formes élancées qu'il serait presque impossible d'obtenir avec d'autres substances, qui, avec l'éclat des émaux, rendent les produits de ce genre extrêmement remarquables et séduisants. C'est surtout au point de vue des formes qu'ils diffèrent des poteries émaillées qui ont fait la gloire de Lucca della Robbia et de Bernard de

---

[1] Ce fut seulement en 1632 qu'un nommé Jean Toutin, orfévre de Châteaudun, inventa de faire des émaux épais et opaques sur or.

[2] Noms de quelques émailleurs principaux de Limoges, d'après M. de Laborde et l'abbé Texier :
Abbo, orfévre, maître de saint Éloi, vivant aux VIe et VIIe siècles.
Saint-Éloi—VIIe siècle.
Wilhelmus (frère Guillaume), vivant de 940 à 960.
Vitalis, orfévre à Limoges—1087.
Chatard—1209.
Vital, Pierre de Julien, Ayanba—1389.
Penicaud—1503.
Léonard Limosin—1530 à 1575.
Pierre Courteys—1545 à 1568.
Poncet—1552 à 1625.
Jean Limosin—1597 à 1625.
Martial Raymond—1590 à 1608.
Bernard Limosin—XVIe et XVIIe siècles.
Landin, Nouailher, etc., XVIIIe siècle.

Palissy. Nous en donnons pour échantillon une élégante buire faite à Sèvres sur les dessins de M. Diéterle.

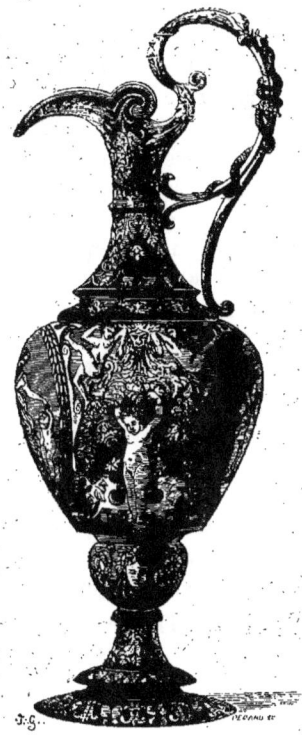

Buire émaillée de M. Diéterle.

L'emploi des émaux est la ressource la plus précieuse de la bijouterie, celle qui permet, par le mélange de couleurs aussi éclatantes que l'or qui les entoure, de produire une multitude d'effets charmants. C'est surtout pour former des feuilles avec des émaux verts que cette ressource est utilisée dans les produits les plus ordinaires.

Pour montrer leur talent et lutter avec les plus grandes difficultés, les artistes les plus distingués font quelquefois des « chefs-d'œuvre » représentant des personnages colorés par les émaux, des scènes exécutées en émail; elles représentent un travail et un prix énorme et font la joie des amateurs. Nous doutons toutefois qu'on les appréciât autant, si la difficulté d'exécution plutôt qu'une véritable beauté n'en faisait pas le principal mérite.

Nielles.—L'art de nieller, dit M. Vitet, fort en usage durant le moyen âge, consistait à étendre, dans les tailles d'une gravure exécutée sur l'or et sur l'argent, une composition métallique, espèce d'émail noirâtre (un sulfure métallique), appelé en latin, à cause de sa couleur, « nigellum, » et en italien « niello; » cet émail, qu'on fixait en le mettant en fusion, était ensuite poli avec le reste du métal. L'argent et l'or devenaient brillants dans toutes les parties que le burin n'avait pas entamées; partout, au contraire, où il avait tracé le moindre sillon, la nielle en remplissait le creux, et par sa couleur noire faisait ressortir vivement le dessin de la gravure.

Inventée par les Égyptiens, dit M. de Luynes, peut-être avant l'ère chrétienne, la nielle devint un art de prédilection dans l'Orient ; elle paraît avoir été importée par les Byzantins en Russie, à l'époque où les Barbares qui habitaient ce pays se convertirent au christianisme, et il est probable que ce fut aussi de Byzance que les artistes occidentaux du moyen âge reçurent les premières leçons sur l'art de nieller l'argent.

L'usage des nielles, continué en Europe depuis le viie siècle jusqu'au xiie, fut ensuite négligé pendant un long espace de temps ; il fut repris dans le xve siècle et presque complétement abandonné de nouveau. Ce procédé, que Wagner rapporta en 1825 de la Russie, a été souvent appliqué de nos jours à de menus objets de bijouterie courante, à des œuvres d'un ordre plus élevé, comme nous l'avons rappelé plus haut.

C'est la nielle qui a mené directement à l'impression en taille-douce ; il n'y avait qu'à tirer des épreuves des gravures faites pour nieller, après en avoir rempli les tailles de noir, et presser sur un papier pour créer ce mode d'impression ; or c'est ce qui a été fait souvent pour tirer épreuve de la nielle et en juger le travail. C'est une épreuve de nielle considérée comme une estampe, et dont on a retrouvé la gravure sur une pièce d'orfévrerie existant à Florence, qui a servi à établir exactement la date de l'imprimerie en taille-douce, en 1452, par Tomaso Finiguera, orfèvre de cette ville.

Passons maintenant aux colorations considérées en quelque sorte comme but, c'est-à-dire aux industries dans lesquelles les couleurs ne sont pas employées, comme dans les cas précédents, pour décorer des objets déterminés, mais dont les produits ne sont que des moyens de supporter et d'utiliser les colorations. Tels sont les papiers et les étoffes.

COLORATION DES PAPIERS ET ÉTOFFES.

CHROMO-TYPOGRAPHIE. — CHROMO-LITHOGRAPHIE.

Chromo-typographie. — Au lieu d'encre noire, on peut employer dans l'imprimerie typographique des encres de couleur, préparées également avec de l'huile cuite, dans laquelle on incorpore des substances colorantes au lieu de noir de fumée. En imprimant sur la même feuille, et faisant en sorte que les contours obtenus par plusieurs gravures diverses soient disposés de façon à se juxtaposer, on a tous les effets qui peuvent être obtenus à l'aide de teintes plates. L'Exposition de 1855 a montré des œuvres remarquables obtenues par ce procédé ; et parmi celles-ci on doit placer au premier rang celles de M. Silbermann de Strasbourg et celles de l'Imprimerie impériale d'Autriche.

Chromo-lithographie. — La facilité avec laquelle on dessine sur diverses pierres les parties qui doivent donner des couleurs différentes (après avoir reporté le dessin principal, tracé sur une première pierre) a rendu l'emploi de la lithographie bien plus fréquent que celui de tous les autres procédés, pour obtenir des impressions en couleur. Cette facilité pour obtenir un dessin colorié en 20, 30, 50 couleurs et tons différents, a fait tenter en lithographie des œuvres remarquables, et fait naître de nombreuses tentatives d'imitation des œuvres d'art. Nous avons fait apprécier au commencement de ce chapitre pourquoi de semblables tentatives ne pouvaient réussir complètement; mais la chromo-lithographie n'en a pas moins un rôle très-important à remplir dans l'industrie pour remplacer l'enluminure, et vulgariser des œuvres où l'emploi déjà étendu des couleurs habitue l'œil à en sentir l'harmonie. Des imitations de petits tableaux obtenues à l'aide de la lithographie ont paru dans ces derniers temps et ne manquent certainement pas d'intérêt, surtout quand le travail est terminé par l'impression à l'aide d'une pierre gravée à l'acide, dont la surface n'est plus plate, ce qui donne au produit en partie l'aspect de véritables peintures, condition à laquelle satisfont les œuvres dont nous allons parler.

TAILLE-DOUCE. — Dans ces derniers temps on est parvenu à obtenir, à l'aide de l'impression en taille-douce, des impressions en couleurs légères, des aquarelles d'un admirable éclat, supérieures à ce qui avait été tenté antérieurement. La gravure en creux qui permet de varier les épaisseurs des couleurs et a sous ce rapport une supériorité réelle sur les deux procédés ci-dessus, qui ne peuvent employer dans tous les cas qu'une même épaisseur de couleur, paraît tout à fait propre aux effets de modification des couleurs par transparence, par superposition des teintes, comme aussi pour permettre l'imitation du grain du papier, de la toile, dans des imitations curieuses de peinture à l'huile, par une dernière impression d'une surface grenue.

Le procédé dû à M. Dujardin, perfectionnement de tous les essais analogues tentés à l'aide de la taille douce, repose sur une donnée logique et extrêmement remarquable. Il n'obtient pas ses impressions à l'aide d'un nombre infini de planches, ce qui ferait de la difficulté vaincue une œuvre de patience seulement; il n'emploie en général que 4 planches pour déposer les couleurs primitives et former les couleurs composées par transparence, c'est-à-dire dans l'ordre suivant :

1º Le jaune pour toutes les parties qui doivent rester jaunes, et celles composées de jaune et d'une autre couleur, les verts, les orangés;

2º Le bleu qui donne les bleus, les verts par superposition sur le jaune, et cela dans des tons variables en raison de l'épaisseur du bleu;

3º Le brun qui donne les ombres, les contours;

4º Enfin, le rouge qui donne les rouges, les violets, et par lequel on finit, parce que cette couleur possède l'éclat qui donne une apparence artistique à une œuvre.

Ces couleurs sont en général suffisantes pour lutter avec l'enluminure à la main, car on arrive avec 4 planches seulement (deux rouges et deux bruns par exemple), ou tout au plus avec 5 ou 6, à des effets très-remarquables. Toutefois il faut bien dire que, pour atteindre ces résultats, l'intervention d'un graveur et d'un imprimeur habile dont le travail a quelque chose d'artistique, bien éloigné de l'exécution purement mécanique, est indispensable.

IMPRESSION DES PAPIERS PEINTS.

L'industrie du papier peint, qui nous vient de Chine, d'où nous recevons encore des produits peints à la main toujours très-curieux, se propose la décoration des habitations, et y parvient en remplaçant, soit les tentures d'étoffes qu'elle a le plus souvent pour objet d'imiter, soit les peintures à la fresque. Rarement elle se propose des reproductions d'objets d'art, ou bien ce n'est que comme tour de force, pour ainsi dire, pour montrer l'étendue possible des ressources du procédé technique, du procédé le plus artistique, sans contredit, que possède l'industrie, plutôt que comme fabrication d'un produit commercial.

Les couleurs étant déposées sur le papier préparé, à l'aide de planches de bois gravées, comme dans la fabrication des toiles peintes, on voit que, théoriquement, toutes les reproductions de dessins sont possibles. Cela est vrai notamment pour les ressources que peut offrir l'architecture, qui fournit beaucoup de motifs, la décoration des appartements ayant de sa nature quelque chose de monumental.

Tous les styles se traduisent dans les papiers peints et se matérialisent par l'exécution facile des planches propres à reproduire le dessin-modèle de l'artiste. Cette facilité, qui donne à l'artiste l'audace de tenter des effets souvent heureux, est aussi la cause de bien des produits de mauvais goût, dans lesquels tous les genres sont confondus, ce qui, plus encore que chez nous, a lieu dans les pays étrangers qui ont essayé de lutter avec la France pour cette fabrication, et qui n'ont pas une école d'artistes peintres aussi distinguée que la nôtre pour donner l'impulsion au goût[1].

Dans les derniers progrès de la fabrication, il faut citer les superpositions de couleurs qui font varier la dernière posée en raison de celle déposée la première. C'est le bon emploi de cette ressource qui a donné à nos papiers peints un aspect plus artistique dans ces dernières années. Elle est venue s'ajouter heureusement au procédé employé dès l'origine de cette industrie pour obtenir les dégradations de teintes, et qui consiste à superposer partiellement la même teinte un certain nombre de fois.

Nous parlerions difficilement de l'harmonie des couleurs qui fait le charme des papiers peints; le procédé technique nous manque pour donner ici, à un prix modéré, des exemples propres à servir à développer le goût comme nous pouvons le faire pour des dessins, pour les contours. C'est en étudiant des collections de produits fabriqués qu'on y parviendra, après, bien entendu, la première de toutes les études, celle des chefs-d'œuvre de la peinture.

[1] La fabrication du papier peint est fixée, à Paris, au faubourg Saint-Antoine, et y occupe une nombreuse population qui enfante avec une rapidité merveilleuse de nouveaux modèles, de telle sorte que la production par procédés mécaniques, pour lesquels les moyens de fabrication sont longs à créer, est constamment arriérée. Il s'y fait bien des produits de faible valeur artistique parmi ceux créés à bas prix et pour satisfaire tous les goûts, mais il s'y fait également des œuvres remarquables, qui dépassent en quelque sorte la sphère où doit se tenir l'industrie du papier peint. Nous citerons M. Delicourt, et M. Desfossé, le successeur de l'ancienne maison Mader, comme chefs des principales maisons où se fabriquent aujourd'hui ces produits hors ligne.

Revenons à la nature des dessins qui se répètent le plus souvent dans ce genre d'industrie.

La décoration à l'aide de papiers peints ayant pour objet de mettre en manufacture l'ornement des appartements, au lieu de la créer sur place, afin de les appliquer par un simple collage, il va sans dire que, dans la plupart des cas, les décorations sur grande échelle se font par une série de panneaux qui forment un ensemble.

En fabrique, au point de vue des dessins et en laissant de côté les procédés de fabrication qui donnent les trois classes de papiers, ordinaires, satinés et veloutés, les deux derniers produisant des effets d'éclat et de richesse tout particuliers, les veloutés notamment rappelant les velours, la sculpture par leur relief, on distingue :

Les papiers à raies, écossais, coutils, dont la décoration résulte de combinaisons de lignes droites ;

Les papiers à ornements classiques, grandes lignes de cadre, panneaux à sujets, genre antique, retraçant les harmonies architecturales ;

Les papiers à arabesques, à enroulements de fantaisie, qui ne rappellent que vaguement des sujets déterminés, genre dont le papier représenté dans la figure ci-contre

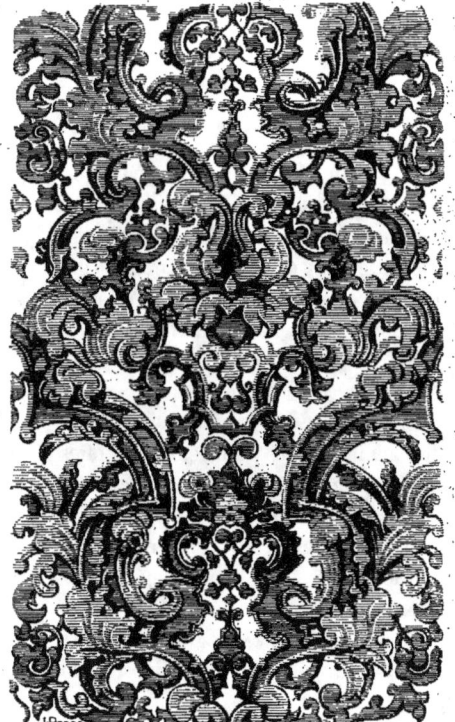

Papier à arabesques.

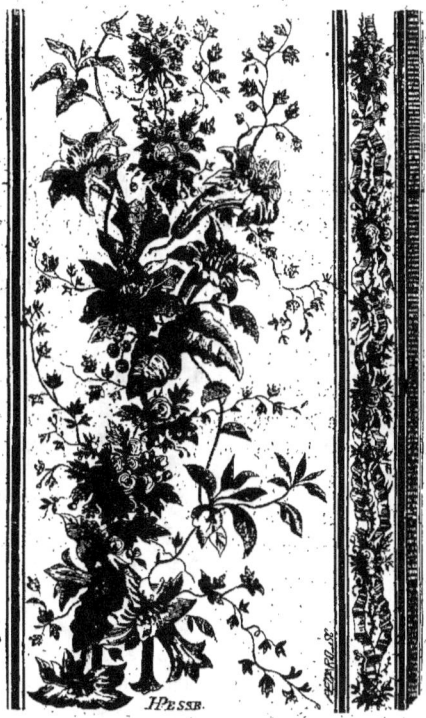

Papier à fleurs.

peut donner idée : c'est, avec les papiers rayés, la fabrication la plus courante, celle qui s'obtient en général par des gris de plusieurs tons, sans arriver aux couleurs ;

Les papiers imitant les bois, les marbres, etc. ;

Les papiers à fleurs et bouquets, les uns tels que celui représenté dans la figure ci-dessus, employant le rose et le vert principalement, l'association de couleurs qui plaît le plus à l'œil; les autres absolument semblables aux étoffes perses dont nous donnons plus loin un dessin et qui s'impriment avec les mêmes planches : ce genre est le plus brillant par l'harmonie des couleurs;

Les papiers genre régence, ornements formés de lignes ondulées rappelant le style Louis XV.

Parmi les progrès les plus remarquables de ces dernières années, après la superposition des couleurs dont nous avons parlé plus haut et dans un autre ordre d'idées, nous devons citer les bordures ou galeries-découpées dues à M. Guichard de Paris et qui sont d'un excellent effet. Le même artiste a obtenu aussi d'excellents résultats en chargeant les dessins dans la partie destinée à s'approcher des plafonds, imitant, par exemple, des retombées d'étoffes, des pendentifs, en un mot, en développant l'idée d'assimilation des papiers peints aux tentures pour obtenir de riches effets.

Citons enfin les ombrés de Spœrlin de Vienne, un des plus beaux progrès accomplis dans la fabrication depuis vingt ans.

IMPRESSION SUR ÉTOFFES.

Le tissage, comme nous allons bientôt le dire, produit des étoffes dont la surface est ornée de dessins colorés de forme et de nature quelconque, du moins quand on emploie toutes les ressources qu'offrent les méthodes les plus perfectionnées. Ces dessins sont, par la nature de leur exécution, parfaitement distincts du fond et des dessins voisins, et paraissent en saillie par l'effet de la courbure du fil qui s'infléchit sur leurs contours, et qui vient en ces points s'insérer dans les fils de la chaîne.

Le défaut des étoffes obtenues par tissage est d'être d'un prix élevé, leur fabrication exigeant nécessairement un travail considérable. Il n'en est plus de même de celles ornées de dessins colorés par simple impression, c'est-à-dire par application de couleurs à l'aide de surfaces gravées, qui, si elles n'ont pas les qualités des étoffes tissées que nous venons de rappeler, peuvent posséder la même richesse de coloration, et causer quelquefois une illusion complète, une imitation très-satisfaisante de produits chers par des produits à bon marché, ce qui explique le développement de la belle industrie de l'impression sur étoffes. Elle est même parvenue dans quelques cas à obtenir des résultats que ne fournirait pas le tissage, notamment de petites fleurs très-légères sur étoffes très-fines, transparentes, des teintes fondues, dégradées, etc.

La peinture des étoffes paraît très-ancienne dans l'Inde; elle l'enseigna sans doute à l'Égypte, qui, sous les Ptolémées, posséda de grandes manufactures de toiles peintes et fournit Rome sous l'empire, comme on le voit dans Pline. Au siècle dernier, les indiennes provenant de l'Inde tenaient une grande place dans la consommation. Elles ont disparu entièrement aujourd'hui devant les admirables progrès mécaniques et chimiques accomplis dans cette belle industrie de l'impression sur étoffes, que l'on doit considérer, dans son état actuel d'avancement, comme entièrement moderne [1].

Une petite gravure en relief, dite *cachet,* forme en général le point de départ de toute impression ; multipliée et disposée en rectangles, pentagones, elle forme la planche ou (et alors elle est exécutée d'abord en relief sur une petite molette d'acier afin de produire un creux) le rouleau cylindrique en métal servant à l'impression de chaque couleur.

Nous devons faire remarquer que l'effet de l'impression, pour une même gravure, est en raison de la finesse de l'étoffe, du nombre et de la force des fils contenus dans

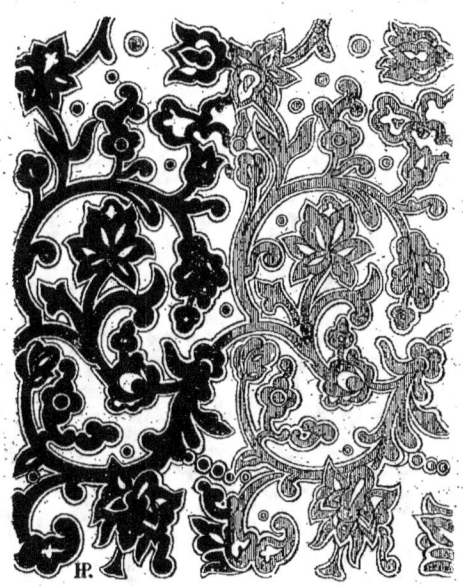

le centimètre carré. C'est ce qu'une figure fera facilement comprendre, et elle permettra d'apprécier la légèreté ainsi obtenue sur les étoffes à fils peu serrés, transparentes.

On parvient par impression à reproduire la plupart des effets obtenus par tissage ; toutefois, ce genre de fabrication ne cherche pas en général à lutter contre les produits riches. Nous pouvons établir comme divisions principales dans les objets de cette fabrication :

---

[1] Ce sont les progrès modernes de la chimie qui ont surtout permis le développement des manufactures d'étoffes imprimées, en améliorant les procédés et lui fournissant les matériaux, les produits chimiques à bon marché. Mulhouse est le centre de la fabrication la plus avancée ; Rouen, Glascow, Manchester, les lieux des fabrications les plus considérables. Grâce aux machines, la puissance de production de ces centres est, pour ainsi dire, illimitée.

1º Les petits dessins au rouleau, tant fleurs que pointillés de tout genre pour étoffes légères, peu chargés en couleur;

2º Les impressions communes réclamant de grandes masses de couleurs et exécutées soit avec la perrotine, soit avec le métier à surface. La première gravure ci-dessous se rapporte à ce genre, qui imite souvent aujourd'hui les fleurs si brillantes du cachemire de l'Inde.

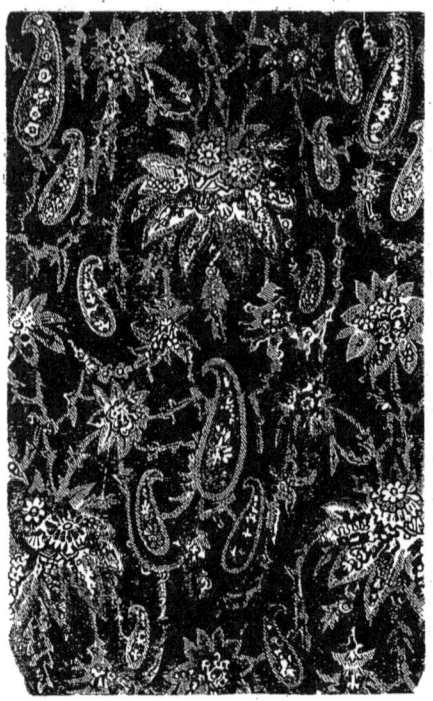

Impression genre Cachemire.

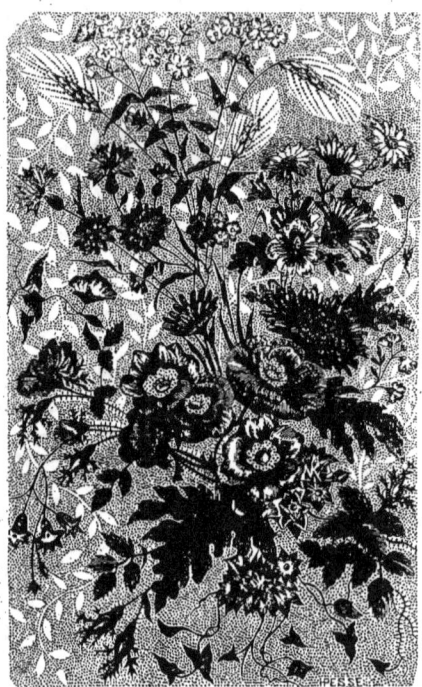

Toile Perse.

3º Les perses, dessins à fleurs et feuillages, étoffes qu'on recouvre d'un apprêt extrêmement brillant; très-convenables pour tentures et meubles d'été. Nous en donnons un échantillon par la gravure;

4º Les fondus, obtenus soit par des gravures où les traits sont d'épaisseur décroissante, soit par procédé mécanique servant à étaler la couleur;

5º Enfin les imitations des brochés et étoffes tissées en général, les écossais, les châles imprimés, etc.

La question d'art est ici la même que pour les papiers peints, sauf la différence d'emploi des produits destinés à l'habillement, et la difficulté peut-être plus grande d'impression.

PEINTURE.

Après avoir passé en revue l'emploi multiple des colorations dans l'industrie par application des couleurs sur des surfaces, il nous faut dire quelques mots de la peinture. Bien que cet art ne rentre pas dans notre cadre, et soit à juste titre l'objet de nombreux et savants ouvrages, néanmoins il n'est pas sans intérêt de rappeler que, dans les lignes générales de son histoire, elle se prête parfaitement aux divisions que nous avons établies, d'après les manifestations des idées régnantes dans chaque siècle, à l'aide des produits industriels et de leur décoration; qu'elle a subi les mêmes influences. C'est ce qu'il nous sera facile d'établir brièvement et sans trop nous écarter du plan de notre travail.

Grecs.—Il ne nous est rien resté de la peinture des Grecs (exécutée, pense-t-on, à la cire); mais le caractère de cette peinture ne saurait être douteux d'après les décorations céramiques que nous possédons et surtout d'après le goût de cette nation. Le peuple qui admirait avec tant d'enthousiasme la sculpture grecque, n'aurait pu accepter des peintures chargées, confuses. Zeuxis, Appelles ne devaient pas se borner à des œuvres décoratives; les récits des auteurs contemporains nous rappellent l'admiration qu'excitait leur reproduction excellente d'objets animés. Nous ne saurions nous représenter la peinture grecque comme très-différente de celle des Byzantins dont nous allons parler, peinture qui conservait les traditions grecques, mais non le sentiment si parfait de la beauté.

Romains. — Leurs peintures à la cire nous sont connues par des restes trouvés à Pompéi et à Herculanum, et, d'après la tradition, se rapprochent des peintures grecques. Toutefois l'art chez les Romains avait perdu cette finesse, cette élégance de l'art grec; il était devenu, comme la religion, plus grossier. Gênés dans la reproduction des effets de lumière, les artistes se bornaient à représenter des personnages isolés, d'un ton mat et égal. Leurs œuvres se rapprochaient de la décoration des vases campaniens. C'est surtout aux mosaïques que les Romains demandaient des représentations qui leur paraissaient parfaitement suffisantes (remarquons que la perspective est toute moderne) et les séduisaient par leur éclat.

Byzantin-roman. — Le christianisme, en créant un mouvement d'exaltation religieuse qui vint se mêler aux traditions affaiblies de l'art grec, inspira, après que la fureur des iconoclastes qui associèrent l'art grec et le paganisme fut passée, les peintures byzantines. Des fonds d'or, de couleurs franches, parsemés d'étoiles; des profils très-purs, des auréoles d'or, peu d'étude de la nature, un assemblage de disproportions monstrueuses entre les figures du Christ et celles des saints personnages, mais avec cela une heureuse alliance de tons qui semblent rappeler un écho affaibli de l'art de l'Inde : tels sont les caractères principaux de ce style.

Des catacombes de Rome sortit un art chrétien qui, empruntant beaucoup au byzantin, chercha à rendre l'idée, l'aspiration chrétienne. Celle-ci devait, quelques siècles plus tard, trouver dans le bienheureux Fra Angelico de Fiesole son dernier et plus pur interprète, au seuil de la païenne renaissance.

A l'Occident, les décorations des églises, bien qu'inspirées par les préceptes de l'église d'Orient, ne produisent pas d'œuvres bien remarquables. C'est moins là qu'il faut aller chercher les monuments de la peinture au moyen âge que dans l'enluminure des manuscrits. En effet, presque toujours ceux-ci étaient illustrés à l'aide d'initiales dessinées sur un fond bleu ou un fond d'or; bien souvent ces compositions formant de petits tableaux exécutés avec des couleurs à l'eau en général, et fixées sur le parchemin du volume à l'aide de recettes assez compliquées, acquéraient sur la peau un éclat fort apprécié. Ces miniatures ou enluminures, étaient souvent le produit du travail de véritables artistes, de moines qui étaient les gens les plus instruits de leur époque, et qui, usant leur vie à de semblables ouvrages, eussent mérité parfois une véritable célébrité, si la postérité se fût intéressée à ce genre de travaux comme elle s'est passionnée pour la peinture à l'huile. On possède des Heures de Charlemagne qui renferment des dessins remarquables. Dans la maigreur des plis, dans l'emploi du vermillon et du bleu non rompu, dans les hachures d'or des draperies, on ne peut méconnaître l'influence byzantine sur ces œuvres de l'Occident. Il faut aussi citer comme très-remarquables deux Bibles de Charles le Chauve où se trouvent des compositions d'un grand intérêt, dues à un artiste nommé Ingobert. Ces compositions, étudiées avec le plus grand soin, sont les œuvres d'art, les tableaux d'histoire de l'époque. Le goût s'en maintint jusqu'à la découverte de l'imprimerie.

En général, les enluminures du VIIIe, du IXe et du Xe siècle, sont, pour le dessin, inférieures à celles des siècles précédents, mais elles les surpassent pour la vivacité des couleurs et l'originalité de la composition. Les fonds bleu et or sont prodigués et les détails exécutés avec une fidélité minutieuse.

Il suffit d'examiner des manuscrits précieux de diverses époques pour reconnaître l'influence des styles qui sont manifestes pour tous les yeux dans les grandes modifications de la peinture et de la sculpture. C'est ainsi que les miniatures ont conservé longtemps la roideur de la manière byzantine, les formes conventionnelles du style roman.

GOTHIQUE. — On peut suivre bien facilement dans les manuscrits la transformation du roman en gothique. Le genre de ce premier style, qui n'est plus du tout celui de Jean Fouquet (de Tours), qui vécut sous Louis XI et laissa de véritables chefs-d'œuvre.

La perspective va poindre; elle se rencontre dans les œuvres de Fouquet avec un emploi du clair-obscur inconnu jusqu'à lui. Les Antiphonaires de la Libreria (sacristie) de Sienne forment une série de volumes in-folio remplis de lettres initiales d'une rare beauté d'exécution. Le plus célèbre miniaturiste était le chanoine don Guilio Clovio, qui vivait au XVe siècle; ses petits ouvrages ornés de fleurons élégants sont de véritables tableaux.

Après l'invention de l'imprimerie, et bientôt après la découverte de la peinture à l'huile, les enluminures sur peau vélin devinrent plus rares, et les artistes se livrèrent surtout à la peinture des portraits à l'aide des mêmes procédés.

RENAISSANCE. — Nous nous garderons bien de vouloir esquisser l'histoire de la peinture à cette époque de merveilles. Nous rappellerons seulement que Cimabué reçut ses leçons des mosaïstes byzantins; que l'école du Pérugin, d'où sortit Raphaël, procédait directement de la tradition byzantine modifiée et singulièrement agrandie par Giotto et ses nombreux élèves dans les belles fresques dont ils couvraient les murailles et les voûtes des églises du xiii° et xiv° siècle, et que Lucas Cranach en Allemagne, qui le premier s'illustra dans la peinture à l'huile, tout nouvellement découverte, s'inspirait évidemment du style gothique, que la renaissance allemande et Albert Durer allaient transformer.

La peinture à l'huile, trouvée de 1420 à 1430, par Jean Van Eyck, dit Jean de Bruges, en facilitant les procédés matériels de l'art, vint aider aux progrès qui tendaient à se faire jour de toute part. Jusqu'à Masaccio, on n'employa, en Italie, que les procédés de la peinture byzantine. On sait quelle place la fresque occupa dans l'art de la renaissance, combien les fresques de Raphaël notamment rappellent, en les perfectionnant les peintures d'Herculanum; et que c'est en visitant les thermes de Titus qu'on venait de découvrir, qu'il conçut la décoration des loges du Vatican.

Toute l'œuvre de Raphaël personnifia avec éclat la restauration des lignes de l'art grec dans leur pureté, en même temps qu'il y mêla cette grâce merveilleuse qui lui a valu le nom de *divin*. Michel-Ange fut le représentant le plus hardi des tendances nouvelles des artistes de la renaissance; il résuma dans ses puissantes fresques toutes les données modernes de la science de l'art. Titien, le Vinci, le Corrège, trois beaux génies encore, concoururent avec le Véronèse et André del Sarto à développer avec une glorieuse activité les progrès rapides de l'art de peindre, qu'à leur suite et plus tard le Dominiquin, les Carraches, Guido Reni, etc., eurent la tâche de continuer.

Il serait inutile de compléter l'énumération de la pléiade d'artistes éminents qui ont fait, à cette époque, de la peinture le premier des beaux-arts; contentons-nous de citer ici, après les illustres maîtres, un artiste que François Ier ramena d'Italie, et qui peut être pris pour type de l'emploi de la peinture dans la décoration industrielle; nous voulons parler du Primatice. Les fresques de Fontainebleau, dues à la main facile de ce fécond artiste, ainsi que ses peintures à l'huile que possèdent le Louvre et le musée de Cluny, montrent bien le style élégant de cette époque, mieux que les tableaux des grands maîtres préoccupés d'exprimer des sentiments profonds plutôt que de produire des images gracieuses et séduisantes.

ÉCOLE FLAMANDE. — Avant de parler de la peinture sous Louis XIV, nous ne pouvons nous dispenser de faire une exception à toutes nos omissions de noms d'artistes, en faveur de Rubens et de l'école flamande ; ce qui nous fournit une vérification du fait déjà signalé par nous, de la relation intime qui existe entre l'art et l'industrie, et fait toujours concorder leurs grands développements à cause de la grande influence qu'ils exercent l'un sur l'autre. Les germes d'art qui existaient nécessairement dans un pays que l'on a vu exceller si longtemps dans les tapisseries, l'orfévrerie, la sculpture sur bois, etc., devaient produire une école puissante ; ce fut l'école flamande.

LOUIS XIV. — Chacun sait que Lebrun fut le peintre de Louis XIV; tout le monde a vu ses batailles d'Alexandre, sous les traits duquel il s'attachait sans cesse à représenter le grand roi. Chef suprême de la direction des travaux artistiques, super-intendant des manufactures royales, Lebrun ne pouvait donner aux travaux d'industrie que nous avons étudiés d'autre caractère que celui que l'on reconnaît dans ses tableaux, qui sont la véritable expression du style Louis XIV en peinture. Grandeur théâtrale, noblesse un peu guindée, couleurs éclatantes, etc., telles sont les tendances de toutes ses œuvres, qui étaient bien plus estimées à la cour que celles du Poussin, ouvrages profonds par leur haute philosophie, mais sévères de style et de ton ; d'ailleurs Poussin vécut presque constamment à Rome. Les autres peintres, leurs contemporains, sans même en excepter Lesueur, ne paraissent pas avoir eu d'influence sérieuse sur le mouvement industriel de l'époque.

Louis XV. — Sous Louis XV, la peinture change tout à fait de caractère et se modifie aussi profondément que les mœurs. Vanloo, Boucher, Watteau, etc., avec leurs petites scènes familières ou imaginaires et leurs bergeries, furent les complices d'une époque qui ne connaissait plus ni l'idéal, ni le grandiose, mais concevait seulement la grâce et la volupté. A leur suite se fit jour un commencement de réaction favorable au côté moral de la peinture. Chardin et Greuze préparèrent le développement du genre intime dans sa plus saine acception.

XIXe siècle. — Au commencement du siècle, David, avec une grande force de volonté et un talent supérieur, mit à néant les restes de la tradition de l'époque de Louis XV et Louis XVI, et remit en honneur la pureté classique en soumettant l'étude du modèle vivant aux exigences de formes et de style de la plastique antique. Il est constant aujourd'hui qu'il outra un mouvement heureux en soi. Dominé exclusivement par l'absolutisme de ses principes révolutionnaires (qu'il avait conservés seulement en peinture), laissant de côté toute tradition nationale, il exagéra l'étude du nu jusqu'à vouloir faire de la sculpture avec le pinceau, sans laisser une part suffisante au charme du coloris.

Enfin parmi les grands peintres vivants, ou dont le souvenir est encore trop présent à toutes les mémoires pour que nous nous permettions de les juger dans ce travail, tels que Proud'hon, Géricault, Gros, etc., on doit citer :

En France. — MM. Ingres, le maître illustre qui rappelle dans ses œuvres la beauté, la précision raphaëlesques ; — Ary Scheffer, le peintre de l'idée, de l'aspiration rêveuse et doucement mélancolique ; — Vernet, Delaroche, etc., dont les œuvres sont toujours accueillies avec bonheur par un public qui sait les apprécier à des titres bien différents : le premier pour sa verve toujours jeune et l'élan de son pinceau, le second pour un goût exquis d'arrangement ; — Delacroix, coloriste puissant, qui semble négliger systématiquement le dessin ; — Decamps, dont la palette est si étonnante d'accent et de vigueur ; — Meissonnier, l'intelligent traducteur de la peinture hollandaise, etc.

En Allemagne. — Overbeek, le restaurateur de la peinture catholique, qui rappelle les pieux archaïstes de la renaissance par la pureté naïve des contours et la pensée religieuse à laquelle tout est sacrifié dans ses mystiques compositions ; l'école de Munich et celle de Dusseldorf, représentées par MM. Cornélius et Kaulbach, etc., écoles qui ne sacrifient pas autant à l'effet des couleurs que les maîtres italiens, et peut-être pas assez en ce qu'elles semblent mettre trop de recherche de pensée dans leurs œuvres.

En Angleterre. — Depuis Reynolds et Lawrence, deux admirables peintres de portraits qui rappelaient Van Dyck et son éclatant coloris, les œuvres les plus remarquables chez cette nation sont celles des peintres réalistes, qui donnent une place très-grande aux représentations des détails de la nature. Il y a parmi eux assez de talents pour constituer une école qui, quoi qu'on en dise, pourra amener les productions peintes de l'industrie anglaise à un haut degré de perfection.

SECTION VI

RÉUNION D'ÉLÉMENTS COLORÉS

Les procédés dont nous venons de parler dans la division précédente, et qui permettent de colorer les diverses matières par l'application de substances colorantes, par des moyens semblables à ceux de la peinture, ne sont pas les seuls employés dans l'industrie. Il est une série très-nombreuse de fabrications qui tirent leur charme de la réunion, soit d'éléments ornés de leurs couleurs naturelles, soit d'éléments préalablement teints en couleurs diverses. On va voir combien de procédés industriels résultant de la nature du travail à effectuer pour obtenir un produit utile permettent, par l'utilisation des ressources dont nous parlons ici, d'obtenir des produits ayant une élégance qui lui donne quelquefois une véritable valeur artistique.

Avant tout, nous étudierons en elles-mêmes les combinaisons auxquelles peuvent donner naissance les réunions d'éléments colorés employés pour les décorations.

COMBINAISONS.

Toutes les figures encadrées entre des séries de lignes parallèles équidistantes peuvent servir à couvrir une surface déterminée avec un seul élément ou avec des éléments de forme semblable, mais diversement colorés ; ce qui peut fournir des décorations très-variées comme nous allons le voir bientôt.

Les figures 1 et 2 représentent les tracés obtenus par des lignes parallèles équidistantes, ce qui donne soit une réunion de carrés (fig. 2), soit des triangles équilatéraux, qu'on peut supposer alternativement blancs et colorés, ou réunis deux à deux par une même face; ce qui donne un lozange.

232 ART INDUSTRIEL.

Les figures formées par deux séries de lignes parallèles équidistantes pour chaque série seulement sont encore souvent employées dans l'industrie du parquet pour couvrir une surface avec un seul ou un petit nombre d'éléments. (Voir la fig. 4, et plus loin Parquet.)

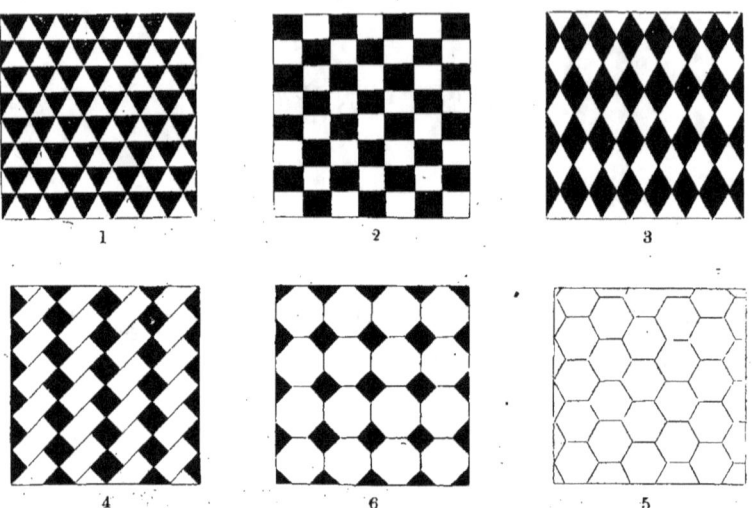

Si au lieu de deux séries de lignes parallèles on en emploie trois, on rencontre une solution du problème de couvrir une surface avec un seul élément; c'est l'hexagone régulier (fig. 5). On peut, avec deux pièces différentes, employer de même l'octogone régulier mêlé avec un carré (fig. 6) de même longueur de côté.

Ce n'est que par des figures régulières ayant les formes dont nous venons de parler qu'on peut couvrir une surface avec un ou deux éléments seulement, ce qui est fort à considérer pour plusieurs industries, notamment celle du parquet. Il n'en est plus ainsi des autres figures simples, des pentagones, par exemple, entre lesquels subsisteraient des vides.

La condition que nous énonçons ici, essentielle pour le parquetage, le carrelage, n'est plus à considérer lorsque les éléments employés peuvent prendre des formes variables, lorsqu'on admet nombre d'éléments différents, les formes des dernières pièces à placer étant déterminées par les vides que les premières laissent entre elles.

La coloration partielle d'éléments de même forme qui servent à couvrir une surface peut donner des combinaisons assez curieuses. Nous choisirons celle très-remarquable de carrés, ombrés, colorés dans une moitié divisée par une diagonale; les combinaisons peuvent être très-nombreuses, plusieurs même sont assez agréables. Elles ont fait l'objet d'un traité publié par le P. Dorat en 1722, et leur étude montre bien tout le parti que l'on peut tirer d'éléments analogues couverts de dessins, de la combinaison des vignettes, qui constitue une des ressources importantes de la décoration industrielle, surtout pour obtenir des produits dont le prix de revient soit modéré.

On voit d'abord (fig. a, b, c, d) que, suivant la situation qu'il peut prendre, un seul carreau forme quatre dessins différents.

De la combinaison de ces quatre figures deux à deux, il résultera soixante-quatre arrangements différents, car sur chacun des quatre côtés des carreaux représentés dans les fig. *a*, *b*, *c*, *d*, on peut placer un autre carreau dans quatre positions; on a donc en tout $4 \times 4 \times 4$ ou 64 arrangements.

Mais de ces 64 il y a une moitié qui ne fait que répéter l'autre dans le même sens, ce qui les réduit à 32; on les réduirait à 10 si on n'avait pas égard à la situation.

On pourrait semblablement combiner 3, 4, 5 carreaux les uns avec les autres; on trouverait que 3 carreaux peuvent former entre eux 128 dessins, que quatre en forment 156, etc.

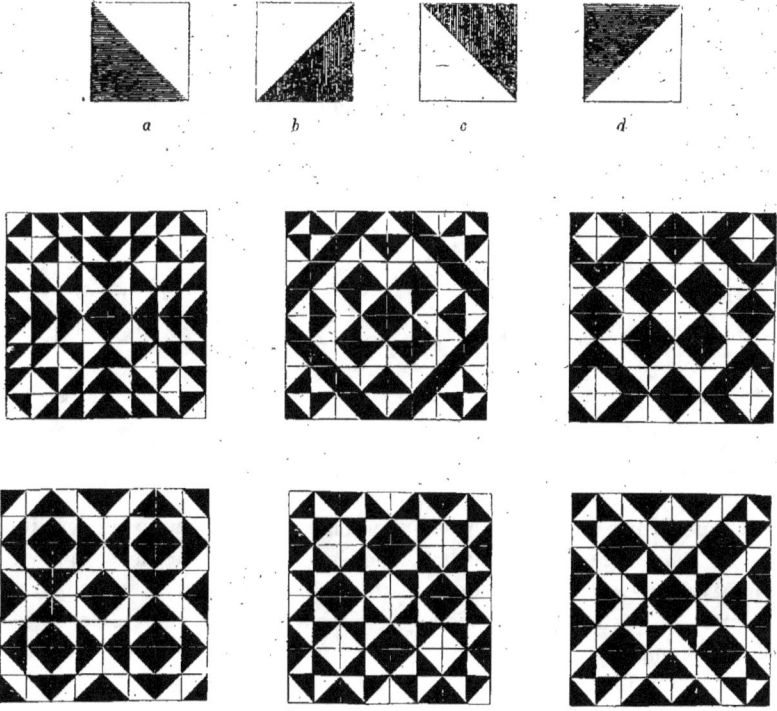

Nous donnons ici quelques-unes des figures les plus remarquables qui naissent des combinaisons possibles d'un seul élément. Dès qu'ils sont un peu nombreux, la grande multiplicité des combinaisons possibles fait bien comprendre comment on peut songer à exécuter une foule de dessins par la réunion d'un nombre assez restreint d'éléments colorés.

SURFACES PLATES FORMÉES DE MATIÈRES DIVERSES JUXTAPOSÉES.

Carrelage.—Le carrelage formé d'éléments nécessairement égaux dans la pratique commune (en général on n'en emploie qu'un seul, l'hexagone), utilise pour la décoration les diverses combinaisons dont nous avons parlé plus haut. Les formes en sont donc peu nombreuses; ce qui varie à l'infini, bien que l'emploi en soit rare, c'est la décoration, la nature des dessins appliqués sur les carreaux peints ou autres substances employées, de telle sorte que toute la surface soit couverte de dessins répétés dont les contours deviennent plus apparents que les lignes géométriques formées par les joints. Il en est ainsi des carreaux colorés employés dans les monuments romans, dont nous avons donné plus haut un échantillon, et aussi dans l'architecture arabe; on sait qu'ils constituent l'élément essentiel des décorations de l'Alhambra et qu'ils se retrouvent dans tous les monuments arabes.

Parquet. — Le parquet est composé en général de pièces plus longues que larges, et forme par suite, le plus souvent, deux séries de lignes parallèles, comme dans les figures 1 et 2. Dans la pratique ordinaire on se borne aux systèmes dont nous venons

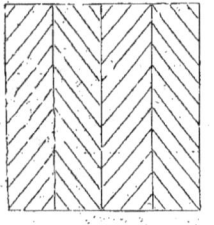 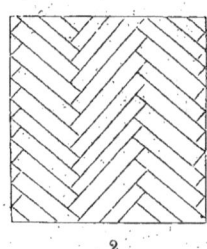 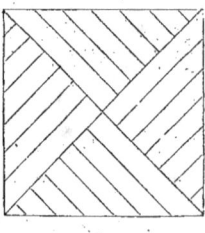

1   2   3

de parler, quelquefois on emploie quelques décompositions de carrés qui constituent forment un élément nouveau formé à l'aide de pièces diverses telles que celles représentées figure 3, ou ci-dessus en traitant des combinaisons. Ce n'est que pour des parquets très-riches qu'on y ajoute les ressources assez limitées de quelques dispositions simples de filets, par exemple de grecques pour bordures, obtenues en bois de diverses couleurs.

La solution artistique la plus brillante de cette question, au point de vue architectural, réside dans la mosaïque, qui n'est plus limitée par la forme des éléments, celle-ci variant au contraire en raison du dessin à exécuter. Elle peut être exécutée en bois pour quelques cas d'ornementation de meubles; ce fut l'imitation de la mosaïque qui, à la renaissance, fit naître la marqueterie en bois qui jeta tant d'éclat à Florence et à Vérone.

L'incrustation en cuivre, si fréquemment employée en ébénisterie de nos jours à l'imitation des beaux produits de l'époque de Louis XIV, et qui donne de si beaux résultats, rentre tout à fait dans le cas qui nous occupe. Nous aurions à étudier les styles des dessins formés par ce travail, s'ils ne rentraient pas naturellement dans le cas considéré ci-dessus des vignettes et compositions variant par styles ; ce n'est qu'un mode particulier d'obtenir des dessins avec des filets de métal, d'ivoire, etc.

MOSAÏQUE.

La mosaïque antique s'obtenait par la juxta-position de petits cubes de pierres naturelles ou de compositions de diverses couleurs, fixées dans un ciment et polies pour en faire valoir les nuances et les teintes. Les Romains en faisaient un emploi très-considérable ; c'était une décoration qui s'alliait parfaitement avec le développement de leur architecture et que faisait rechercher la chaleur de leur climat. Elle constituait chez eux un mode usuel de représentation des objets à l'aide d'éléments colorés, et était leur véritable peinture.

La mosaïque fut acceptée par l'Église, au moyen âge, comme l'art de décoration par excellence. Non-seulement on l'employa pour les carrelages, les dallages, et, dans ce cas simple, on employa surtout des combinaisons de formes géométriques qui acquéraient souvent une grande élégance, comme dans le pavé de la cathédrale de Palerme

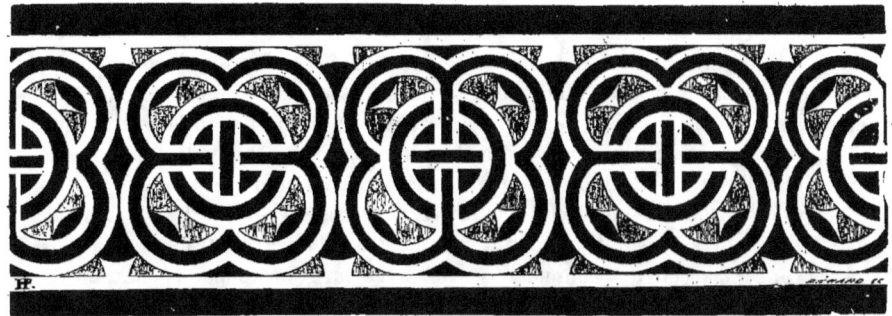

Mosaïque de la cathédrale de Palerme.

que nous reproduisons, mais encore pour la représentation de sujets de sainteté. Les travaux des mosaïstes byzantins eurent une grande influence sur la peinture à l'époque de la renaissance, et l'on ne saurait faire un plus grand éloge de la perfection des résultats obtenus que de dire que des artistes éminents acceptaient comme de véritables peintures ces compositions obtenues par la juxtaposition de petits éléments colorés, de teintes plates de petites dimensions. Ghirlandajo proclamait la mosaïque la véritable peinture pour l'éternité.

C'est Rome qui est aujourd'hui la patrie des plus beaux travaux en ce genre ; non-seulement on y prépare de très-belles collections de petites baguettes d'émaux colorés qui fournissent les éléments de la mosaïque, et ont de beaucoup accru la richesse de la palette de l'artiste, mais on y accomplit des travaux qui exigent un travail et une habileté incroyables. On a pu voir à l'Exposition de Paris un admirable travail de M. Galland, représentant le Forum romain, dont les dimensions atteignent 1ᵐ,50 sur 75 centimètres.

Les mosaïques florentines de marqueterie des xvᵉ et xvɪᵉ siècles se composent de plaques ou panneaux de marbres blanc, noir, vert, etc., ou de pierres dures de diverses couleurs découpées suivant les dessins qu'on veut produire.

Enfin, la mosaïque de bijouterie est composée avec des pierres précieuses et des pierres dures, les agates, le malachite, le lapis-lazuli, l'aventurine, etc.

Ce genre particulier de mosaïque a été longtemps exploité avec succès à Rome et à Florence, d'où l'on nous apportait tous ces charmants sujets d'épingles, de plaques de colliers, de broches, de boîtes, de tabatières, etc. Elle est aujourd'hui très-bien réussie en France, notamment avec grand succès par M. Morel, dont les produits ont été particulièrement remarqués à l'Exposition de 1849.

VITRAUX PEINTS.

Les verres colorés paraissent avoir été employés dès le ɪvᵉ siècle dans les basiliques chrétiennes, surtout dans l'empire d'Orient; mais alors seulement à l'état de coloration d'une seule teinte, formant de simples mosaïques dont les éléments étaient réunis par des plombs. L'emploi de quelques hachures en émail noir, pour indiquer des contours et des ombres, donna lieu, vers le xᵉ siècle, à un progrès qui constitua les riches vitraux qui décorent les beaux édifices religieux que nos ancêtres nous ont laissés.

C'est vers la fin du xɪɪᵉ siècle que la peinture sur verre atteignit peut-être son plus haut degré de perfection. L'effet général, l'harmonie des couleurs qui leur donnent le plus grand charme, y sont admirables. Le vitrail était alors combiné par l'architecte, qui savait mettre cette éclatante décoration en rapport avec le monument, qui déterminait les lignes principales des plombs qui réunissaient les pièces de verre, et traçait les dessins géométriques de goût byzantin qui les entouraient.

Au xɪvᵉ et surtout au xvᵉ siècle, l'architecte n'est plus l'auteur des vitraux; la raideur des figures disparaît, le genre des ornements change; l'artiste cherche des ombres, une perspective inconnue à ses prédécesseurs, opère par application de couleurs diverses sur le verre coloré; mais, malgré ses qualités de détail, malgré le mérite du travail, son œuvre est presque toujours sans effet à distance, et perd le caractère monumental qui doit être le mérite principal des vitraux colorés.

Le moyen principal d'une fabrication plus parfaite était l'emploi du verre double, c'est-à-dire coloré seulement d'un côté et sur une épaisseur minime. L'enlevage de la petite couche de verre coloré, combiné avec l'application des couleurs d'émail, permit de faire des pièces merveilleuses quant à la beauté des détails, mais qui n'avaient rien de l'harmonie réelle, de l'éclat des anciens vitraux.

On doit donc distinguer trois époques :

1º La première (âge byzantin) commence vers 1150 et finit vers le commencement du xɪvᵉ siècle. Les fonds byzantins à petits ornements y tiennent grande place.

2º La deuxième (âge ogival de l'art) s'étend depuis le commencement du xɪvᵉ jusqu'au xvɪᵉ siècle.

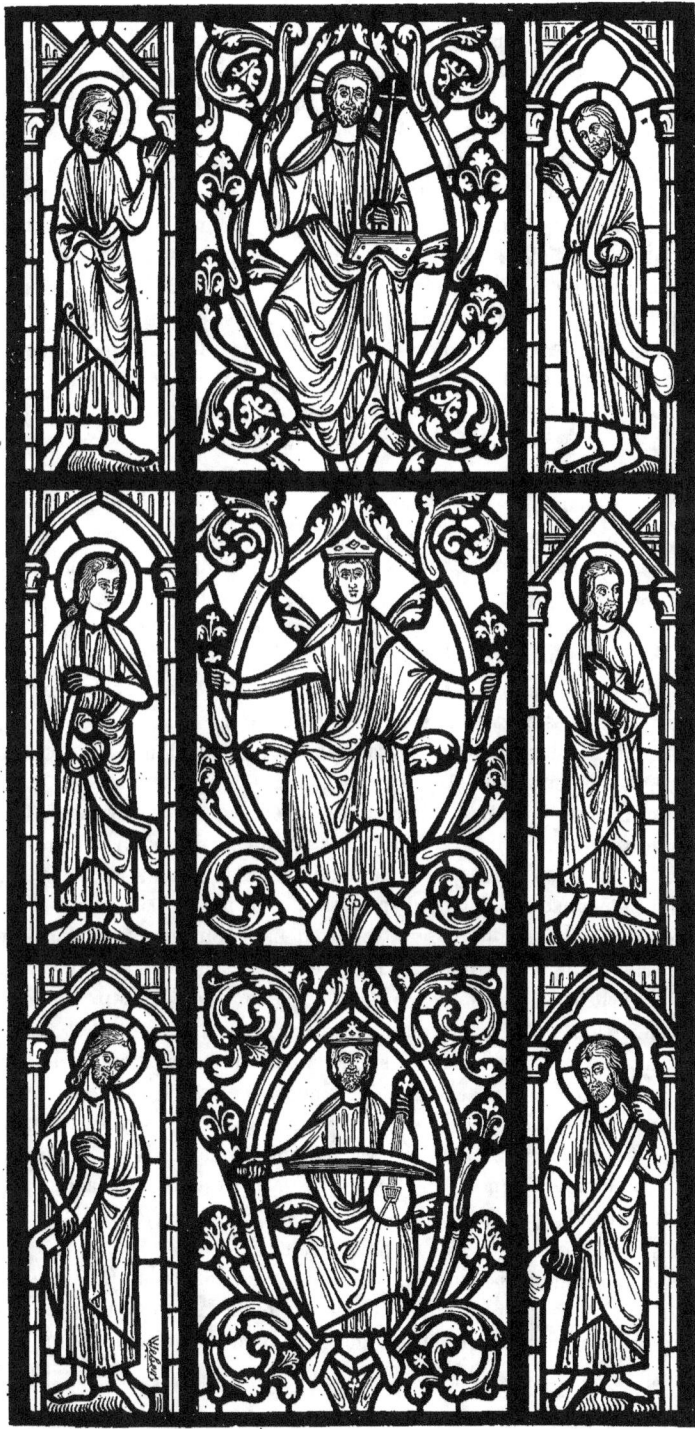

3º La troisième (âge de transition) comprend le xvie siècle, la renaissance des arts.

Dans les vitraux du xiie siècle, les champs des mosaïques sont formés de petits morceaux de verre teints dans la pâte et assemblés par des plombs multipliés. C'est une imitation des mosaïques orientales de cette époque. Ces ornements sont caractéristiques de ces premiers et magnifiques produits de la peinture sur verre.

Les vitraux de couleur des anciens styles ont été imités avec assez de succès dans ces dernières années. Les procédés techniques ont été facilement retrouvés; on a appris à monter en plomb les formes irrégulières dont l'ensemble forme la surface à décorer, et on a pu réparer heureusement les produits d'un art né aux xiie et xiiie siècles pour la décoration des églises, et dont les œuvres ont conservé les tendances naïves, la forme symbolique de l'architecture du moyen âge. Toutefois les effets des vitraux modernes ont longtemps été inférieurs à ceux des anciens; des teintes bien dégradées, l'imitation de la peinture à l'huile n'ont donné que des résultats très-peu satisfaisants. Un singulier obstacle était le manque d'imperfection du verre moderne, trop bien fabriqué. « Tous les vitraux exposés, disait en 1844 M. Lassus, un des architectes de Notre-Dame, pèchent par un défaut commun qui justifie pleinement tout ce qui a été dit sur l'impossibilité de réussir avec les verres actuels. La coloration de tous ces vitraux manque de puissance et d'éclat; ils sont incapables d'opposer la moindre résistance à l'action des rayons lumineux, qui les traversent d'outre en outre sans éprouver le moindre obstacle..... Dans les anciens vitraux, au contraire, la lumière ne peut pas traverser directement les surfaces courbes, inégales des verres; elle est forcée de se briser, de se réfracter..... De là cet effet chatoyant des vitraux, cet éclat et ce scintillement si remarquables des couleurs. »

Par une étude plus approfondie des conditions à remplir, les artistes sont arrivés à satisfaire aux exigences que M. Lassus signalait avec raison dans le passage précédent, et cela en faisant des stries sur les carreaux, en imitant l'imperfection du verre fabriqué autrefois, imperfection si précieuse pour les jeux de lumière.

On peut poser comme principe fondamental qu'il faut, dans les verrières, dont tous les éléments doivent concourir à rappeler un style déterminé, choisir des tons éclatants, tracer des contours fermes, bien nettement encadrés par les plombs; toujours se rappeler qu'à distance les détails disparaissent, deviennent aisément confus. Les têtes des personnages doivent toujours être lumineuses pour être distinguées de loin. Il y a pour l'artiste une étude toute particulière à faire, celle de l'emploi de couleurs qui doivent être vues par transparence, tandis que dans tous les autres cas on ne les voit que par réflexion.

Les couleurs ternes ne sont pas admissibles; on doit employer, en fait de couleurs, l'azur, le vert, le rouge, le jaune et le violet poussés à la puissance du saphir, de l'émeraude, du rubis, de la topaze. Un vitrail ne doit jamais perdre entièrement son caractère primitif, celui d'une mosaïque transparente. Il doit être avant tout monumental; c'est ce que fait comprendre l'histoire de cet art dont nous avons dit quelques mots, qui constate que les produits sont devenus d'autant plus défectueux que l'imitation des objets naturels devenait plus parfaite.

Nous donnons ici comme spécimen un vitrail célèbre de la Sainte-Chapelle de Paris, représentant Jésus et les apôtres, où respire bien la foi des artistes du moyen âge; il a quelque chose de l'inspiration qui faisait élever le monument resté de nos jours un type de l'art gothique.

TISSUS

C'est surtout de l'importante fabrication des étoffes et tissus de tout genre, comprenant tout ce qui est nécessaire pour les vêtements, ce qui constitue une part considérable de la totalité du travail industriel, qu'il nous reste à parler.

Au point de vue des combinaisons, les éléments sont rectangulaires par la nature même des procédés de tissage; il semble donc qu'il ne s'agit que d'un cas assez simple dans lequel la finesse des éléments fournit quelques ressources précieuses pour obtenir des effets peu variés. Mais l'emploi convenable des entrelacements d'un nombre variable de fils ayant des aspects différents et pouvant être disposés suivant les directions diverses, fournit des effets bien plus nombreux que ceux qui semblent devoir être produits par le simple entrelacement rectangulaire.

Ce qui est tout particulier à cette fabrication, au point de vue artistique, c'est l'éclat qu'on peut donner à certaines étoffes, le brillant résultant du recourbement des fils vers les contours du dessin qui ne saurait être atteint par l'impression sur fils plats. Il en est de même de la résistance, de la raideur des étoffes tissées convenablement dans certains sens, ce qui leur donne la propriété de draper, de faire des plis gracieusement soutenus, que les dames savent apprécier et utiliser au point de vue de la richesse, de l'élégance de la toilette. Cette propriété est la plus importante à considérer pour l'emploi des étoffes, après celle de l'éclat, du brillant, qui les fait surtout rechercher.

EFFETS OPTIQUES DES ÉTOFFES.

Le savant M. Chevreul s'est proposé d'analyser les effets du brillant des étoffes, et avec sa perspicacité habituelle il a parfaitement découvert les conditions de sa production. Remarquant que les étoffes sont formées à leur surface de petits fils cylindriques, soit très-courts dans le tissage semblable à celui de la toile, où le fil de la trame recouvrant un fil de la chaîne vient se placer sous les deux fils contigus de celle-ci, soit assez longs et couvrant plusieurs fils de la chaîne, comme dans l'étoffe connue sous le nom de satin; il en a conclu que dans ce second cas la lumière se réfléchit comme sur une série de petits cylindres parallèles et polis, et dans le premier sur des cylindres sur lesquels on aurait produit un grand nombre de rayures, de cannelures transversales rapprochées, correspondant aux courbures répétées du fil. Or les résultats des expériences fondamentales qu'il a faites avec de semblables cylindres métalliques prouvent que dans les mêmes positions les effets d'éclat sont complètement inverses dans les deux cas, ce qui explique les effets optiques d'une foule d'étoffes[1]. Ainsi les cylindres étant placés parallèlement à la direction de la lumière, le spectateur placé après les cylindres et faisant face à la lumière voit bien moins de lumière réfléchie avec les cylindres cannelés qu'avec les cylindres unis. Il y a, en effet, par l'effet des cannelures, diminution de la surface qui renvoie la lumière dans les cylindres unis. Ce phénomène est celui qui se présente dans les étoffes dites « satins, » dont on connaît le brillant.

DESSINS PRODUITS SUR ÉTOFFES PAR LE TISSAGE.

Nous allons maintenant entrer dans la fabrication des étoffes, dans l'étude de la partie artistique des éléments du vêtement, des tentures, et surtout de la toilette des dames.

La décoration des étoffes, en faisant naître des dessins le plus souvent colorés à leur surface, s'obtient par deux systèmes différents : l'un consiste dans l'impression dont nous avons déjà parlé; l'autre consiste dans le tissage de fils en général, colorés en nuances différentes avant l'opération du tissage dont nous avons à traiter ici. Le

---

[1] Nous rapporterons ici les résultats des expériences de M. Chevreul, parce qu'ils peuvent servir fréquemment dans la pratique pour analyser des phénomènes très-délicats.

Première position des cylindres unis. — Ils reposent sur un plan horizontal, et leur axe est compris dans le plan de la lumière incidente.

1re *circonstance.* Le spectateur, placé en face du jour, voit les cylindres très-éclairés, parce qu'il reçoit beaucoup de lumière réfléchie régulièrement.

2e *circonstance.* Le spectateur, tournant le dos au jour, voit les cylindres obscurs, parce qu'il ne lui arrive que peu de lumière encore réfléchie irrégulièrement.

Deuxième position des cylindres unis. — Leur axe est perpendiculaire au plan de la lumière incidente.

3e *circonstance.* Le spectateur, placé en face du jour, voit les cylindres moins éclairés que dans la première circonstance, parce qu'il n'y a que la lumière réfléchie par une zone étroite de la partie la plus élevée de chaque cylindre qui lui parvienne.

4e *circonstance.* Le spectateur, tournant le dos au jour, voit les cylindres extrêmement éclairés, parce que chacun d'eux lui apparaît avec une large zone réfléchissant spéculairement la lumière.

Passons à la réflexion de la lumière par des cylindres à cannelures transversales.

Première position des cylindres cannelés. — Ils reposent sur un plan horizontal, et leur axe est compris dans le plan de la lumière incidente.

1re *circonstance.* Le spectateur, placé en face du jour, voit moins de lumière réfléchie qu'avec les cylindres unis, puisqu'il y a eu, par l'effet des cannelures, diminution de l'étendue de la surface, qui, dans les cylindres unis, lui envoyait de la lumière spéculaire.

2e *circonstance.* Pour le spectateur tournant le dos au jour, la réflexion de la lumière est très-forte, parce que ses yeux sont en relation avec la face de chaque cannelure sur laquelle tombe la lumière. Ce résultat est inverse de celui des cylindres unis.

Deuxième position des cylindres cannelés. — Leur plan est perpendiculaire au plan de la lumière incidente.

3e *circonstance.* Le spectateur, placé en face du jour, voit les cylindres plus brillants que dans la première circonstance ; le résultat est donc encore inverse de celui des cylindres unis.

4e *circonstance.* Le spectateur, tournant le dos au jour, voit les cylindres moins brillants que dans la deuxième circonstance, et bien moins brillants encore que ne seraient des cylindres unis.

dessin toujours mieux délimité dans ce second cas par la courbure du fil qui le produit en s'enfonçant à travers l'étoffe, et fournit des effets de lumière qui le détachent nettement du fond du tissu, ceci fait bien comprendre les ressources des procédés à l'aide desquels on fabrique les étoffes très-riches.

ÉTOFFES D'ASPECT DIFFÉRENT EN RAISON DES ARMURES.

1º FILS D'UNE SEULE COULEUR.—Nous avons rapporté les observations de M. Chevreul tendant à préciser nettement les effets bien connus de l'éclat des fils des étoffes, en raison du mode d'entrelacement de ces fils. C'est sur ces propriétés que reposent toutes les fabrications d'étoffes en fils d'une même couleur pour en varier l'apparence aussi bien que la souplesse et les autres propriétés physiques.

Il faut chercher dans un traité de tissage la description des divers modes d'entrelacement, des armures, dites armure toile, croisée, satin, etc. L'armure toile est celle qui produit toujours le passage alternatif de chaque fil de la trame sous chaque fil de la chaîne. L'armure serge ou croisée fait paraître comme des rayures suivant la diagonale des rectangles formés par les fils. L'armure satin est celle qui permet de faire passer le fil de la trame sur plusieurs fils de la chaîne ; c'est le moyen de réaliser l'effet de brillant obtenu par des cylindres parallèles. Dans les étoffes de lin et de chanvre, la disposition décorative la plus fréquemment employée, obtenue par un mélange d'armure satin et d'armure croisée, est celle du linge dit damassé, dont la surface est formée de carreaux de dimension un peu grande dans lesquels le grain et l'éclat du tissu varient.

On comprend combien de semblables combinaisons peuvent varier l'apparence des étoffes sur lesquelles elles font apparaître des lignes à angle droit, des lignes obliques, des côtes cannelées, des surfaces veloutées, etc.

Ce n'est pas tout encore, et l'industrie du tissage dispose encore de bien d'autres ressources. Non-seulement les modes d'entrelacement des fils font varier l'aspect des étoffes, leur manière de draper, de faire des plis plus ou moins riches, mais encore le mélange des diverses natures de fils permet d'obtenir des étoffes d'un aspect particulier et jouissant de toutes les propriétés désirables, comme éclat, élasticité, etc. Ainsi la laine peignée servant à faire des mérinos, des damas de laine, etc., la soie des taffetas, des satins ; le mélange de fils de ces deux substances sert à obtenir des orléans, des damas, etc. C'est dans ces mélanges de substances comme dans les modes variés de les employer que réside la science des fabricants si habiles qui s'appliquent à la grande industrie du tissage, dont les produits s'élèvent parfois à un degré inouï de délicatesse dont il devient bien difficile de donner une idée.

Au premier rang des étoffes brillantes, nous devons citer les velours, les peluches, véritables étoffes à poils, dans lesquels la lumière se joue de manière à donner des effets d'une grande richesse.

2º FILS DE PLUSIEURS COULEURS.—Passons maintenant au cas où l'on emploie concurremment des fils de plusieurs couleurs, tant pour la chaîne que pour la trame. Il résultera évidemment de leur entrecroisement des combinaisons rectangulaires multipliées, des séries de carreaux, d'éléments espacés suivant diverses lois, et de couleurs variables en raison de celles des fils.

Le premier système dont nous venons de parler fournit un mode de décoration simple que l'on emploie souvent pour rendre agréables à l'œil des étoffes qui doivent avant tout être produites à bon marché. Un des types les plus brillants de ce genre de fabrication est le tartan écossais, bien connu par la richesse et la vivacité des couleurs, et produit par le croisement à angle droit de lignes de fils de couleurs différentes. L'inspection d'un semblable tissu fait reconnaître comment se succèdent les fils colorés de la chaîne et de la trame, pour obtenir l'éclat qui résulte surtout de la rencontre de fils de même couleur.

Il est impossible d'indiquer le nombre de variations de fils de diverses couleurs, de combinaisons de toutes natures qu'on rencontre dans la fabrication, dont les effets sont encore modifiés par le foulage, les apprêts spéciaux à chaque substance. Ces combinaisons, n'accroissant pas très-sensiblement le prix des étoffes, sont par suite variées à l'infini par les fabricants. Après les rayures, les étoffes à carreaux de tout genre, nous citerons les chinés, qui par des armures convenables donnent des éléments qui, se succédant par intervalles, cessent d'avoir une apparence rectangulaire ; les étoffes transparentes, celles à côtes, les velours, etc, etc.

Toutes les combinaisons que nous avons énumérées sommairement en parlant des fils d'une seule couleur, notamment les mélanges de fils de nature différente, s'appliquent, à plus forte raison, au cas où l'on emploie des fils de diverses couleurs pour accroître le charme des tissus.

Les effets résultant de la juxta-position des couleurs exigent, pour être prévus par le fabricant, une très-grande habileté. Une des fabrications les plus curieuses à ce point de vue est celle des étoffes de soie dites changeantes, en ce que la couleur en est différente suivant la position des plis qui reçoivent la lumière. Nous donnerons l'analyse des effets d'une étoffe glacée de cette nature, d'après le savant M. Chevreul :

« Une étoffe de gros de Naples dont la chaîne est bleue et la trame rouge, vue par un spectateur dont la face est tournée au jour, paraît violette ; seulement, si la chaîne est comprise dans le plan de la lumière, le violet est plus rouge que dans le cas ordinaire : ceci est conforme aux principes de la réflexion de la lumière par des cylindres métalliques, et au principe du mélange des couleurs. La même étoffe, vue par un spectateur dont le dos est tourné à la lumière, paraît rouge si la chaîne bleue est dans le plan de la lumière incidente, et bleue si la chaîne est perpendiculaire à ce plan, conformément aux principes de la réflexion par un système de cylindres métalliques. »

BROCHÉS.

Lorsqu'on veut obtenir sur étoffes des dessins plus compliqués que ceux dont nous venons de parler, fournissant des figures, des dessins déterminés, il faut entrer dans une fabrication toute spéciale partant de l'imitation d'un dessin déterminé, de l'œuvre de l'artiste ; il devient nécessaire alors d'employer le procédé de fabrication au perfectionnement duquel Vaucanson et Jacquart ont si remarquablement contribué en rendant tout mécanique un travail qui ne pouvait jusque-là être produit que par l'imitation directe, et fil à fil, d'un dessin modèle.

Le passage du dessin primitif à la fabrication mécanique se fait à l'aide de l'opération intermédiaire dite « mise en carte. » La mise en carte[1] est étudiée par des artistes qui, en se livrant à l'étude des étoffes au point de vue du goût, ont fait singulièrement avancer la fabrication en parvenant à réaliser, à des prix modérés par suite de la facilité de la multiplication, des étoffes de grande valeur artistique.

Étoffe de soie noire.

Nous n'avons pas à parler ici du procédé technique, mais seulement de la reproduction de dessins plus ou moins compliqués à l'aide des ressources qu'offrent les procédés d'exécution les plus parfaits, et qui s'accroissent chaque jour. Dans leur degré le plus avancé, elles permettent au besoin de contourner autour de chaque point de la chaîne un fil de la trame d'une nuance déterminée. Elles offrent donc le moyen de réaliser un dessin quelconque, et l'on n'est limité dans ces travaux que par l'élévation du prix de revient lorsque la complication des nuances dépasse toutes limites.

[1] La mise en carte remonte à 1770 ; elle est attribuée à Revel, peintre d'histoire assez médiocre, qui eut le premier l'idée de reproduire des fleurs sur les étoffes, et qui, après quelques essais, arriva aux moyens pratiqués aujourd'hui. L'idée de colorier la mise en carte se présenta bientôt. On en fit usage dès 1774, et on la doit à Philippe de la Salbe.

Les étoffes de soie, les plus brillantes par leur nature même, et celles par suite sur lesquelles se concentrent principalement les efforts du tissage, sont fréquemment ornées d'imitations de fleurs naturelles qui, par leur éclat, charment les yeux. Lorsqu'on n'emploie qu'une seule couleur, c'est à l'aide de modes d'entrelacements variés en divers points qu'on obtient des contrastes d'éclat qui différencient parfaitement les divers contours et forment ces magnifiques damas de soie, produits si beaux et si justement appréciés. Nous avons offert ci-dessus pour exemple une étoffe de soie noire qui figure à l'Exposition de 1855.

Nous citons encore un autre exemple d'étoffe moderne, brochée en couleur sur fond blanc, qui donne idée du style et des moyens nouveaux de production appréciés aujourd'hui.

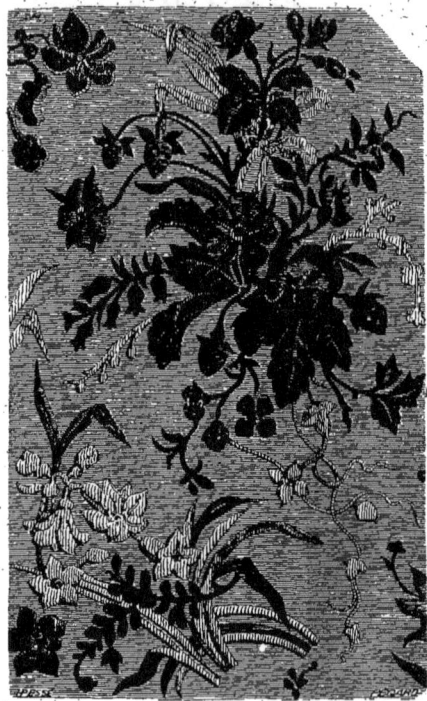

Étoffe brochée.

Ce n'est vraiment que pour les étoffes de soie qu'il existe une tradition historique, car on les recevait d'Orient pendant le moyen âge; c'est le commerce des beaux produits fabriqués dans l'Inde et la Chine, et que nous admirons encore, qui a enrichi Venise. C'est par suite, jusqu'au style moderne, le goût oriental qui a dominé dans la fabrication des soieries; il y tient encore une grande place. En fait d'autres styles, et seulement dans quelques cas spéciaux, tels que les étoffes pour ornements d'église, pour bannières, etc., on peut trouver des décorations qui rappellent l'art gothique ou l'art byzantin.

La fabrication européenne a une origine assez ancienne; on sait que, dès le ıve siècle, sous Justinien, deux moines rapportèrent le ver à soie et le mûrier, et que l'industrie de la soie commença en Orient mais sans pénétrer à l'Occident. Nous avons déjà dit que c'étaient les Normands qui, au xiie siècle, avaient introduit en Sicile et ravi à la Grèce l'industrie de la soie, qui s'y était conservée depuis l'introduction du ver à soie. Cette industrie se répandit en Italie, et fut introduite dans le midi de la France, vers 1260, par des familles guelfes chassées de Florence par les Gibelins. Toutefois cette industrie ne fit que peu de progrès.

Louis XI établit des manufactures à Tours et fit venir des ouvriers de Grèce et d'Italie ; mais Charles VIII, et principalement François Ier, durant les guerres d'Italie, furent les principaux fondateurs de cette fabrication en France. Enfin c'est le grand Colbert, au milieu des triomphes des beaux-arts, qui l'achemina vers le degré de splendeur et d'étendue où nous la voyons. Toutefois c'est à l'industrieuse activité de la population lyonnaise qu'on doit faire remonter avant tout l'honneur du développement immense de cette belle industrie et aussi à la grande invention de la Jacquart, grâce à laquelle la production et la vulgarisation des beaux tissus de soie ont atteint des limites extrêmement reculées[1].

CHALES CACHEMIRES.

Le châle de l'Inde appartient essentiellement au « style oriental » par sa nature même, par l'imitation des fleurs de l'Inde, étalées à plat comme dans un herbier, sans essai de perspective, de dégradation de teintes. C'est l'éclat de ces couleurs juxtaposées pour produire un maximum d'effet, avec une entente traditionnelle mais parfaite du contraste des couleurs, plutôt que la bizarrerie des formes, qui, avec la finesse du tissu, a fait le succès du châle de l'Inde.

Longtemps les artistes français ont conservé la tradition de copier plus ou moins fidèlement le châle de l'Inde. La nécessité de varier pour plaire au goût des consommateurs a fait tenter d'en modifier le dessin ; le genre renaissance a d'abord été tenté avec peu de succès. Il consistait dans un mélange de l'ornement et de la fleur de fantaisie, le tout modifié dans le style châle, c'est-à-dire oriental, à teintes plates et à couleurs vives.

---

[1] C'est à Lyon que se sont accomplis presque tous les grands progrès dans l'industrie du tissage des soies, et ils ont été nombreux et importants depuis un siècle. Elle est aujourd'hui la métropole de cette magnifique industrie, qui n'est pas une source de richesse seulement mais encore d'honneur pour notre pays. Elle l'était déjà lorsque les fabricants protestants, chassés par la révocation de l'Édit de Nantes, créèrent les centres, rivaux aujourd'hui, de Crefeld, Spitalfields, etc. Grâce aux perfectionnements de chaque jour, la fabrication des étoffes de soie brochées exécute des chefs-d'œuvre qui sont peut-être l'expression la plus élevée de la partie des arts industriels qui procèdent de la peinture. On ne saurait croire à quelle sûreté de goût parviennent les habiles fabricants et contre-maîtres de Lyon qui font le succès de cette belle industrie. Nous ne les citons pas ici, parce qu'ils forment une trop nombreuse phalange.

Nous en donnons pour exemple un magnifique châle dit « Ispahan », dessiné par M. Couder, un de nos plus habiles dessinateurs industriels.

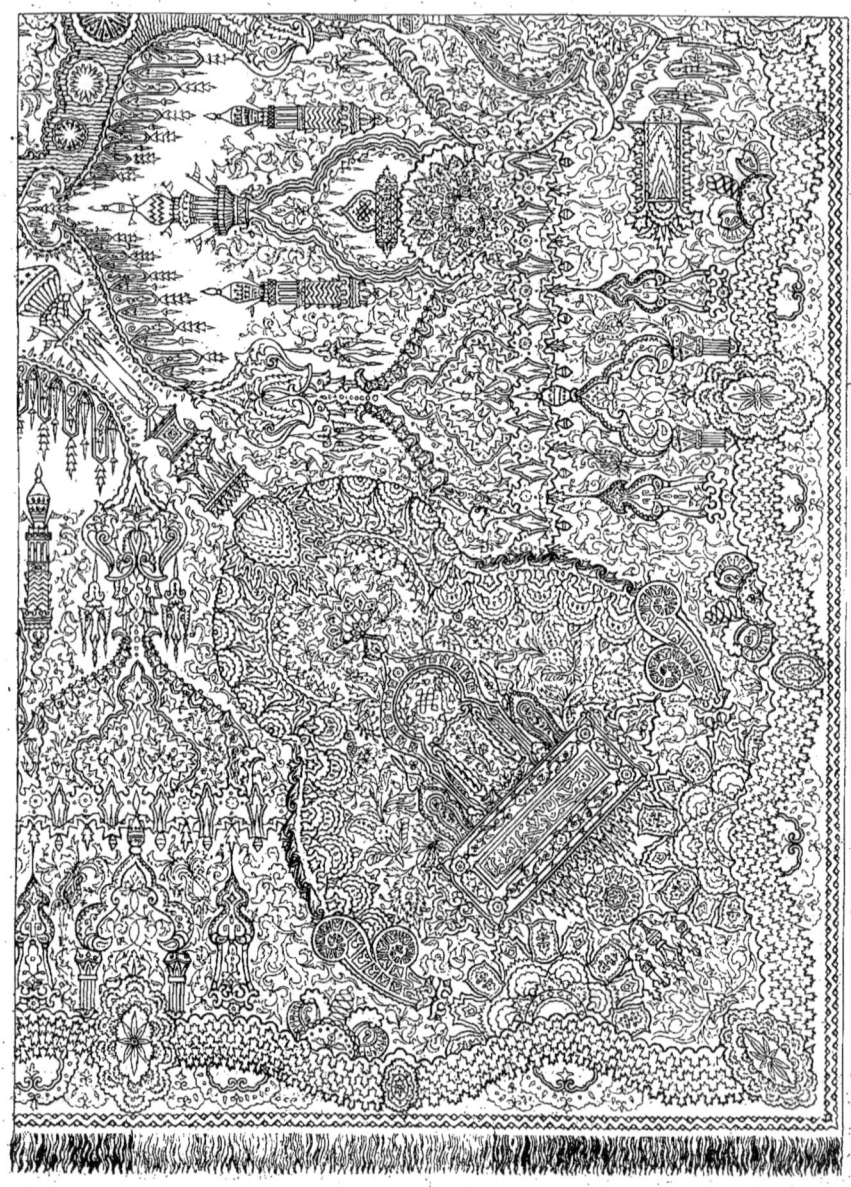

Le genre renaissance usé, le goût français, enhardi par cet essai, dans lequel on avait introduit les vues de bâtiments, des essais de perspective, erreur que le goût public avait bientôt reconnue, n'a pas craint de modifier le type primitif sous le triple point de vue de la hardiesse des lignes, de la richesse et de la multiplicité du détail; peut-être même il est d'abord allé jusqu'à l'excès sous ce dernier rapport; aussi a-t-il été ramené à se rapprocher beaucoup du style de l'Inde.

Les fabricants de châles de Paris, créateurs d'une industrie qui, en utilisant les ressources les plus perfectionnées du tissage, a pris un admirable développement, sont vraiment, au point de vue de l'art, à la tête d'une école de dessin industriel appliqué à toute espèce d'étoffes d'un genre spécial et ayant de très-heureuses applications.

On se rendrait difficilement compte, sans un exemple, de l'immense travail de composition, tant sous le rapport du dessin que de la coloration, qu'exige l'œuvre du dessinateur en châles. C'est sûrement un des plus grands travaux qui puisse être l'objet des efforts d'un artiste industriel doué d'une imagination fertile.

Ce que nous avons dit de l'éclat des couleurs fait bien comprendre la brillante apparence des châles tissés avec des fils teints en couleurs vives, dont les extrémités viennent s'engager dans le tissu; des points brillants se multiplient ainsi à l'infini. L'impression ne saurait donner des étoffes ayant un éclat comparable à celui des étoffes brochées, surtout quand, comme dans celles dont nous parlons ici, on n'emploie pour les dessins que des couleurs franches qui ont le plus d'éclat, le rouge, le jaune, le bleu brillant, et jamais les teintes obscures, telles que le brun [1].

TAPIS.

La fabrication des tapis emploie souvent, comme celle des produits précédents, toutes les ressources du tissage; aussi a-t-on pu, avec nos belles tapisseries de haute lisse des Gobelins, reproduire avec une fidélité admirable les tableaux les plus importants de nos artistes, en dépassant, il est vrai, le but qu'on doit se proposer d'atteindre avec ce genre de produit.

« La tapisserie, dit M. Chevreul, ne pouvant triompher de la peinture, ne doit pas

---

[1] Un grand progrès tout récent de la fabrication française, que l'on peut apprécier dans les produits mis à l'exposition de 1855 par M. Deneirouze, un de nos plus habiles fabricants de châles qui est depuis trente ans au premier rang de cette belle industrie, consiste dans le mélange des fils pour diminuer le nombre des couleurs employées et simplifier le travail. Donnons un exemple de cette fabrication, qui repose sur le principe du mélange des couleurs.

Supposons que l'on veuille obtenir un ton vert clair et que l'on n'ait que des fils vert foncé et des blancs. Au lieu de se servir d'une navette, on en emploiera deux qu'on chassera successivement, de façon à ce que les deux trames, la verte et la blanche, n'en forment qu'une juxta-posée, qui ne sera ni verte ni blanche, mais d'un vert clair. On peut faire ces applications pour toutes les nuances par des trames doubles ou triples agissant comme une seule; il faut seulement que la finesse de chacune d'elles augmente dans la même proportion. Ce stratagème, résultant de la combinaison de la science et de l'art, donne la clef de la richesse extraordinaire et du fondu parfait qu'offrent la plupart des châles sortis des mains de nos premiers fabricants.

lutter avec elle en cherchant à reproduire des détails et des effets pour lesquels elle n'est pas faite.

« Rappelons que sa structure cannelée, que la forme filamenteuse de ses couleurs s'y oppose ; rappelons que ses ombres ne peuvent avoir la vigueur des ombres d'une peinture à l'huile, ni ses clairs l'éclat des blancs de celle-ci. Les extrêmes de contraste de ton se trouvent donc plus éloignés dans la peinture à l'huile que dans la tapisserie. »

Ajoutons que les couleurs ne sauraient, même dans la tapisserie au plus petit point, être dégradées, fondues d'une manière en rien comparable à ce que la peinture permet d'obtenir.

Obtenus par le passage fil à fil autour de la chaîne d'un nombre infini de fils parfaitement nuancés et bien assortis, les tapis de haute lisse fournissent, par chaque fil paraissant à leur surface, exactement la couleur renfermée dans un petit carré du modèle colorié et divisé en petits carrés élémentaires. C'est ainsi qu'on obtient des imitations d'œuvres d'art remarquables par la difficulté vaincue, sinon par leur valeur artistique.

L'emploi des tapis est, dans nos pays froids, le luxe qui remplace la mosaïque des Romains pour orner le parquet de nos appartements, et décorer les édifices publics. Ce luxe est très-ancien, car, dès le VIIe siècle, on employa les tapisseries à la décoration des églises. La fabrication des tapis fut importée d'Orient par les croisés ; elle fut exercée d'abord par des prisonniers ou des ouvriers « sarrasins », ou plutôt « sarrasinois, » comme les appellent les vieilles légendes. C'est surtout à Louis XIV et à l'établissement des Gobelins que sont dus les progrès modernes de cette belle industrie.

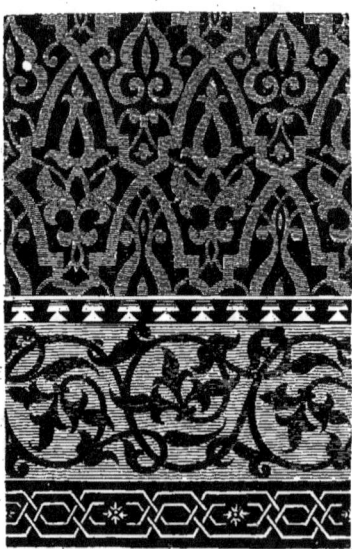

Tapis style mauresque.

Les moquettes, obtenues à l'aide des métiers à la Jacquart, sont ornées en général de fleurs, d'imitations d'objets naturels. Les tapis d'Aubusson et des Gobelins, fabriqués sur de grandes dimensions, représentent soit des fleurs, soit des médaillons.

Nous devons citer comme d'une grande richesse un des produits les plus recherchés de l'Orient, le tapis turc à longs poils, les tapis veloutés. Enfin, l'Exposition de 1855 nous a montré des tapis anglais fabriqués par impression sur chaîne, qui sont d'un très-bel effet.

Les procédés de fabrication des tapis permettent d'exécuter la plupart des genres de décoration, variables en raison de l'usage lui-même multiple des produits; c'est ainsi qu'on les emploie pour portières, pour meubles aussi bien que pour tapis de pied.

Nous donnons ci-dessus le dessin d'un tapis reproduisant un motif de décoration de l'Alhambra; le genre mauresque avec ses riches couleurs est éminemment propre à fournir des sujets d'ornementation pour ce genre de produits. En France, cependant, la représentation des fleurs et des fruits vient disputer le terrain aux arabesques et aux contours variés qui ne représentent aucun objet déterminé et qui semblent tout à fait convenables à cette industrie qui se propose la décoration des intérieurs.

TISSUS A MAILLES. — DENTELLES. — TULLES.

Les étoffes à mailles forment, par leur transparence, un des accessoires les plus élégants de la toilette. La plus remarquable, sans contredit, est la dentelle formée d'un

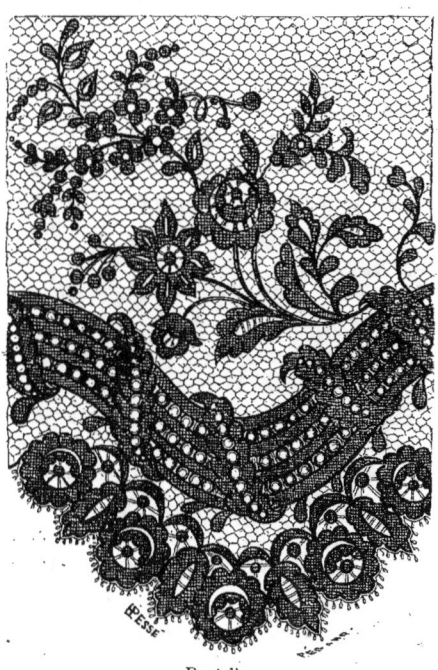

Dentelle.

tissu à jour formé par des entrelacements polygonaux de fils plus ou moins rapprochés en certaines parties, de manière à former des dessins opaques en quelques parties, ce qui permet d'obtenir des variétés nombreuses de dessins. Ceux-ci rappellent en général aujourd'hui des rameaux, des fleurs, des arabesques. Ces dessins ont varié aux diverses époques, comme les dessins des divers styles; c'est ainsi que sous l'empire on ne connaissait que de grands dessins peu gracieux.

A toutes les époques de richesse et de prospérité, la délicatesse et la transparence du tissu, qui donne des effets très-gracieux par la superposition (particlle le plus souvent) de ce réseau si léger sur d'autres étoffes, ont assuré le succès des dentelles pour la toilette des dames, bien que la valeur des dessins qu'elles reproduisent ait été assez minime, au moins jusqu'en ces dernières années. Il y a là des études curieuses à faire, en ayant soin toutefois de ne pas oublier que la légèreté, la délicatesse doivent être le caractère essentiel de ces petites compositions.

Les tulles, les blondes de soie sont des variantes de ce genre de tissus; les gazes et autres étoffes transparentes donnent des effets de même ordre, mais moins complets.

On donne le nom de guipures à des dentelles fort usitées sous Louis XIV, dont le fond disparaît presque entièrement pour ne laisser que les ornements mats réunis par un petit nombre de fils.

La fabrication du tulle à la mécanique, en réduisant à un prix minime le réseau même de la dentelle, a vulgarisé l'emploi d'une décoration charmante, l'application de Bruxelles, obtenue avec des ornements tissés à l'aiguille, d'une grande délicatesse, appliqués sur le tulle. La fabrication française n'est pas sortie de la véritable dentelle, mais elle en a varié à l'infini les éléments, et a employé la soie blanche et noire, le fil de lin, etc.

TISSUS AVEC RELIEFS. — BRODERIES.

Dans plusieurs procédés de fabrication, on donne au dessin blanc ou coloré, destiné à l'orner, un relief qui a toujours un éclat supérieur à un ornement qui ne s'élève pas au-dessus de la surface du tissu. Nous citerons notamment les velours sur étoffes de soie, aujourd'hui fort à la mode.

Quel que soit le procédé de fabrication, l'effet se rapproche en général tout à fait de celui qui est créé par le procédé le plus ancien et qui donne encore la plus grande quantité de produits de cette nature, celui de la broderie.

La broderie s'obtient par le passage de fils, obtenu en général à l'aide de l'aiguille, en des points d'un tissu peu serré. La répétition et la juxta-position des fils, la différence de longueur entre les points d'entrée et de sortie du fil sur la surface de l'étoffe permettent d'obtenir des dessins en relief de tout genre. L'opposition de parties mates et de parties découpées à jour, l'élévation plus ou moins grande de parties saillantes sur la surface de l'étoffe, offrent les principales ressources de la broderie.

La broderie est très-ancienne; ses procédés ont été appliqués de tout temps et en tous lieux. On en parle dans la Bible, dans Homère; on ne trouve pas une peuplade sauvage qui ne produise quelques broderies avec les éléments qu'elle a à sa disposition, et elles acquièrent une grande perfection chez les nations industrieuses. Les mousselines brodées de l'Inde ont fourni les premiers modèles d'une grande élégance.

Quant au goût du dessin, nous n'avons rien à ajouter à ce que nous avons dit à propos de la dentelle, en faisant remarquer toutefois qu'il existe de grandes différences dans les effets des fils dans les deux cas. Chez les nations européennes, le goût de chacun se reconnaît dans leurs broderies; le style allemand est tout entier dans certaines broderies suisses, comme le style français dans quelques-unes de nos broderies.

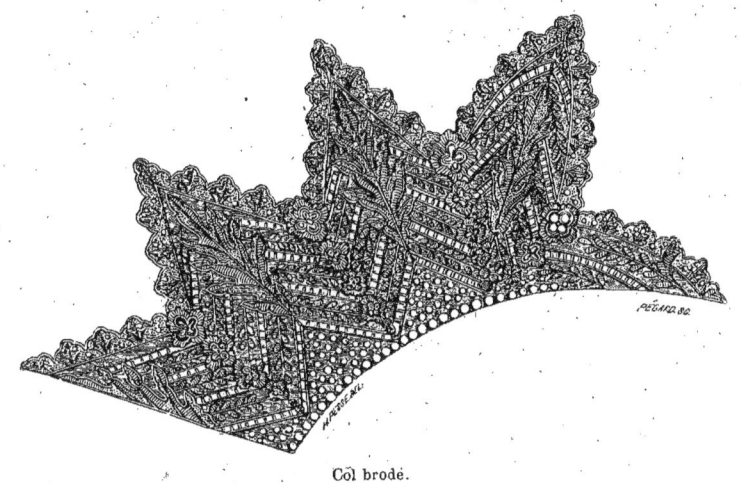

Col brodé.

La broderie ne se fait pas seulement en variant les points, mais encore en employant les fils de couleur, les perles, les fils d'or pour la passementerie militaire, en introduisant des grains d'acier ou toute autre substance dans chaque fil; mais tous ces emplois sont de peu de valeur artistique et sont d'une importance commerciale moindre que celle de la broderie blanche. La Compagnie des Indes étalait à l'Exposition de Paris des broderies en fil d'or, des selles décorées en passementerie, d'un éclat extraordinaire. La broderie en or trouve une grande application dans les pays catholiques, dans la fabrication des ornements d'église, des chasubles.

Le relief, en détachant les couleurs, donne en général de la dureté au dessin qu'il figure; c'est pour cela que, sauf un petit nombre de cas, il est de la couleur du fond, ou d'un ton peu différent, la modification dans l'aspect étant produite par la disposition des fils différente sur la broderie et sur le tissu. Les Chinois excellent dans les broderies de couleur.

Les tapisseries sur canevas et les tapisseries anciennes rentrent dans cette section; c'étaient de véritables broderies. Elles ont été l'objet de travaux très-considérables, parmi lesquels nous citerons la tapisserie de Bayeux, due à la reine Mathilde et représentant la conquête de l'Angleterre. Ce genre de tapisserie était l'œuvre d'art par excellence des femmes des vaillants barons, le travail des Pénélopes du moyen âge.

TABLE DES MATIÈRES.

	Pages.
DE L'ART INDUSTRIEL. — Son importance. — Sa nature.	1
Classification. — Elle doit procéder de celle des beaux-arts.	4
ÉLÉMENTS DE L'ART INDUSTRIEL.	5
Formes géométriques.	5
Imitation des formes naturelles.	6
Dessin et coloration.	7
DU BEAU.	9
CONDITIONS FONDAMENTALES DU BEAU.	12
De la convenance.	12
De l'unité. — Des proportions.	13
De la répétition.	14
De l'alternance.	14
Lois de la coloration.	14
ÉTUDE HISTORIQUE DU BEAU.	15
DES STYLES.	16
I. ARCHITECTURE.	23
Utilité de son étude.	23
Style égyptien.	25
Style grec.	27
Style romain.	32
Style byzantin, roman.	35
Style gothique ogival.	39
Style renaissance.	44
Styles Louis XIV et Louis XV.	48
Style moderne.	50
Style indou.	52
Style arabe, mauresque.	53
Style chinois.	55

	Pages.
II. CÉRAMIQUE	57
Style égyptien	59
Style grec	59
Style romain, étrusque	61
Arts céramiques pendant le moyen âge	62
Style renaissance	64
Styles Louis XIV et Louis XV	68
Style mauresque	70
Style chinois	71
Style indou	73
Époque moderne	73
Verrerie	81
III. MEUBLES, ÉBÉNISTERIE	87
Style égyptien	88
Style grec, romain	89
Style roman	90
Style gothique ogival	91
Style renaissance	92
Style Louis XIV	94
Style Louis XV	96
Styles étrangers	97
Époque moderne	98
IV. SCULPTURE	111
Statuaire	112
Bronzes	113
Orfévrerie	114
Bijouterie, joaillerie	116
Style égyptien	116
Style grec, romain	118
Style byzantin, roman	122
Style gothique	125
Style renaissance	129
Style Louis XIV	135
Style Louis XV	137
Styles étrangers	140
Époque moderne	142
Bronzes	143
Orfévrerie	146
Bijouterie	153
Joaillerie	155
Annexes des industries précédentes. — Camées, médailles, etc.	157
Peinture	160
V. APPLICATION DES COULEURS	165
I. Dessin	165
1° Lignes géométriques	167

TABLE DES MATIÈRES.
   Pages.
   2º Dessins variant par styles. 168
   Vignettes des divers styles. 170
   Style égyptien. 171
   Style grec, romain. 172
   Style byzantin, roman. 174
   Style gothique. 176
   Style renaissance. 178
   Style Louis XIV. 180
   Style Louis XV. 181
   Style mauresque. 182
   Style persan. 183
   Époque moderne. 184
   3º Dessins d'imitation d'objets animés. 185

GRAVURE EN RELIEF. 189

IMPRIMERIE TYPOGRAPHIQUE. 192
   Des caractères typographiques. 193
   Initiales et lettres de fantaisie. 198

CALLIGRAPHIE. 200
   Initiales d'anciens manuscrits. 202

GRAVURE EN TAILLE-DOUCE ET LITHOGRAPHIE. 203

PHOTOGRAPHIE 205

II. COLORATION. 206
   Des couleurs. 206
   Des gammes des couleurs. 207
   Contraste simultané des couleurs. 208

DE L'EMPLOI DES COULEURS. 209
   Dans l'architecture. — Peintures employées à l'extérieur. . 209
          —   Décoration des intérieurs. 210
   Dans la céramique. 214
   Dans l'ébénisterie. 216
   Dans l'orfévrerie et la bijouterie. 217
   Émaux. 217
   Nielles. 219
   Chromo-typographie et chromo-lithographie. 220
   Papiers peints. 222
   Toiles peintes. 224

PEINTURE. — Résumé de l'histoire de la peinture 227

VI. RÉUNION D'ÉLÉMENTS COLORÉS. 231
   Combinaisons. 231
   Carrelage, parquet. 234
   Mosaïque. 235
   Vitraux peints. 236

TISSUS DIVERS. 239
   Effets optiques des étoffes. 239

	Pages.
DESSINS PRODUITS PAR LE TISSAGE	240
Fils d'une seule couleur.	241
Fils de plusieurs couleurs.	241
Étoffes brochées.	242
Châles cachemires.	245
Tapis.	247
TISSUS A MAILLES. — Dentelles, tulles.	249
TISSUS AVEC RELIEFS. — Broderies.	250

PARIS. — IMPRIMÉ CHEZ BONAVENTURE ET DUCESSOIS, QUAI DES AUGUSTINS, 55.